KB203710

출애굽 게임

믿음이란 한 알의 밀알이 땅에 떨어져 죽음으로 많은 열매를 맺음과 같이 진리의 열매를 위하여 스스로 죽는 것을 뜻합니다. 눈으로 볼 수는 없으나 영원히 살아 있는 진리와 목숨을 맞바꾸는 자들을 우리는 믿는 이라고 부릅니다. 〈믿음의 글들〉은 평생, 혹은 가장 귀한 순간에 진리를 위하여 죽거나 죽기를 결단하는 참 믿는 이들의, 참 믿는 이들을 위한, 참 믿음의 글들입니다.

출애굽 게임

THE EXODUS YOU ALMOST PASSED OVER

랍비 데이비드 포먼 지음 ○ 김구원 옮김

홍성사.

우리의 사랑하는 할아버지, 할머니에게 이 책을 헌정한다.

요셉과 이다 리프니크, 그들의 기억이 복되길*
사무엘과 안나 크리거, 그들의 기억이 복되길

메릴랜드 볼티모어 유대 공동체의 창시자이자 대들보였던 그들은 볼티모어에 탈무드 학교와 회당을 세우고 운영하는 데 큰 힘을 쏟았다.

알랜과 프랜 브로더와 그 가족도.

* 이름 뒤에 "그(들)의 기억이 복되길"이 붙으면 돌아가신 분을 뜻한다.

일러두기

- 이 책에 사용된 성경은 저자가 직접 번역한 것이다.
- 역자주는 본문 하단에 *표시로, 저자주는 각 부 마지막에 1), 2) … 표시로 배치했다.

들어가는 말

모티머 애들러(Mortimer Adler)의《독서의 기술》은 흥미로운 책이다. 애들러는 독자가 가장 먼저 던져야 할 질문으로 이것을 꼽는다. '이 책은 장르가 무엇인가? 어떤 종류의 책인가?' 이 질문이 중요한 이유는—애들러에 따르면—내가 읽고 있는 책의 성격을 모르면 오독할 가능성이 높아지기 때문이다. 잘못된 질문도 생긴다.

여러분이 칼 샌드버그(Carl Sandburg)의 시집을 기상학 교과서로 착각하며 읽고 있다고 해보자. 우리가 읽을 첫 문장은 이것이다. "안개가 아기 고양이 걸음으로 온다"(The fog comes on little cat feet). 여러분은 황당한 문장에 화가 난다. '안개는 발이 없어! 더구나 안개는 고양이도 아니야'라고 생각하며 이 책은 엉터리라고 결론 내린다.

핵심은 이렇다. 책의 장르는 꼭 알아야 한다. 이런 맥락에서 나는 이 책의 성격을 여러분에게 명확히 밝히려 한다.

이 책은 지금까지 보았던 성서 주석과 달라 보일 것이다. 이 책의 장르를 설명하자니 다른 주석들을 먼저 설명하는 것이 좋겠다. 현대 성서 주석은 대략 세 종류이다. 이 주석들의 특징이 모두 이 책에 있다고 할 수 있지만, 그 주석 중 어느 것과도 같지는 않다.

첫째, 성서학자들이 쓴 비평 주석이 있다.《출애굽 게임》은 본문 증거에 근거해 주장을 펼친다는 점에서 그와 유사하다. 그러나 이 책은 학문적 주석은 아니다. 나는 학자보다 일반 독자를 더 염두에 두고 책을 썼다. 그리고 이 책은 **삶의 의미**와 관계된 질문들을 탐구한다. 성서 본문이 우리와 무슨 관계가 있는가? 그 본문이 우리 삶에 어떤 영향을 미치는가? 토라*는 어떤 영적 의미를 우리에게 주는가? 보통 학문적 주석은 이런 질문에 답하지 않는다. 하지만 진지한 성서 독자라면 이런 질문을 깊이 생각할 필요가 있다.

두 번째, 비평 주석과 정반대로 적용에 집중하는 주석이 있다. 하지만 이런 주석은 성서 본문을 철저히 탐구하기보다 독자들이 좋아하는 감동에 더 관심을 가진다. 그런 주석은 영적 혹은 종교적으로 가치 있다 판단되는 주제들을 논의하는 발판으로 성경 본문을 이용한다. 물론 이 책은 삶의 의미에 무관심하지 않다. 하지만 그 의미가 성서 본문에 대한 탐구에서 자연스럽게 도출되도록 노력한다는 점에서 다르다.

서점에서 팔리는 세 번째 성서 주석은 선집 형태이다. 현대 유대 공동체의 문맥에서 이런 책들은 중세 시대의 이름난 주석가들—라쉬(Rash), 람반(Ramban), 세포르노(Seforno)는 물론, 미드라쉬 해석**을 창시한 랍비들—의 본문 분석과 사상을 모은 것이다. 그런 선집이 큰 가치는 있지만 《출애굽 게임》은 그런 주석이 아니다. 독자들은 이 책에서 중세 유대 주석이 자주 인용되는 것을 볼 수 있다. 미드라쉬 해석이 주는 지혜도 이 책의 중요한 지점에서 이정표가 될 것이다. 그럼에도 이 책은 옛 해석을 모은 선집은 아니다.

그러면 이것은 무슨 책인가?

굳이 말하자면 《출애굽 게임》은 가이드북이다. 나는 독서 여행, 내가 직접 경험한 독서 여행으로 여러분을 초대하고 싶다. 이 책은 출애굽 이야기를 기록한 성서 본문과 그 이야기의 의미를 애써 탐험한 여행기이다. 이 여행 동안 겪은 일을 나눔으로써 오경을 읽는 여러분의 길잡이가 되겠다.

이 여행의 핵심은 토라의 히브리어 본문과 밀도 있게 만나는 것이다. 그 외는 전부 부수적일 뿐이다. 성서 본문에 여러 질문을 던지면서 여행을 해보자. 난생 처음 이 이야기들을 접했다면 누구나 할 법한 질문이다. 나는 이 질문을 냉소가 아니라 진정한 호기심에서 던질 것이다. 그리고 언어에 담긴 실마리에 주의를 기울여서 본문 속의 다층적 심의(深意)에 접근할 것이다.

* 《출애굽 게임》에서 '토라'는 크게 두 가지 의미로 쓰인다. 하나는 '구약 성서'이고 다른 하나는 '모세오경'이다. 필요에 따라 '성서 본문'이나 '오경'으로 번역하기도 했지만 대체로 원문을 따라 '토라'로 옮겼다.

** '미드라쉬'는 '해석'을 의미하는 히브리어로 고대와 중세 랍비들의 성경 해석을 지칭한다.

토라의 본문과 직접 만나려는 노력은 새롭거나 생소할 게 없다. 라쉬, 람반, 세포르노, 삼손 라파엘 히르쉬(Samson Raphael Hirsh), 하에메크 다바르(Ha'emek Davar)에 이르기까지 고전 유대 주석들은 모두 본문 이해를 위해 진지하게 노력한 독자들을 전제하고 쓰여졌다. 만약 여러분이 아직 숙제를 하지 않았다면 주석을 읽을 준비가 안 된 것이다. 왜냐하면 주석이 해설하는 본문의 문제를 모르기 때문이다.

성서 본문을 정독하는 노력은 유대 전통에서 오래되었다. 나는 그것을 나의 레베*, 야코브 와인베르그(Yaakov Weinberg)로부터 배웠다. 네르 이스라엘(Ner Israel)에서 가르치다 지금은 작고한 랍비 와인베르그는 토라 공부에서 영적 의미 탐구와 증거 기반적 학문을 가르는 것은 잘못이라 여겼다. 성서를 설교 재료로만 사용하면 성서의 깊이와 정교함을 무시하는 것이다. 토라를 지적 호기심의 영역에 가두는 것도 마찬가지로 그것을 오독하고 가치를 저해한다. 엄밀한 증거 기반의 연구와 영적 의미 탐구는 토라 연구에서 공존할 뿐 아니라 증거 기반의 연구는 영적 의미 탐구로 가는 교량 역할을 해야 한다.

나는 대중적 문체로 이 책을 썼다. 학술서가 흔히 쓰는 중립적 어법이나 논쟁 풍의 산문은 피했다. 독자들이 나 포먼(Fohr-

* 성경을 가르치는 스승을 일컫는 이디쉬어. 히브리어의 '랍비'와 같은 말이다.

man)이 말하려는 것보다 토라가 말하려는 바에 시간을 더 쓰기를 바란다. 가이드북이 그렇듯 나는 독자에게 직접 말하듯이 쓸 것이다. 만약 그렇게 느꼈다면 내 의도가 있었음을 이해해 달라. 나의 독해 여정에 동참하는 독자들에게는 나만의 성서 해석 비법과 신비를 공개할 것이다. 여러분이 초대를 수락한다면 나는 여러분의 가이드로서 최선을 다할 것이다. 이 책에서 겪을 신나는 모험은 출애굽 서사의 신성한 언어에서 내가 맛본 흥분과 짜릿함을 여러분에게도 맛보일 것이다.

4부 요셉과 가상 출애굽

부록

1부
출애굽 이야기 분해하기

1» 회의실 뒷자리의 천사

그것은 히브리어로 페사크(Pesach), 우리말로는 유월절(Passover)로 불린다. 하지만 둘 다 기념일 이름으로는 좀 어색하다. 여러분이라면 이 기념일을 무엇이라 부르겠는가?[1)]

지금부터 3,000년 전으로 돌아가 보자. 여러분은 하늘나라 천사이고, 새로운 축제의 이름을 정하는 자리에 위원으로 초대되었다.[2)] 그리고 여러분은 '하나님이 완전히 새로운 축제를 원하신다'는 말을 듣는다. 이 축제는 하나님이 이스라엘을 이집트 노예생활에서 구해 낸 기적적 사건을 기념하는 날이다. 이에 여러분은 동료 위원들과 함께 축제 이름에 묘안을 내기 시작한다.

여러분 왼편에 있는 천사가 '독립기념일'(Independence Day)이라는 명칭을 후보에 올린다. 거의 모든 천사가 동의한다는 듯 고개를 끄덕인다. '세련되면서도 간결하고, 사안에 맞는 이름이네.' 그때 다른 천사가 다음과 같이 제안한다. "자유의 날(Freedom Day)로 부를 수도 있겠어요. '자유의 날'은 어때요?" 많은 천사들이 호의적으로 반응한다. 여러분은 칠판에 적힌 '독립기념일' 바로 아래에 '자유의 날'도 함께 적어 둔다.

바로 그때 뒷자리에 있던 어떤 천사가 손을 든다. "좋은 생각이 있습니다. 앞의 두 이름보다 훨씬 좋을 거예요. 그것을 '유월절'로 부릅시다. 유월절은 정말 놀라운 이름이지요."

여러분은 최대한 정중하게 다시 묻는다. "좀 설명해 주시겠어요? 그건 이상하게 들리는데요. 왜 유월절이지요?"

뒷자리의 천사는 다시 말한다. "그게요…… 일종의 언어 유희입니다." 그는 자신의 재치를 설명해야만 한다는 사실에 실망한 듯 보인다. "여러분도 알다시피 하나님은 이스라엘 백성들을 해방시키려 여러 재앙을 내리셨습니다. 그리고 열 번째 재앙이 내려졌을 때 이집트인들의 장자는 모두 죽게 됩니다. 그때 이스라엘 백성들은 어떻게 되었나요? 그들은 살아남습니다. 하나님이 그날 밤 이스라엘 백성들의 장자들을 소위 '유월(pass over)'함으로써 그들을 살려주었습니다. 맞지요? 그분이 이스라엘의 장자들을 '유월'했으니 그날을 유월절(Pass-over)이라 부르자는 거예요!"

동료 위원들 중 이 제안에 설득된 이는 거의 없어 보인다. 무슨 이름이 그따위야? 그날 밤 우리 장자들이 구원받은 것은 아주 다행이지만 전체적으로 보면 유월절이라는 이름은 특정 재앙의 특정 요소일 뿐이야. 물론 중요한 부분인 건 인정해. 누구도 우리 장자들이 죽는 것은 원치 않으니까. 하지만 그건 일부분일 뿐이야. 큰 그림을 보자구. 그 이름은 큰 관점에서 새로운 축제가 정말 무엇인지 말해 주지 않아. 즉 자유, 독립, 해방, 민족의 탄생 등의 의미를 담지 않는다는 말이야.

그런데 그때 하나님께서 그 이름을 채택하겠다고 결정한다면 어떨까. 즉 '유월절'이 채택된다면? 여러분은 어안이 벙

벙해질 것이다. 물론 이것은 사고 실험만은 아니다. 실제로 이집트 탈출 사건 기념일을 토라가 법으로 정할 때 그 이름은 유월절이 된다.

놀랍다. 이것을 어떻게 이해해야 할까?

이걸 보면 출애굽을 바라보는 우리의 관점이 조정될 필요가 있는 것 같다. 우리는 유월절을 위와 같이 생각하는 경향이 있다. 즉 '우리가 자유를 얻은 날'로 이해하는 것이다.[3)] 하지만 그날 밤에 대해 토라는 '자유'를 강조하지 않는다. '(하나님이 이스라엘의 장자들을) 유월한'(passed over) 사실을 강조한다. 그렇다면 그 축일의 본질은 그날 밤 장자들이 경험한 구원의 신비와 관계있는 게 아닐까?

이렇게 생각할 만한 이유가 있다. 즉 출애굽 이야기에서 '장자' 주제는 결코 부수적 역할이 아니다. 이스라엘이 자유를 얻은 그날 밤 장자들에게 일어난 일은 단순한 생존을 넘어선 의미가 있었을 가능성이 있다. 그들의 경험은 새로운 것이 탄생하는 도가니처럼, 보다 큰 목적이나 사명과 연관이 있는 것 같다.

우리는 이것을 두 번째 사고 실험으로 증명할 수 있다.

목이 부러진 당나귀 율법

어느 날, 여러분이 직접 종교를 만들기로 결정했다고 하자.

(집에서 따라 하지는 마시라.) 여러분은 추종자들이 지켜야 할 계명과 믿어야 할 신학적 교리를 제정한다. 그리고 이 모든 것을 한 권의 두꺼운 책에 기록하기로 마음 먹는다. 그때 여러분에게 재차 기막힌 생각이 떠오른다. 그 책의 가르침을 따르는 추종자들의 믿음을 담아낼 제의를 만드는 것이다. 당신의 추종자들은 그 제의의 일환으로 각자 조그만 검정 상자를 만들어 소지한다. 그리고 상자 안에 경전의 대표 본문을 적은 양피지를 넣는다. 양피지에는 신생 종교의 기본 교리가 담긴다. 상자를 적어도 하루에 한 번 팔과 머리에 묶음으로써 교리에 대한 충성을 표현한다.

실제 유대교는 그런 제의적 소품을 사용한다. 트필린(tefillin)으로 알려진 작은 검정 상자에는 짧은 성경 본문을 새긴 양피지가 들어 있다.

다시 우리의 사고 실험으로 돌아가자. 여러분은 이제 그 상자 안에 어떤 본문을 넣을지 결정해야 한다. 만약 신생 종교의 교리와 계명을 담은 책이 모세오경이라면 그중 어떤 본문을 상자에 넣을 것인가?

아마 여러분은 '셰마'(The Shema)로 불리는 짧은 구절을 선택할 것이다. '셰마'는 유일신에 대한 기초 신앙을 포함한 본문으로 흔히 유대교의 신앙 고백으로 이해된다—"들으라 이스라엘아 야훼는 우리의 하나님이시니, 야훼는 한 분이시다." 이 구절은 상자에 들어가기 좋은 말씀이다. 그렇지 않은가?

나아가, 셰마의 다음 구절도 좋을 것이다. 사람들에게 마음과 생명을 다해 하나님을 사랑하라고 가르치는 구절이다. 그것도 상자에 들어가기 좋다.

여러분은 또 어떤 구절을 넣기 원하는가? 잘 생각해 보라. 이제 그 상자에는 공간이 별로 없다. 주의 깊게 골라야 한다.

첫 사고 실험 때의 주인공을 다시 데려오자. 우리의 친구, 회의실 뒷자리의 천사가 돌아왔다. 그가 손을 들고 다음과 같이 제안한다.

"페테르 하모르, 그러니까 목이 부러진 당나귀 율법을 넣으면 어때요?"

"뭐라구요?" 여러분은 다소 당황스러울 것이다.

그는 계속 말한다. "물론 당신도 그 율법을 아실 거예요. 출애굽기 13장에 있어요. 찾아보세요. 그 본문에 따르면 이스라엘의 백성들은 (인간이든 동물이든) 첫 남아를 낳을 때마다 그것을 하나님의 것으로 여겨요. 만약 남자아이이면 돈으로 구속(救贖)해서 그 소유권을 하나님에게서 찾아와야 해요. 말이 그렇다는 거예요. 만약 동물이면 경우에 따라 달라져요. 양처럼 제단에 바칠 수 있는 동물이면 양의 첫 새끼는 하나님께 제물로 드려요. 하지만 당나귀처럼 제사에 적합하지 않은 부정한 종류라면, 주인이 그것을 돈으로 구속한 후 그 돈으로 양처럼 제물로 쓸 수 있는 동물을 구입하지요. 그리고 율법은 당나귀를 콕 집어서 구속되지 않은 첫 새끼를 반드시 죽이라고 말합니다. 이때 성서는 당나귀의 목을 부러뜨려 죽이라고 해요."

이제 천사는 숨을 깊이 들이쉰 뒤 결론을 힘주어 말한다.

"그래서 저는 목이 부러진 당나귀 율법(페테르 하모르)을 그 상자에 넣자고 제안하는 바입니다."

여러분이 제의 결정 위원회(the ritual committee)의 위원장이었다면 이 천사에게 다음처럼 말하며 다른 일을 찾아보라고 권유했을 것이다. "보세요. 그건 정말 훌륭한 율법입니다. 처음 난 것의 구속 사상과 당나귀와 관련된 온갖 세부 법들은 레위기의 어딘가에 집어넣으면 너무 좋을 것 같아요. 하지만 이 작은 상자에는 공간이 별로 없답니다. 그 공간은 정말 핵심적인 것, 즉 유대인의 본질을 정의하는 율법이나 생각이 담긴 본문을 담아야 합니다. 당신이 말한 율법은 담을 공간이 없네요."

그런데, 놀라지 마시라. 우리가 사고 실험을 잠시 멈추고 현실로 돌아오면 트필린(작은 상자)에 목이 부러진 당나귀 율법이 있음을 알 수 있다. 놀랍게도 토라는 그 율법이 트필린에 포함되어야 한다고 규정한다. 왜일까? 그 이유는 우리가 이집트를 떠나 자유를 얻었던 그 밤에 하나님이 우리의 장자들을 구속하셨음을 상기시키려는 것이다(출 13:14-16).

바로 이거다. 우리가 자유를 얻은 그 밤에 장자들에게 가해진 위협, 그들이 그 위협에서 구속되었다는 것, 이것이 우리가 가정한 것보다 훨씬 중요한 출애굽의 의미임이 분명하다. 바로 이 때문에, 출애굽을 기념하는 축일이 그 장자 사건에서 유래한 '유월절'로 불리었고, 트필린, 즉 성경의 기본 교리를 포함하는 몇 안 되는 본문에 장자 관련 율법이 포함된 것이다. 이런 사실을 어떻게 이해해야 할까?

시적 과장을 넘어서

앞서 언급했지만 성서 저자는 장자 개념을 더 큰 개념의 줄임말로 사용할 가능성이 있다. 이것을 확인해 주는 (다소 이상하게 들리는) 선언이 성서 본문에 나오는데 여러분과 함께 살펴보고 싶다. 그것은 첫 번째 재앙이 이집트를 치기 훨씬 전, 출애굽 이야기의 서두에 등장한다.

"너는 바로에게 말해라. 야훼께서 이같이 말씀하신다. 내 장자는 이스라엘이다. 내가 너에게 말한다. 내 아들을 내보내어 그가 나를 섬기게 하라"(출 4:22-23).

ואמרת אל פרעה כה אמר יהוה בני בכרי ישראל: ואמר אליך שלח את בני ויעבדני

브아마르타 엘 파르오 코 아마르 '아도나이' 브니 브코리 이스라엘: 바오마르 엘레카 샬라흐 에트 브니 브야아브데니 곰곰이 생각해 보아도 이 구절의 의미가 쉽게 와 닿지 않는다. 하나님이 모세를 보내어 파라오에게 이스라엘의 해방을 요구하고 있다는 것은 분명하다. 그리고 하나님은 모세가 해야 할 말도 정확히 지정해 준다—"내 장자는 이스라엘이다." 그러나 이 말은 이해하기 매우 어렵다. 이스라엘이 하나님의 맏아들이라니 무슨 말인가?

우선 이스라엘이 장자라는 것은 시적 과장일 텐데 하나님이 이스라엘 백성들을 사랑한다는 의미일 것이다. 성서의 시적 표현을 문자적으로 이해하는 사람은 없다. 이스라엘을 "젖과 꿀이 흐르는 땅"이라 했다 해서 이스라엘 관광객이 장화를 가져오지는 않는다. 마찬가지로 "이스라엘이 내 장자다"라는 구절도 일종의 수사적 표현, 즉 비문자적 의미의 구절로 누구나 생각할 것이다.

하지만 이것이 편리한 설명은 될지 몰라도 나머지 구절은 이 설명과 잘 조화되지 않는다. 이스라엘을 장자로 부른 후 하나님은 다음과 같이 말한다.

> "만약 네가 그를 내보기를 거부하면, 보라 내가 너의 장자를 죽일 것이다"(출 4:23).

ותמאן לשלחו הנה אנכי הרג את בנך בכרך

바트마엔 르샬르호 힌네 아노키 호레그 에트 빈느카 브코레카

여기서 전능하신 하나님은 그의 장자인 이스라엘과 이집트인들의 실제 장자를 비교하고 있다. 이런 비교 관계에 근거해 전능한 하나님은 이집트인들이 하나님의 장자를 내보내지 않으면, 그들의 장자가 죽는 꼴을 볼 것이라 말씀한다. 이 예언은 열 번째 재앙이 임할 때 소름 돋는 현실이 된다.

정리하면 하나님은 이집트의 장자들을 죽이면서 '장자에는 장자로'라는 논리를 적용한다. **네가 내 장자를 취하면, 나는 네 장자를 취할 것이다!** 잠깐! 그렇다면, 이 말은 시적 수사가 아니다. 말 그대로 들어야 할 것 같다. 즉 하나님은 이스라엘이 그의 장자라는 점에 진심인 듯하다. 왜일까? 이스라엘은 세계 최초의 민족이 아니다. 이스라엘 민족이 탄생하기 전에 이미 많은 민족이 존재했다. 어떤 의미에서 이스라엘이 하나님의 장자인가?

자유와 독립을 넘어서는 이야기

많은 것이 불분명하지만 현 시점에서 한 가지는 확실하다. 그것은 장자 주제가 출애굽 이야기 곳곳에서 발견된다는 것이다. 출애굽 이야기는 이스라엘이 하나님의 장자라는 선언으로 시작하여 장자를 치는 사건으로 끝난다. 출애굽 사건은 트필

린 속의 성구, 즉 장자 구속(救贖)의 율법을 통해 기억된다. 또한 이 모든 것을 축하하는 축일 이름도 장자들이 겪은 '유월' 사건을 따라 붙여졌다. 이처럼 장자 관련 주제는 출애굽 이야기를 구성하는 날줄과 씨줄이 된다. 출애굽 이야기를 이해하려면 장자 됨의 의미를 이해해야 한다.

그렇다면 출애굽 이야기는 우리가 생각했던 의미를 넘어설지도 모른다. 출애굽 이야기는 자유와 관련되는가? 물론 그렇다. 독립과 민족의 탄생 이야기인가? 그렇다. 하지만 출애굽 이야기에는 이것을 넘어서는 무엇인가가 있다.

나는 출애굽 이야기를 통해 우리가 누구인지를 배울 수 있다고 주장한다. 출애굽 이야기는 우리의 과거뿐 아니라, 미래도 말해준다. 민족의 탄생뿐 아니라, 민족의 사명도 말해 준다. 우리가 어떤 목적으로 존재하는지 무엇을 성취해야 하는지를 말해 준다. 출애굽 이야기는 장자 민족의 의미 이야기이다.

이어지는 지면에서 출애굽 이야기를 공부하며 그 신비의 일부를 풀어보자. 그 가운데 장자 됨의 의미도 있다. 우리는 출애굽 본문을 새로운 눈으로 읽으며 그 신선함을 맛볼 것이다.

2 » 출애굽 게임

출애굽 이야기의 놀라운 점은 출연하는 핵심 주인공 세 명, 즉 하나님, 파라오, 모세 모두 예상을 뛰어넘어 행동한다는 것이다. 그들의 이상 행동을 종합적으로 판단하면 출애굽 이야기의 숨겨진 차원들을 분별할 수 있다.

가벼운 사고 실험을 해보자. 이 실험을 '출애굽 게임'(the Exodus Game)이라 부르겠다. 이 게임에서 우리는 차례로 세 주인공의 입장이 되어 볼 것이다. 우리라면 어떤 선택을 했을까? 우리의 선택은 그들의 선택과 어떻게 달랐을까?

먼저 하나님부터 시작하자.

게임 시작!

여러분이 하나님이라고 가정해 보자(다시 말하지만 집에서 따라 하지 마시길). 이야기의 주인공인 신이 맞이할 도전은 다음과 같다. 여러분의 백성 전체가 고대 이집트 땅에서 부당하게 노예생활을 하고 있다. 당신은 그들의 조상들에게 약속한 대로 노예 생활의 속박에서 그들을 구원하고 가나안 땅으로 데려오길 원한다. 그리고 여러분의 주적은 양질의 노예를 (풀어준다면 매우 감사할 일이겠지만) 풀어줄 생각이 전혀 없는 고약하고 고집 센 파라오다.

여러분의 전략, 즉 당신이 어떻게 그 과업을 이룰지 잠깐 생각해 보자. 일단 긴장을 풀자. 생각보다 어렵지 않으니까. 당신은 우주 최고의 힘인 하나님을 연기하고 있음을 기억하라. 상상 가능한 모든 무기를 여러분의 뜻에 따라 쓸 수 있다. 번개, 지진, 쓰나미, 모두 말 한마디로 부릴 수 있다. 당신에게 불가능이란 없다. 그렇다면 여러분이 출애굽을 신속하고 효율적으로 이룰 방법은 무엇이겠는가?

승리의 필살기

먼저 생각할 것은 이것이다. 백성을 해방시키는 데 열 가지나 되는 재앙이 꼭 필요할까? 아니다. 분명 여러분은 그보다 훨씬 신속하고 효율적으로 출애굽의 목적을 이룰 수 있다.

예를 들어, 아홉 가지 재앙을 건너뛰어 곧바로 열 번째 장자 재앙으로 넘어갈 수 있다. 그 재앙은 이집트를 가볍게 무릎 꿇릴 것이다.

아니면 재앙 없이 목적을 이룰 수 있을지도 모른다. 여러분은 모든 히브리인들을 C-15번 게이트에서 출발하는 성지행(聖地行) 마술 양탄자에 탑승시킬 수 있다. 더 쉬운 방법은 이집트인들을 그대로 일시 정지시키고 이스라엘인들이 압제자들이 보는 가운데 유유히 걸어 나오는 것이다. 백성 주위에 방어막을 설치할 수도 있다. 그러면 절박한 이집트인들이 마구 쏘고 던지는 화살이나 창에서 여러분의 백성을 보호할 수 있다.

조금만 생각해 보면, 방금 말한 시나리오는 실현 가능성이 없지 않다. 출애굽 사건에서 큰 어려움 없이 실행될 수 있었을 것이다. 그 시나리오의 필수 요소들은 이미 출애굽 이야기에 모두 언급되어 있다.

아홉째 재앙인 흑암 재앙을 예로 들어 보자. 그 재앙으로 초자연적인 흑암이 이집트 땅에 임했다. 어둠이 너무 짙어 이집트인들은 만 사흘간 집 밖으로 나갈 엄두도 내지 못했다(출 10:23).[4] 재미있는 사실은 그 흑암이 이집트인들에게만 임했다는 것이다. 성서 본문에 따르면 이스라엘인들은 흑암 재앙 가운데서도 아무 문제 없이 볼 수 있었다.[5]

이보다 좋은 기회가 있을까? 이집트인들이 아무것도 볼 수 없는 동안 이스라엘인들은 완전한 빛의 특권을 누리고 있다. 왜 그때 바로 이집트에서 걸어 나오지 않았는가? 히브리 사람들에게는 탈출할 시간이 꼬박 사흘이나 있었다. 물건을 챙겨 나오기에 충분한 시간이다.

그런데 그들은 왜 탈출하지 않았을까? 그러기에 너무 위험이 컸을까? 앞을 보지 못하는 이집트인들이 마구잡이로 던진 화살이나 발사체들이 혹시 명중할 것을 염려했을까? 여기서 앞서 언급한 방어막을 생각해 보자. 알다시피 그것도 실제 출애굽 사건의 한 요소였다. 바다가 갈라지는 대목에서 구름 기둥이 방어막처럼 작용했다. 성서 본문에 따르면, 하나님은 추격하는 이집트 군대와 달아나는 이스라엘인들 사이에 구름 기둥으로 일종의 보호 장벽을 세웠다. 즉 용도는 조금 달랐지만 우리가 앞서 상상한 출애굽 시나리오의 모든 요소들이 실제 출애굽 사건에 등장한다.

하나님은 흑암과 구름 기둥을 실제 출애굽 사건에 동원했지만 무슨 이유에서인지 그것을 사용해 이스라엘을 신속하게 탈출시키지는 않았다. 실제 출애굽 사건에서는 무려 열 가지 재앙을 경유하는 길고 지난한 과정이 이어진다. 왜 하나님은 이 놀라운 방법들을 버리고 먼 길로 돌아갈 것을 고집했을까? 극적인 것을 좋아하셔서? 너무 빨리 히브리인들을 탈출시키면 미래 세대들이 출애굽 이야기를 그다지 흥미롭게 생각하지 않을 거라고 염려하셔서?

이런 생각들은 그다지 설득력은 없어 보인다. 그분이 자유를 향한 빠르고 쉬운 길을 피했다는 사실은 출애굽 사건 속에 아직 파악하지 못한 다른 의도가 있음을 암시하지 않을까?

허락받기

하나님의 더 큰 뜻의 윤곽이 출애굽 이야기의 다른 측면에서도 암시된다. 이집트 탈출을 더 효과적으로 할 수 있었다는 것 이외에도 우리가 출애굽 게임의 주인공 신이었다면 달리 행동했을 측면들이 더 있다. 예를 들어, 모세가 파라오에게 사흘간의 휴가를 요청한 사건을 보자. 이 휴가는 탈출을 위한 속임수로밖에 보이지 않는다.

파라오와 처음 만난 모세는 이스라엘인들이 하나님께 제사하고 예배드릴 수 있도록 광야로 "사흘 길"을 가도록 "허락하소서" 하고 간청한다(출 5:3). 만약 여러분이 출애굽 게임에서 우주의 주권자를 연기한다면 여러분의 대리자 모세에게 그런 일을 시키겠는가? 여러분의 의도는 영구적으로 이집트를 떠나는 것 아닌가? 그런데 웬 사흘 길인가? 당신의 의도를 이런 식으로 표현하면 약하고 우유부단해 보일 뿐 아니라 정직하지 못한 것이다.[6] 하나님은 세상의 모든 능력을 가지고 있다. 무엇이 아쉬워 위장 전술을 쓰는가? 그냥 "내 백성을 보내라!"라고 선언하면 되지 않는가? 한심하게 '사흘만'이라고 간청할 필요가 없다.

영화에서는 하나님이 그렇게 표현된다. 세실 데밀의 〈십계〉에서 스티븐 스필버그의 〈이집트 왕자〉까지 모세와 파라오의 대화는 성서 본문과 매우 다르다. 출애굽 사건에 대한 할리우드의 묘사에서는 근엄한 얼굴의 모세가 파라오에게 타협 없는 최후통첩을 내린다 — "내 백성을 보내라!" 하지만 모세의 나머지 말, 특히 "허락하소서"와 "사흘간"의 휴가는 언제나 편집실 바닥에 버려진다. 놀라운 일도 아니다. 왜냐하면 파라오의 허락을 받는 듯한 어법은 우리가 전능한 하나님에게 기대하는 행보가 아니기 때문이다. 하지만 어떤 이유에서

인지 그것은 토라에 매우 선명하게 적혀 있다. "히브리인들의 하나님이 우리에게 나타나셨은즉 우리가 광야로 사흘 길쯤 가서 우리 하나님 야훼께 제사를 드리려 하오니 가도록 허락하소서 야훼께서 전염병이나 칼로 우리를 치실까 두려워하나이다"(출 5:3).

파라오와 페르시아 시장*

핵심은 이렇다. 왜 모세가 사흘간의 휴가를 간청해야 했는가보다 왜 모세가 간청하는 입장에 서야 하는가가 더 근본적 문제이다. 출애굽 이야기 내내 모세는 파라오와 협상을 거듭하며 히브리 노예 해방에 대해 그의 동의를 구하려 한다. 이때 이집트 왕은 (페르시아 시장의 상인처럼) 양보하는 것 같다가 다시 말을 바꾸고는, 다시 양보하듯 협상을 이어간다. 모세는 엄청난 인내를 가지고 이 협상에 임한다.

예를 들어 설명해 보자. 해충이 이집트의 가정과 거리에 무더기로 출현하는 재앙이 임했을 때 파라오는 모세를 불러 사흘간 예배를 허락하겠다고 말한다. 그러나 그는 '사막으로 나가지 않고 바로 여기, 이집트 땅에서 예배하면 안 될까?'라고

* 페르시아 시장(Persian Bazaar)은 거래나 판매를 위해 수단과 방법을 가리지 않는 것을 의미한다. 거짓과 말바꾸기, 술수 등이 자연스럽게 허용되는 공간이나 상황이다.

덧붙인다(출 8:21). 모세는 양들을 신성시하는 이집트인들이 양을 도살하는 이스라엘인들을 가만두지 않을 것이라며 파라오의 제안을 거부한다(출 8:22). 그러자 파라오는 모세의 말에 수긍하여 사흘간 이집트를 떠나도 좋다고 허락하지만 구차하게 이 말을 덧붙인다.

"단지 너희는 너무 멀리 가지는 말도록 해라"(출 8:28).

רק הרחק לא תרחיקו ללכת

라크 하르헤크 로 타르히쿠 랄레케트

모세와 파라오가 옥신각신하는 이런 양상은 우스꽝스럽기까지 하다. 누구나 이런 의문이 들 것이다. '이런 건 다 모세의 위엄과 어울리지 않아! 하나님의 위엄에도 어울리지 않는다구! 하나님은 파라오와 협상할 필요가 없는 분이잖아? 하나님은 파라오에게 일일이 허락을 받을 필요가 없어! 우주의 주권자면 자기 백성을 약속의 땅으로 데려갈 능력이 충분해. 하나님의 계획에 파라오가 동의하냐 안 하냐가 하나도 중요하지 않은데 왜 모세와 하나님은 이런 협상 과정을 거치는 거야?'

암묵적 규칙

이것은 분명한 것 같다. 출애굽 이야기 전체에 어떤 암묵적 규칙이 있다는 사실. 그것은 파라오가 가도 좋다고 말할 때까지 이스라엘 백성이 아무 데도 가지 않는다는 규칙이다. 무슨 이유에서인지 하나님은 그 규칙을 따르기로 한 듯하다.

왜 파라오의 동의가 하나님에게 그렇게 중요할까? 하나님이 사흘간의 휴가를 요청한 것도 파라오의 동의를 얻기 위한 일종의 교란 전술이었다. 하나님은 파라오의 동의를 얻기 위해 왜 그렇게까지 하는 것일까? 하나님의 의도는 무엇이었을까? 하나님의 목표는 어떤 것이었을까?

하나님의 의도는 분명 이스라엘의 단순한 해방을 넘어선다. 일견 하나님은 이스라엘의 해방에 대해 파라오의 동의를 얻으려는 것처럼 보인다. 하지만 정확하게 말해 그렇지 않다. 여러분은 파라오의 동의가 매우 중요하다고 생각할 수도 있지만, 하나님에게 그것은 아무것도 아니다.

다음을 숙고해 보라. 출애굽 이야기를 읽으면 누구나 곧 친숙한 패턴이 보일 것이다. 패턴은 대충 이렇다. 재앙이 이집트를 친다. 곧 파라오는 모세를 소환하여 재앙의 고통과 어려움을 없애 달라 요청한다. 모세는 그 조건으로 이스라엘인들의 해방을 요구한다. 파라오는 그것에 동의한다. 하지만 재앙이 멈추면 파라오는 마음을 바꾸어 히브리인들을 노예로 계속 잡아 둔다. 다른 재앙이 이집트를 칠 때 똑같은 패턴이 반복된다.

그러나 열 가지 재앙의 전개 과정에서 이 친숙한 패턴이 변형된다는 사실이 중요하다. 파라오가 '자신의' 마음을 바꾸는 것이 아니라 하나님이 개입해서 파라오에게 마음의 변화를 일으킨다. 토라의 표현을 빌리면 전능의 신은 "파라오의 마음을 완악하게 하신다"(출 9:12). 이것은 메뚜기(아르베)와 흑암(호쉐크) 재앙과 같은 마지막 재앙에서 특별히 두드러진다. 여기서 파라오의 마음이 변한다는 것은 동일하나 이전과 달라지는 부분은 하나님이 그 변화를 친히 일으키신다는 점이다.

마음을 완악하게 만들기

그렇다면 제기될 수 있는 문제는 두 가지다. 하나는 도덕적 문제이고 다른 하나는 전략적 문제다.

도덕적 문제는 다음과 같다. 파라오의 자유 의지가 신에 의해 훼손되었다면, 어떻게 신이 파라오의 행위를 두고 그에게 책임을 물을 수 있는가? 사람들은 선택의 주체일 때에만 자기 선택에 책임을 진다. 이것은 자명한 진실에 가깝다. 자유를 빼앗아가는 것은 책임도 빼앗아가는 것이다. 따라서 여러분은 다음처럼 질문할 수 있다. 하나님이 여덟째 재앙 때 파라오에게서 자유의지를 박탈했다면 아홉째 재앙은 어떻게 정당화되는가? 왜 파라오는 강요된 완고함 때문에 하나님에게 벌을 받아야 하는가?

물론 우리가 이 문제를 처음 제기한 독자는 아니다. 이 문제는 예부터 주석가들이 불꽃 튀기게 논의했으며 다양한 해결책도 제안하였다.[7] 이 책의 후반부에서 이 문제를 다시 다룰 테니 당분간 이 문제는 잊자. 그 대신 비슷한 다른 문제를 생각해 보자. 신이 파라오의 마음을 바꾸는 것이 윤리적으로 정당한지 대신, 왜 하나님이 파라오의 마음을 바꾸길 원했는지 생각해 보자.

전략적 관점에서 그것은 잘 이해되지 않는다. 지금까지 하나님은 모세를 거듭거듭 파라오에게 보내셨고, 그 이집트 군주와의 끝없는 협상 단계들을 견디셨다. 심지어 파라오의 허락을 끌어내기 위해 '사흘간의 휴가'라는 기만술도 사용하셨다. 그리고 마침내 바라던 일이 발생한다! 파라오가 출애굽을 허락한다. 파라오가 모세의 요구에 긍정으로 대답한다. 그는 마음을 바꾸지 않을 것이다. 바로 그때, 왜 하나님은 파라오의 자유의지를 방해해서 그로 하여금 "안 돼!"라고 말하게 할까? 파라오의 허락은 우리 모두가 기다려 온 순간이 아닌가?

하나님은 무슨 이유로 파라오의 마음을 완악하게 하셨는가? 정말 이해하기 힘들다. 파라오가 이스라엘인들을 풀어주어 출애굽 이야기가 만족스러운 결말을 맺는 게 아니라, 약속의 땅을 향하여 가는 이스라엘인들이 먼 일몰 속으로 사라지고 모든 사람들이 행복하게 사는 결말이 아니라, 왜 전능하신 하나님이 파라오의 마음을 완악하게 하셔서 갑자기 이스라엘을 다시 출발점에 세우실까? 왜 그리 했을까?

우리는 한 걸음 나아가 이렇게 질문할 수도 있다. 만약 그것—즉 그렇게 고대해 왔던 파라오의 '허락'을 '거절'로 바꾸는 일—이 전능하신 하나님이 내내 계획한 일이라면, 왜 처음부터 파라오의 동의를 구하는 수고를 했을까?

결론적으로 말하면 이 모든 것은 '캐치-22'*의 상황이다. 하나님은 파라오가 노예들의 해방에 자유의지로 동의해 주기를 원했는가 원하지 않았는가? 만약 원했다면 파라오가 출애굽에 동의했을 때 모든 문제가 해결되었어야 한다. 만약 전능하신 하나님이 파라오의 동의를 원치 않았다면, 왜 불필요하게 처음부터 그의 동의를 구했는가? 어느 쪽이든 우리에게 전해지는 이야기에는 뭔가 빠져 있는 듯하다.

되짚어 보기

이야기를 되짚어 보자. 출애굽 이야기에서 하나님은 먼 길

* 《캐치-22》는 조지프 헬러의 전쟁 소설 제목이다. 주인공 요사리안은 군사 규정 캐치-22를 사용해 전역하기를 원한다. 하지만 그 군사 규정은 요사리안에게 전역의 희망만을 줄 뿐 절대로 전역을 허락하지 않는 구조이다. 이 때문에 '캐치-22'는 빠져나올 수 없는 모순적 상황을 가리키는 말로 사용된다.

을 돌아서 간다. 한 번의 마술 양탄자 탈출 대신 열 번의 재앙을 거친다. 그리고 무슨 이유에선지 하나님은 파라오에게 이스라엘의 출애굽을 허락해 달라고 구한다. 그러나 실제 하나님은 파라오의 허락에 관심이 없었고, 심지어 하나님의 요구에 '예스'(yes)하려는 파라오를 '노'(No)하게 만들어 버린다.

출애굽 게임에서 우리가 하나님을 연기한다면 분명 이렇게 행동하지는 않을 것이다. 하지만 곧 알게 되겠지만 출애굽 이야기에서 우리의 기대와 달리 행동하는 인물은 전능하신 하나님만이 아니다. 파라오도 마찬가지다. 이제는 파라오의 입장이 되어 출애굽 게임을 해보자. 그러면 그 이집트 왕의 행동이 얼마나 놀라운지 알게 될 것이다.

출애굽 이야기에서 파라오의 행동은 출애굽에 더 큰 의미가 있다는 풍부한 증거 자료다. 탈무드와 미드라쉬의 성현들도 이에 동의한다. 그들은 파라오의 행위를 주의 깊게 관찰하고, 마치 그들도 출애굽 게임에 참여하듯 그 이집트 왕의 결정이 기대에서 크게 벗어나는 지점들을 지적한다.

의도된 모호성

열 번째 재앙을 선포하기 직전, 모세는 다가올 죽음을 다음과 같이 경고한다.

> "야훼께서 이렇게 말씀하신다. 대략 자정에 나는 이집트 가운데 들어갈 것이다. 그때 이집트 땅에 있는 모든 처음 난 것들이 죽을 것이다"(출 11:4-5).

> כה אמר יהוה כחצת הלילה אני יוצא בתוך מצרים ומת כל בכור בארץ מצרים מבכור פרעה
>
> 코 아마르 '아도나이' 카하쪼트 하라엘라 아니 요쩨 브토크 미쯔라임: 우메트 콜 브코르 브에레쯔 미쯔라임 미브코르 파르오

고대의 성현들(탈무드 〈브라코트〉 42a)은 이 본문의 언어에 황당해했다. 모세가 재앙이 내리는 시점을 카하쪼트 하라엘라

(כחצת הלילה)라고 하는데, "대략 자정에"로 번역된다. 탈무드의 성현들은 다음과 같이 묻는다. 왜 모세는 모호하게 말했을까? 하나님은 언제인지 정확히 알고 있다. 그러니 재앙이 정확히 자정에 일어난다고 말하면 되지 않는가! 재앙이 실제로 이집트를 쳤을 때 성서 저자는 시간을 정확히 언급한다.

"그리고 그 일이 **자정에** 발생했다. 하나님이 이집트 땅의 모든 처음 난 것을 치셨다"(출 12:29).

ויהי בחצי הלילה ויהוה הכה כל בכור בארץ מצרים

바예히 바하찌 하라옐라 바도나이 히카 콜 브코르 브에레쯔 미쯔라임

성서 저자는 재앙이 이집트에 내린 시점을 자정이라고 콕 집어 말한다. 이상한 것은 모세가 재앙을 예언할 때는 그 시점을 정확히 말하지 않았다는 것이다.

유대 성현들은 이 문제에 이렇게 답한다. 맞아. 하나님은 당연히 자정이 언제인지 정확히 알지. 하지만 파라오도 그렇다고 누가 말했는가? 설사 파라오가 자정의 정확한 시점을 안다 해도, 그것이 정확하다는 보장이 있을까? 파라오의 궁정 점성가들이 자정 시점을 잘못 계산해서 몇 분의 오차가 발생했다 가정하자. 탈무드에 따르면 파라오는 다음 날 모세를 소환

하여 그가 거짓말을 했다고 조롱하며 비난했을 것이다. '너는 재앙이 자정에 일어날 것이라 말했지만, 그렇지 않았다!' 이것은 모세가 그런 혼동을 방지하기 위해 시간을 정확히 특정하지 않았다는 주장이다. 후회하는 것보다 조심하는 편이 더 좋기 때문이다.

CNN 방송과 예언자

이런 탈무드의 해석은 문제가 있다. 탈무드가 방금 제안한 시나리오를 곰곰이 생각해 보라. 모세가 재앙의 시점을 특정했다면 그 후 사건이 정말 탈무드의 성현들이 말한 대로 전개되었을까?

비슷한 일이 오늘날 일어났다고 상상해 보자. 어느 날 CNN 뉴스팀이 자칭 예언가로부터 팩스를 하나 받는다. 거기에는 터무니없는 예언이 적혀 있다. "내일 정확히 미 동부 시간 오후 4시 3분에 하늘에서 번개가 동시에 내려와 유엔 회원국 수도에 있는 공관들을 파괴할 것이다." CNN은 미치광이들에게서 그런 메시지를 종종 받는다. 팩스를 본 직원은 한심하다는 듯 그것을 한쪽에 밀어 둔다. 그것은 뉴스에 나가지 않는다. 모든 사람들은 아무 일 없다는 듯 자기 일을 한다.

그런데 다음 날, 정확히 동부 시간 오후 4시 1분에 예고된 일이 정말 일어났다고 가정해 보자. 하늘에서 번개가 동시에 내려와 전 세계의 공관들을 완전히 파괴했다고 하자. 그다음 날 신문 머릿기사는 무엇이겠는가? "예언자의 말이 거짓이었음이 드러났다. 4시 3분에 일어난다던 재앙은 실제로 4시 1분에 일어났다." 물론 이렇게 기사를 내는 신문은 없을 것이다. 그렇다면 모세가 만약을 대비해서 재앙이 카하쪼트 하라옐라, 즉 대략 자정에 발생할 것이라고 말했다는 해석은 무엇을 말하는가? 이집트 신문에 그런 터무니없는 기사가 나는 것을 방지하려고 모세가 모호한 언어를 사용했다는 것인가? 열 번째 재앙이 내린 다음 날 아침—그것이 파라오가 계산한 자정에 발생하지 않았다 해도—파라오는 절대로 예언의 사소한 측면을 꼬투리 삼아 모세를 거짓말쟁이라 부를 수 없었을 것이다!

하지만 탈무드의 성현들이 설익은 이론을 아무 생각 없이 제안하지는 않았으리라. 즉 성현들은 파라오가 정말 그렇게 반응할 것이라 믿었고, 그들의 믿음에는 합리적인 이유가 있었을 것이다. 결론부터 말하면 그들은 증거들을 살핀 것이다. 즉 이전 재앙들에 대한 파라오의 반응들을 살폈고, 그 속에서 어떤 패턴을 발견했다. 그리고 그 패턴에 따라 파라오의 다음 행동을 예측했다. 즉 그들은 파라오가 열 번째 재앙에 대해 그들이 묘사한 방식으로 반응할 것이라는 증거를 갖고 추론했다. 이 말이 무슨 의미인지 자세히 알아보자.

개구리 없는 내일

파라오의 행동 패턴은 둘째 재앙, 즉 개구리 재앙 때부터 드러난다. 이야기의 배경을 살펴보자. 둘째 재앙으로 개구리가 책상 밑, 침대 속, 아궁이 속 등 도처에 널린다. 파라오는 개구리를 없애려는 절박함에서, 비록 잠시지만 그의 히브리 노예들을 내어 주고서라도 그 양서류들의 공격에서 벗어나고 싶어 한다. 그래서 이집트 왕은 모세를 소환하여 말한다.

> "나와 내 백성에게서 개구리들을 제거하도록 YHWH(야훼)에게[8] 간구하라. 그러면 나는 그 백성을 내보내어 그들이 YHWH(야훼)에게 제사드리도록 허락할 것이다"(출 8:8).

> העתירו אל יהוה ויסר הצפרדעים ממני ומעמי ואשלחה את העם ויזבחו ליהוה
>
> 하으티루 엘 '아도나이' 브야세르 하츠파르드임 밈멘니 우메암미 바아샬르하 에트 하암 브이즈베후 '라도나이'

이제 모세의 대답을 들어보자.

> "내 위에 영광을 받으소서("내게 분부하소서," 개역개정). 왕과 왕의 종들과 왕의 백성을 위해 이 개구리를 왕과 왕궁에서 제거하도록 언제 하나님께 기도할까요?"(출 8:9).

התפאר עלי למתי אעתיר לך ולעבדיך ולעמך להכרית הצפרדעים ממך ומבתיך

히트파에르 알라이 르마타이 아으티르 르카 브라아바데카 울암므카 르하크리트 하짜파르드임 밈므카 우미바테카

모세는 먼저 "내 위에 영광을 받으소서"라고 말한다. 이것은 이집트 왕을 조롱하는 말처럼 들린다. 라쉬(Rashi)는 그 말을 모세의 도발로 해석한다—왕이여, 제가 절대로 할 수 없다고 생각하는 것을 시키세요. 이렇게 합시다. 왕이 시간을 정하십시오. 그러면 왕이 원하는 그 시간에 개구리들을 사라지게 하겠습니다.

자, 만약 여러분이 파라오라면 이 도발에 어떻게 반응하겠는가?

잘 몰라도 내가 파라오였다면 이렇게 말했을 것이다. '지금 당장 없애 달라. 어제 제거했으면 더 좋았을 것을…… 이제, 의미 없는 게임을 중단하고 당장 개구리들을 제거하라.' 하지만 파라오는 다음과 같이 답한다.

그가 말했다. "내일 (없애 달라)"(출 8:10).

ויאמר למחר

바요메르 르마하르

내일 없애 달라고? 잘못 말한 것 아닐까? 지금 개구리들이 곳곳에 있고, 파라오는 그것들을 더 이상 견딜 수 없는 상태다. 방금 전까지 그는 개구리를 없앨 수만 있다면 무엇이든 할 기세였다. 하지만 지금 그는 자기가 정한 그때에 모세가 개구리들을 사라지게 할 수 있는지 보려고 24시간을 더 견디려고 한다.

파라오는 모세가 던진 미끼를 문 것이다. 모세가 카드를 펼치고 아무거나 하나 뽑으라고 하자 파라오는 양서류들의 악취와 악화되는 재앙 상황을 갑자기 망각하고 말려들고 있다. 그 이집트 왕은 한 벌의 카드에서 카드 한 장을 뽑고 모세가 정말 그의 카드를 맞히는지 알아보려는 것이다.

"내일" 개구리들을 없애 달라는 파라오의 요청에 모세는 다음과 같이 대답한다.

> "요청하신 대로 하겠습니다. 이로써 왕은 우리 하나님 야훼 같은 신이 없음을 알게 될 것입니다"(출 8:10).

כדברך למען תדע כי אין כיהוה אלהינו

키드바르카 르마안 테다 키 엔 '카도나이' 엘로헤누

이 과정에서 파라오와 모세는 동일한 전제에서 움직이고 있다. 모세는 이상한 도발로 파라오를 조롱하는 듯하다. 하지만 그는 파라오가 기꺼이 응할 것을 안다. 그리고 모세의 예상대로, 파라오는 도발에 응한다. 이렇게 일단 도전이 성사되자 모세는 그가 이기면 "우리 하나님 야훼 같은 신이 없다"는 사실이 증명될 것이라며 대화를 맺는다. 생각해 보면 마지막 말은 이상하다. 파라오가 정한 시점에 재앙을 끝낼 수 있느냐가 왜 하나님의 능력을 증명하는 가장 중요한 표적이 되는가? 하지만 파라오와 모세는 이에 동의하는 듯하다. 마치 재앙을 끝내는 것이 재앙을 시작하는 것보다 놀라운 일이라고 말하는 것 같다. 참 이상하다!

그러나 여기서 부정할 수 없는 것은 모세가 파라오의 세계관을 정확히 이해하고 있었다는 사실이다. 그 세계관 속에서 재앙의 민낯(압도적인 수의 개구리와 악취)은 파라오에게 그다지 놀랍지 않다. 파라오에게 정말 놀라운 것은 그가 정한 바로 그 시점에 모세가 개구리들을 없앨 수 있다는 사실이다.

이것은 파라오 행동 패턴의 첫 번째 예이다. 물론 한 가지 예가 패턴을 만들지는 않는다. 예를 하나 더 들어 보자.

잘못된 질문

이야기는 흘러흘러 어느덧 다섯째 재앙이 이집트의 소와

가축들을 친다. 역할극 게임으로 다시 돌아가 우리라면 어떻게 반응했을지 상상해보자.

여러분이 이집트의 왕이라 가정하자. 히브리 노예라는 난제를 놓고 모세와 싸운 지 어느 정도 시간이 흘렀다. 어느 맑은 날 여러분은 집무실에 앉아 있다. 그때 몇몇 지방에서 속보가 들어오기 시작한다. 처음 두 전령의 보고는 다음과 같다. '왕이여, 역병이 발생했습니다. 가축들을 죽이는 듯합니다. 헬리오폴리스에서 발생했습니다. 나바타에도 발생했습니다. 하지만 무슨 역병인지, 왜 발생했는지는 알지 못합니다. 왕이여, 새로운 소식이 있으면 계속 보고드리겠습니다.' 5분 후에 세 번째, 네 번째 도시에서도 전령이 도착해 비슷한 보고를 한다.

만약 여러분이 이집트의 왕, 책임 있는 주권자라면 무엇을 제일 먼저 하겠는가? 아마 피해 상황을 파악할 것이다. 즉 역병 상황이 얼마나 심각한지 조사할 것이다. 자신의 배가 공격받은 선장이라면 그렇게 할 것이다. 자신의 나라가 공격받은 군주라면 그리 할 것이다. 하지만 파라오의 반응은 달랐다.

> "파라오는 (고센에 전령을) 보냈다. (그 전령이 보고하기를) 보십시오! 이스라엘 동물 중 어떤 것도 죽지 않았습니다"(출 9:7).

וישלח פרעה והנה לא מת ממקנה ישראל עד אחד

바이숄라흐 파르오 브힌네 로 메트 밈미크네 이스라엘 아드 에하드

파라오는 이집트인들의 피해를 조사하지 않는다! 그가 전령을 보내 알아 본 것은 이스라엘인들의 피해 상황이다. 즉 그는 이스라엘인들이 역병으로 얼마나 많은 소들을 잃었는지에 더 관심이 있는 것 같다. 파라오의 관심은 이스라엘의 피해 상황에 쏠려 있다. 정말 이상하다.

정확성 vs. 힘

이유는 모르겠지만 파라오는 재앙의 크기보다는 그 재앙이 얼마나 정밀하게 이집트인들을 타격하는지에 더 관심이 있는 것 같다. 개구리 재앙의 경우 파라오와 모세는 재앙의 정확한 시간을 두고 옥신각신하였다. '내가 무작위로 내일이라 하면, 당신은 개구리들을 내일 사라지게 할 수 있는가?' 그리고 가축 재앙에서는 파라오의 관심이 재앙의 공간적 정확성에 집중되어 있다. '모세가 얼마나 정밀하게 특정 지역을 재앙으로 타격할 수 있는가?'

여러분이나 내가 이집트의 주권자였다면 우리는 재앙의 정확성에 그다지 관심이 없었을 것이다. 하지만 어떤 이유에서인지 파라오는 생각이 달랐다. 그는 정확성에 '특별히' 관심이 있다. 여러 이유를 들 수 있지만, 파라오의 세계관과 연결된

다는 점이 중요하다. 탈무드의 성현들은 바로 이것을 간파했다. 그래서 그들은 모세가 마지막 열 번째 재앙을 예언할 때 재앙의 시점을 의도적으로 모호하게 말했다고 주장한다. 그들에 따르면 모세는 열 번째 재앙이 "대략 정오에" 일어난다고 했는데, 만약 정오로 재앙의 시점을 특정했다면, 파라오의 관심은 '그것에만' 쏠릴 것이기 때문이다. 아주 이상하게 들리지만, 이집트 전역에 이집트의 처음 난 것들의 주검이 수십만에 이르러도 파라오는 그 재앙이 시공간적으로 얼마나 정밀하게 일어났는지에 집착했을 것이다. 파라오의 세계관에 따르면 그 재앙이 모세가 예언한 시점에서 3분이라도 벗어나 발생했다면 재앙의 피해가 아무리 커도 그다지 놀라운 일이 못 된다.

참 이상하게 들린다. 하지만 셰익스피어가 말하듯 그의 '광기에도 방법'*이 있다. 파라오와 하나님 사이에 의지의 대결이 벌어지는 것은 분명하지만 우리가 생각한 것과는 다른 듯하다. 우리는 히브리 노예들의 해방을 놓고 파라오가 하나님과 싸운다고 흔히 생각하지만 노예 해방이 유일한 의제가 아닌 것 같다. 파라오가 하나님과 싸워 얻으려는 것이 무엇이든 간에 중요한 것은 재앙의 강도가 아니라 재앙의 정확도임이 분명하다. 그렇다면 하나님과 파라오가 다투고 있는 의제는 무

* '광기에도 방법'(method in his madness)이 있다는 말은 사람의 행동이 아무리 미친 듯이 보여도 나름의 이유가 있다는 의미이다.

엇일까?

지금까지 우리는 출애굽 이야기 곳곳에서 하나님과 파라오의 행동이 우리의 기대와 매우 다름을 확인했다. 이제 출애굽 이야기의 세 번째 주인공인 모세로 가보자. 모세 역시 우리가 이해하기 힘든 방식으로 행동한다.

4» 모세의 두 연설

어느 화창한 날, 이집트의 계속된 억압이 어느덧 수세기째 접어들었을 때, 모세와 그의 형 아론이 파라오의 궁에 나타난다. 그리고 이스라엘을 대표해 요구 사항을 전달한다. 다음은 모세의 첫 번째 연설이다. 지금부터 긴 전투가 시작된다.

> "YHWH(야훼), 이스라엘의 하나님이 이렇게 말한다. 내 백성을 보내라. 그들이 사막에서 나를 위해 축제하게 하라"(출 5:1).

> כה אמר יהוה אלהי ישראל שלח את עמי ויחגו לי במדבר
>
> 코 아마르 '아도나이' 엘로헤 이스라엘 샬라흐 에트 암미 브야호구 리 바미드바르

여기에서 일시 정지 버튼을 누르자. 그리고 타임머신을 타고 순간 이동해 그 시간 그 장소에 가보자. 물론 여러분은 모세이며 방금 파라오에게 선공을 가했다. 파라오는 곧 여러분의 요구에 답해야 할 것이다. 그리고 파라오의 답이 끝나면 다음에 무엇을 말할지 생각해 둘 필요가 있다. 파라오의 대답을 주의 깊게 듣고 대답을 미리 계획하라. 파라오는 다음과 같이 말한다.

> "YHWH(야훼)가 누구길래, 내가 그의 말을 듣고 이스라엘을

내보내야 하는가? 나는 YHWH(야훼)를 모를 뿐 아니라, 이스라엘을 내보내지 않을 것이다"(출 5:2).

מי יהוה אשר אשמע בקלו לשלח את ישראל לא ידעתי את יהוה וגם את ישראל לא אשלח

미 '아도나이' 아쉐르 에슈마 브콜로 레샬라흐 에트 이스라엘 로 야다으티 에트 '아도나이' 브감 에트 이스라엘 로 아샬레아흐

이제 모세가 말할 차례다. 여러분은 어떻게 응답할 것인가? 파라오의 대답은 매우 직설적이다. 그에게는 일말의 모호함도 없다. 그는 여러분의 신을 알지 못하고, 이스라엘을 내보낼 생각도 없다. 타협의 여지도 없어 보인다. 여러분은 뭐라고 응답할 작정인가?

두 가지 선택지가 있다.

첫 번째는 파라오의 대답을 그대로 받고, 포기하고, 하나님께 돌아가 추가적 지시를 구하는 것이다. 당신을 보내어 파라오에게 메시지를 전달하게 한 주체가 하나님임을 기억하라. 그리고 여러분은 전령의 사명을 이미 완수했다. 하나님이 말씀한 대로 파라오에게 나아갔고, 전해야 할 말을 전했다. 그러니 여러분의 역할은 다한 것이다. 이제 하나님께 가서 '보십시오. 저는 당신이 원하는 바를 행했습니다. 그리고 여기 바로의

대답이 있습니다'라고 말하면 된다. 공은 이제 하나님께 넘어갔다. 우주의 주권자가 이 사태를 결정하면 된다.

두 번째 선택지는 이와 정반대이다. 물러가는 대신 더 강하게 말해 본다. '파라오여, 잘 보시오. 왕은 지금 누굴 자극하고 있는지 깨닫지 못하고 있습니다. 그분은 우주의 주권자입니다! 왕은 그분이 진노하길 원치 않을 것이오. 절 좀 믿으세요. 지금이라도 고집을 꺾고 노예들을 내보낸다면 왕은 그 신과 어떻게든 타협할 수 있을 것입니다. 하지만 고집을 꺾지 않는다면, 하나님이 왕을 멸망시키실 때 이집트가 얼마나 남아 있을지는, 정말 모릅니다.'

'알겠소' 하고 후퇴하기, 아니면 더 강한 어조로 재차 요구하기. 두 선택지 모두 어느 정도 합리적인 반응이다. 하지만 모세의 실제 대답은 정말 이해가 안 간다.

이해하기 힘든 탄원

모세는 파라오에게 이렇게 말한다.

> "히브리인들의 신이 우리에게 나타났습니다. 제발, 사흘간 우리를 사막으로 보내어 우리 YHWH(야훼)께 제사하도록 허락하십시오. 그렇지 않으면, 그는 역병과 검으로 우리를 해할지 모릅니다"(출 5:3).

אלהי העברים נקרא עלינו נלכה נא דרך שלשת ימים במדבר ונזבחה ליהוה
אלהינו פן יפגענו בדבר או בחרב

엘로헤 하이브림 니크라 알레누 넬라카 나 데레크 슐로세트 야밈 바미드바르 브니즈베하 '라도나이' 엘로헤누 펜 이프가에누 바데베르 오 브하레브

모세는 이런 탄원이 효과가 있다고 생각한 건가? 모세의 탄원을 바꿔 말하면 이렇다. '파라오여, 우리는 우리 하나님이 정말 두렵습니다. 우리가 사막에서 긴 주말을 보내며 그에게 제사하지 않으면, 우리에게 무슨 일이 생길지 아무도 모릅니다. 제발, 우리를 그냥 보내주면 안 되겠습니까? 왕의 충성된 노예들이 해를 당하는 것은 왕도 원치 않을 것입니다…….'

모세는 정말 이런 탄원이 통할 거라고 믿었을까?

파라오는 하나님이 누구인지 모른다고 이미 말했다. 모세를 전령으로 보낸 야훼는 파라오가 들어보지도 못한 신이다. 파라오가 히브리 노예들의 동화 속에 나오는 신의 진노를 염려할 이유는 없어 보인다. 그럼에도 모세는 왜 파라오가 그의 탄원에 감응하리라고 희망했을까?

예상대로 모세의 탄원은 효과가 없었다. 모세의 연설은 오히려 끔찍한 역풍을 부른 듯하다. 파라오는 모세와 아론이 그의 귀한 노예들을 불필요하게 방해하여 일을 못하게 한다고

비난한다(출 5:4-5). 그리고 그들이 궁전을 떠나자 현장 관리들에게 히브리인들의 작업량을 두 배로 늘리라고 명령한다. 이제부터 노예들은 벽돌 제작에 필요한 짚을 공급받지 못할 것이다. 그들이 자신이 쓸 짚을 직접 모아야 한다. 하지만 그들에게 부과된 생산량은 변하지 않을 것이다(출 5:6-9). 파라오는 백성들이 게으르다 비난하며(시간이 남으니까 사막 신께 제사드리려 휴가를 꿈꾸는 것 아닌가?), 그 게으름에 궁극적 '처방'을 내린다. 즉 등골을 휘게 하는 심한 노동이 그것이다(출 5:17-18).

도대체 모세는 무슨 생각이었을까? 탄원의 의도는 무엇이었을까? 파라오는 분명하고도 딱 부러지게 모세의 요구를 거부했다. 차라리 모세가 하나님께 돌아가거나 아니면 한층 강하게 요구했더라면 어땠을까. 그러다가 당할 위험은 충분히 감수할 가치가 있다. 하지만 성공의 가능성이 전혀 없는 탄원으로 파라오를 자극한 것은 정말 이해하기 힘들다. '파라오여…… 왕이 믿지 않는다고 말한 그 신을 기억합니까? 왕이 사흘 동안 우리를 놓아 주어 그 신에게 제사하게 하지 않으면, 그 신이 우리에게 큰 화를 낼 것입니다. 너무 염려됩니다.'

파라오가 재앙에 보이는 반응이 우리에게 이상해 보였다면 그런 파라오와 협상하는 모세의 전략도 역시 이해하기 힘들다. 그럼에도 분명한 것은 모세의 행동에 어떤 합리적 계획이 있다는 것이다.

대조 학습

모세의 두 연설을 주의 깊게, 특히 나란히 비교해 보자. 중요한 것은 그 둘을 구분 짓는 전체적 인상이 아니라 세부 요소다. 전체적 인상을 말하자면, 첫째 연설은 자신감 있고 대담하게 느껴지고, 둘째 연설은 약하고 징징거리듯 느껴진다. 하지만 우리는 좀 더 깊이 파고 들어가 왜 그런 식으로 느껴지는지 탐구해야 한다. 차이를 만드는 세부 요소들은 무엇인가?

모세의 두 연설은 이스라엘에 대한 호칭부터 사막에 가서 야훼를 섬기지 않을 때 발생할 결과까지 적어도 대여섯 가지 측면에서 서로 구별된다. 시간을 내서 그 두 연설을 찬찬히 읽어 보라. 눈에 들어오는 차이들을 적어 두면 더욱 좋다.

첫째 연설 출애굽기 5장 1절	**둘째 연설** 출애굽기 5장 3절
כה אמר יהוה אלהי ישראל שלח את עמי ויחגו לי במדבר	אלהי העברים נקרא עלינו נלכה נא דרך שלשת ימים במדבר ונזבחה ליהוה אלהינו פן יפגענו בדבר או בחרב
코 아마르 '아도나이' 엘로헤 이스라엘 샬라흐 에트 암미 베야호구 리 바미드바르	엘로헤 하이브림 니크라 알레누 넬라카 나 데레크 슐로세트 야밈 바미드바르 베니즈베하 라도나이 엘로헤누 펜 이프가에누 바데베르 오 베하레브

"YHWH(야훼), 이스라엘의 하나님이 이렇게 말한다. 내 백성을 보내라. 그들이 사막에서 나를 위해 축제하게 하라."	"히브리인들의 신이 우리에게 나타났습니다. 제발, 사흘간 우리를 사막으로 보내어 우리 하나님께 제사하도록 허락하십시오. 그렇지 않으면, 그는 역병과 검으로 우리를 해할지 모릅니다."

차이점들

두 연설에서 내가 찾아낸 큰 차이점을 요약하면 이렇다.

노예 생활하는 백성을 무엇이라 부르는가? 첫째 연설에서 모세는 그들을 '이스라엘'로 지칭하고 하나님은 '내 백성'이라 부른다. 둘째 연설에서는 '히브리인들'로 지칭된다.

소통이 직접적인가 간접적인가? 첫째 연설에서 하나님은 직접 이집트에 메시지를 발신하는 분으로 묘사된다. '하나님이 이렇게 말한다: 내 백성을 보내라.' 하지만 둘째 연설에서 하나님은 (이집트에도 이스라엘에도) 직접 메시지를 발신하지 않는다. 대신 모세는 하나님이 "우리에게 나타났습니다"(니크라 알레누)라고 말한다. 이 말은 계획에 없었는데 우연히 만났다는 뉘앙스가 있다. 그리고 그 만남에서 하나님은 히브리인들에게 아무 말도

하지 않았다. 둘째 연설에서 파라오에게 휴가를 요구하는 주체는 백성이다. 하나님이 아니다. '제발, 사흘간 우리를 사막으로 보내어……'

축제인가 제사인가? 첫째 연설에서 모세는 백성들이 사막에서 하나님과 '축제하러' 떠날 것이라고 한다. 둘째 연설에서는 하나님께 '제사할 것'이라고 한다.

이스라엘이 떠나지 않으면 어떤 일이 일어나나? 첫째 연설에 따르면 이스라엘이 떠나지 않아도 이스라엘에 미치는 불행은 없다. 거기에는 내보내라는 요구만 있다. 둘째 연설은 히브리인들이 제사를 드리지 않으면 당하게 될 불운한 일들을 언급한다.

이런 차이점들을 놓고, 우리가 논리적으로 물어야 할 질문은 다음과 같다. 이 차이점들이 무엇을 가리키는가? 이 차이점들에 어떤 패턴이 있는가? 각 연설의 기저에 있는 역학을 이해할 단서는 있는가? 다시 말해, 위의 차이점 목록을 볼 때 첫째 연설의 세부 사항들은 모두 이것에 관한 것이고, 둘째 연설의 세부 사항들은 모두 저것에 관한 것이라고 할 수 있는 패턴이 있는가? 내가 볼 때는 그 차이점들에 일정한 패턴이 존재한다.

두 가지 다른 신학

모세의 두 연설에 근본적으로 다른 신학이 반영되어 있다. 첫째 연설에서 모세의 신은 그의 백성들과 즐거운 시간을 보내기 원한다. 이 신은 인간들과 직접 소통하며 그가 원하는 것과 기대하는 것을 인간들에게 직접 전달한다. 그는 노예 생활하는 백성을 이스라엘—하나님이 족장들과 맺은 언약을 상기시키는 특별한 이름—로 부르는 신이다. 이 신은 그들을 내 백성이라 부르며 인격적 관계를 중시한다. 사람들이 그를 섬기지 않아도 보복한다며 겁주는 신이 아니다. 이것이 첫째 연설에서 그려진 모세의 신이다.

그런데 둘째 연설에 그려진 신은 전혀 다르다. 그는 인간과 직접 소통하지 않는다. 때때로 인간들에게 '나타날 수'는 있다. 그리고 노예 생활하는 사람들은 '그의' 백성이 아니다. 그 사람들은 그저 히브리인들(이브림)—강을 건너(메에베르) 이주해 온 사람들을 통칭하는 말—이다. 이 신적 존재가 무엇을 원하는지 명확하게 이해하는 사람은 없다. 하지만 사람들은 해를 당하지 않으려면 그에게 제사하는 것이 좋다고 생각한다. 그 신은 마음에 들지 않으면 사람을 공격할 수 있다. 이런 존재와 함께 축제를 벌이는 것은 있을 수 없다. 두려움 속에 제사를 드리는 것이 최선의 봉헌이다.

그렇다면 왜 모세는 특정한 신 개념으로 시작한 후 둘째 연설에서는 다른 개념으로 전환한 것일까? 두 신학 중 어느 것이 진짜인가? 이것은 생각해 볼 가치가 있다. 앞으로 이 질문들을 다룰 기회가 있을 것이다. 하지만 일단은 모세의 두 연설 사이에 보이는 또 하나의 차이점에 집중해 보자. 두 연설의 모든 차이 중 이것이 가장 신비롭다. 그것은 하나님의 이름들과 관계있다.

첫째 연설에서 모세는 하나님을 지칭할 때, 히브리어 '요드(י)-헤(ה)-바브(ו)-헤(ה)'로 표기되는 발음 불능의 이름(יהוה)을* 사용한다. 지금까지는 영어 YHWH(야훼)로 번역해 왔다. 둘째 연설에서 모세는 전능의 하나님을 그렇게 소개하지 않고, 야훼를 '엘로헤 하이브림'(אלהי העברים), 즉 '히브리인들의 하나님'으로 지칭한다.

이름이 이렇게 바뀐 것은 무작위인가 혹은 우연인가? 아니면 다른 이유가 있었는가?

특별한 이유가 있었다.

앞서 말했듯 파라오는 하나님과의 대결에서 노예들을 빼앗기지 않는 것 외에 다른 목적이 있었다. 마술 양탄자 대신 열 가지 재앙의 먼 길을 택하고, 파라오의 허락을 집요하게 얻으

* 유대인들은 하나님의 이름(יהוה)을 신성시해 발음하지 않았다. 이 때문에 시간이 흐르면서 정확한 발음이 잊혀졌다. 하나님의 이름이 발음 불능이라는 말은 두 가지 의미가 있다. 첫째, 신성한 이름을 발음해서는 안 된다는 것이고, 둘째는 발음을 잊어버렸다는 의미이다.

려 했던(그리고 막상 허락을 얻자 파라오의 마음을 다시 완고하게 했던) 하나님도 숨은 목적이 있었다. 그리고 매우 다른 두 연설을 한 모세도 다른 동기가 있었는지 모른다.

출애굽 서사의 주인공들은 알고 있지만, 독자인 우리만 모르는 그것은 무엇인가?

그 열쇠는 모세가 두 연설에서 사용한 신명(神名)에 있을 가능성이 높다.

5» 이름 소동

출애굽 이야기의 전개를 보면 모세가 파라오에게 두 번 연설한 직후 하나님이 모세에게 나타나 자신의 이름들에 대해 말한다. 이것이 얼마나 이상한지 같이 살펴보자.

성서 첫 몇 장만 읽어도 하나님을 부르는 이름이 여럿임을 알 수 있다. 어떤 때는 이 이름이 쓰이다가 다른 때는 저 이름이 쓰인다. 독자들은 그 상황에 매우 빨리 적응하며 신경 쓰지 않는다. 즉 문맥에 따른 신 이름의 변화에 무감각해진다.

그리고 그 문제에 그다지 신경 쓰지 않는 것은 독자만이 아니다. 하나님도 자신의 이름을 따로 언급하지 않는다. 성경 인물이 특정 시점에 하나님을 어떻게 부르든지 하나님은 그 호칭에 크게 개의치 않는 모양이다. 예를 들어 타나크* 어디에서도 하나님이 모세나 미리암의 말을 끊으면서 "잠깐, 말 끊어서 미안하지만 지금 내 이름 잘못 불렀어!"라고 하지 않는다. 그런 일은 전혀 없다. 아니 정확히 말해 그런 일은 '거의' 일어나지 않는다.

이름이 중요해지는 때

출애굽 이야기의 전개 중 하나님이 이상하게도 그의 이름들을 '강조하는' 장면이 있다. 갑자기 이름이 중요해지기 시작

* 구약성서를 가리키는 유대인들의 용어로, 구약성서를 구성하는 오경과 예언서, 성문서의 히브리어 앞 글자를 붙여 만든 말.

한다. 내 기억이 옳다면, 하나님이 그의 이름을 의식적으로 논하는 유일한 본문이 출애굽기다.

그 본문은 출애굽 이야기에서 두 번 등장한다. 한 번은 하나님이 불타는 가시나무에서 모세와 만나는 장면이고, 다른 한 번은 열 가지 재앙이 시작되기 바로 직전이다. 나는 여러분과 함께 이 두 에피소드를 탐구하고 싶다. 먼저 두 번째 에피소드부터 공부해 보자.

이야기의 배경은 이렇다. 모세는 방금 파라오에게 두 번의 연설을 했다. 파라오는 이에 냉정하게 응답했다. 그 이집트 왕은 사흘간의 휴가를 달라는 모세의 요구를 단칼에 거절하였다. 나아가 이스라엘 자녀들에게 이전보다 무거운 일을 부과한 후, 그들의 신음 소리에 귀를 막아 버렸다. 이때 하나님이 모세에게 말씀하신다. '아직 내가 나서지 않았지만, 너는 곧 내가 파라오를 어떻게 다룰지 보게 될 것이다. 즉 전능의 하나님은 능력의 손으로 그 백성에게 자유를 줄 것이다.' 이 말씀을 하신 직후 하나님은 그의 이름들을 설명하기 시작한다.

> "그리고 하나님이 모세에게 일러 말했다. 나는 YHWH(야훼)다. 나는 아브라함, 이삭, 야곱에게 엘 샤다이로 나타났지만, 내 이름 'YHWH(야훼)'는 그들에게 알려지지 않았다"(출 6:2-3).

וידבר אלהים אל משה ויאמר אליו אני יהוה: וארא אל אברהם אל יצחק ואל יעקב באל שדי ושמי יהוה לא נודעתי להם

바예다베르 엘로힘 엘 모셰 바요메르 엘라브 아니 '아도나이':
바에라 엘 아브라함 엘 이쯔하크 브엘 야아코브 브엘 샤다이 우슈미
'아도나이' 로 노다으티 라헴

언뜻 보기에 이 말씀은 매우 이상하다. 왜냐하면 그리 중요하지 않은 주제일 뿐 아니라, 지금 상황에서 굳이 할 이야기도 아닌 것 같다. 이 말씀 직전에 우리는 출애굽 이야기에서 팽팽하게 긴장되는 순간을 지났다. 모든 일이 잘못 흘러갔다. 파라오는 극도로 가혹하게 행동하고 있으며, 누구도 그를 막을 수 없어 보인다. 히브리 백성들은 절박한 상황에 놓였고, 장로들은 모세가 파라오와 만나서 사태를 악화시켰다고 불평한다. 특히 모세가 이집트 왕에게 한 두 연설은 큰 실패처럼 보인다. 모세 자신도 하나님께 불평하고 있다. 완전히 일을 망쳤다.

이런 상황에도 하나님은 '얼마나 큰 능력이 이집트에 나타날지 너는 모를 거야'라고 말하며 모세를 안심시킨다. 실제로 모세는 파라오와 이집트가 곧 겪을 일이 무엇인지 꿈에도 상상할 수 없다.

이 이야기를 처음 읽는 독자라면 이 시점에서 안절부절못할 것이다. 그다음에 무슨 일이 벌어질까? 하나님이 약속을 지

킬까? 큰 싸움이 임박했고, 곧 무슨 일이 터질 분위기다. 곧 첫째 재앙이 이집트를 칠 거야!

그러나 재앙은 내리지 않는다. 적어도 아직은. 왜냐하면 하나님이 그의 이름을 둘러싼 신학적 신비를 설명하는 보충 수업을 시작하셨기 때문이다. 어쩌면 이때 독자들은 우주의 주권자가 친히 출현하는 (짜증나는) 중간 광고를 보는 기분일지 모른다. '모세야, 내가 내 이름에 대해 말해 주었던가? 아니지? 그게 말이야, 나한테 빛나는 새 이름이 생겼어. 아브라함, 이삭, 야곱은 몰랐던 이름이야. 내가 너한테 말해 줄게…….'

하나님이 이름 이야기를 꺼내는 시점—왜 하필 그 시점에서 이야기를 꺼내는가?—만 혼란스러운 게 아니다. 이름에 대한 설명도 이해하기 힘들다. 그 유일신은 모세에게 지금 새로운 이름—그의 조상 아브라함, 이삭, 야곱도 몰랐던 이름—을 처음으로 계시한다고 말하는 것 같다. 지금까지 YHWH(야훼)로 번역했던 이름의 히브리 철자는 요드-헤-바브-헤(יהוה)로, 이것은 신성사문자(神聖四文字, tetragrammaton)로도 알려져 있다. 문제는 (성경을 읽어본 사람은 누구나 알겠지만) 이 이름이 전혀 새롭지 않다는 것이다. 그것은 창세기에 자주 등장하며, 아브라함, 이삭, 야곱—하나님의 선언에 따르면 그 이름을 몰라야 할 인물들—과 대화하는 하나님을 묘사할 때도 그 이름이 사용된다. 그렇다면 어떤 의미에서 그 이름이 새롭다는 것인가? 그 새로움은 어디에서 오는가?

더욱 이상한 것은 출애굽 이야기에서 하나님이 그 '새' 이름을 모세에게 알려줄 기회가 이미 있었다는 사실이다. 물론 하나님은 그 기회를 사용하지 않았다. 이제 하나님이 자신의 이름을 강조해서 말하는 첫 번째 에피소드로 가보자. 그것은 하나님이 불타는 가시나무에서 모세에게 말씀하는 장면이다. 여기서도 이름이 갑작스럽게 중심 화제가 된다. 하지만 그 장면에서 하나님은 자신의 이름을 YHWH(야훼)로 특정하지는 않는 듯하다.

불타는 가시나무의 난제

불타는 가시나무에서 하나님과 모세는 처음으로 조우한다. 그때 하나님은 모세에게 자신을 소개한 후 이집트의 속박에서 이스라엘 자손들을 해방시킬 그의 계획을 알려준다. 또 그때 처음으로 모세에게 사명을 주신다. 모세는 하나님의 계획을 실행할 인물이 된다. 생각해 보라. 하나님이 자신의 본질과 불리기 원하는 이름을 모세에게 알릴 너무나 좋은 때로 보이지 않는가.

불타는 가시나무 장면에서 하나님이 그의 이름을 계시하면 좋을 완벽한 순간이 있었다. 모세는 자기에게 나타난 그 신에게 질문을 던진다. 그는 이스라엘 자손들에게 하나님을 어떻게 소개하면 좋을지 묻는다.

> "모세가 하나님께 말했다. 제가 여기 있습니다. 이스라엘 자손들에게 갑니다. 그들에게 '네 조상들의 신이 나를 너에게 보냈다'고 말할 텐데, 그들이 나에게 '그의 이름이 무엇이냐'고 말하면, 나는 그들에게 뭐라고 말해야 할까요?"(출 3:13).

> ויאמר משה אל האלהים הנה אנכי בא אל בני ישראל ואמרתי להם אלהי אבותיכם שלחני אליכם ואמרו לי מה שמו מה אמר אלהם
>
> 바요메르 모셰 엘 하엘로힘 힌네 아노키 바 엘 브네 이스라엘 브아마르티 라헴 엘로헤 아보테켐 슐라하니 알레켐 브아므루 리 마 슈모 마 오마르 알레헴

이렇게 화제가 하나님의 이름으로 전환되다니 놀랍다. 이 시점에서 누구나 하나님이 다음과 같이 대답하리라 기대할 것이다. '음…… 모세야, 때마침 잘 물어 보았다. 모든 사람에게 알리고 싶은 놀라운 새 이름이 있다. 그것은 YHWH(야훼)이다. 그들에게 이 이름을 알려 주어라.'

하지만 하나님은 그렇게 대답하지 않았다.

> "하나님이 모세에게 말했다. 나는 나일 것이다(에흐예 아쉐르

에흐예, I Will Be that I Will Be). 너는 이렇게 이스라엘에게 말하라. '나는 있을 것이다'(에흐예, I Will Be)가 나를 너희에게 보냈다."

ויאמר אלהים אל משה אהיה אשר אהיה ויאמר כה תאמר לבני ישראל אהיה שלחני אליכם

바요메르 엘로힘 엘 모셰 에흐예 아쉐르 에흐예 바요메르 코 토마르 리브네 이스라엘 에흐예 슐라하니 알레켐

이것은 도무지 이해가 안 되는 대답이다. 게다가 질문에 대한 답도 아닌 듯하다. 하나님은 모세의 질문을 회피하는 것 아닐까? '나는 나일 것이다'(I Will Be That I Will Be)가 어떻게 이름인가?

이런 혼란도 모자란 듯, 모세와 하나님 사이의 대화는 갈수록 어려워진다. 자신을 '나는 있을 것이다'(에흐예, I Will Be)로 부른 직후 하나님은 갑자기 마음을 바꾼 듯 보인다.

"하나님이 모세에게 다시 말했다. 너는 이스라엘 자손들에게 이같이 말하라. YHWH(야훼), 너의 조상들의 하나님—아브라함의 하나님, 이삭의 하나님, 그리고 야곱의 하나님—이 나를 너에게 보냈다. 이것이 영원한 나의 이름이다. 대대로

이것으로 내가 기억될 것이다"(출 3:15).

ויאמר עוד אלהים אל משה כה תאמר אל בני ישראל יהוה אלהי אבתיכם אלהי
אברהם אלהי יצחק ואלהי יעקב שלחני אליכם זה שמי לעלם וזה זכרי לדר דר

바요메르 오드 엘로힘 엘 모셰 코 토마르 엘 브네 이스라엘 '아도나이' 엘로헤 아보테켐 엘로헤 아브라함 엘로헤 이쯔하크 벨로헤 야아코브 슐라하니 알레켐 제 슈미 레올람 브제 지크리 르도르 도르

혼란은 극에 달한다. 여러분이 모세이고 누군가가 여러분에게 질문했다고 가정하자. "오늘 신이 당신에게 나타났다고 들었습니다. 참 흥미롭네요. 그의 이름이 무엇인가요?" 이때 무엇이라 대답하겠는가? 여러분의 대답은 이렇지 않을까? "네. 그의 이름은 '그는 그일 것이다'(He Will Be That He Will Be)입니다. 아니, 다시 생각해보니 '그는 있을 것이다'(He Will Be)인 것 같네요. 아니, 방금 그 이름도 잊으세요. 다시 생각해 보니 그는 우리 조상들의 신입니다. 맞아요. 바로 우리 조상들의 신이에요. 혼란을 드려 정말 죄송합니다. 하지만 그게 맞는 것 같네요."

여러분이 토라를 읽으면서 단순한 문제가 왜 이렇게 복잡해졌는지 질문해도 아무도 이상하게 생각하지 않을 것이다. 불타는 가시나무에서 전능의 하나님이 자신의 이름에 대해 말

하려는 바를 이해하자니 참 어렵다. 하지만 이것보다 두 배로 어려운 것이 모세의 두 연설 직후 하나님이 모세에게 '새' 이름 YHWH(야훼)를 계시한 의도 파악이다. 그리고 이보다 더 어려운 것은 그 두 내용을 연결하기, 즉 하나님의 이름에 대한 두 에피소드가 어떻게 통하는지 밝히는 것이다.

하지만 아무리 어려워도 포기해서는 안 된다. (지금까지 논의한) 신 이름에 대한 두 에피소드를 이해하려는 노력을 계속해야 한다. 신 이름에 관한 대화가 출애굽 이야기의 핵심—비유하자면 잘 박힌 못이랄까—으로 보이기 때문이다. 불타는 가시나무 본문에서 모세는 하나님이 맡긴 지도자 역할을 수용하기 전에 하나님의 이름을 이해하기 원한다. 그리고 열 가지 재앙이 시작되기 직전, 전능의 하나님은 모세, 이집트, 그리고 온 세계에 새 이름을 통해 자신을 소개한다. 이 이름들은 매우 중요하다. 출애굽 이야기의 동력이 바로 이름들이다.

이 이름들을 어떻게 이해해야 할까?

1)
우리가 유월절로 알고 있는 7일간의 축제는 성서에서 종종 하그 하-마쪼트, 즉 '무교절'로 불린다. 페사크, 즉 '유월절'이라는 이름은 본래 무교절의 첫날 밤을 가리키는 듯하다(레 23:5-6 등 참고). 하지만 페사크라는 명칭이 축제 전체를 가리키는 전통은 매우 오래된 것이다. 적어도 요시야 왕 때까지 거슬러 올라간다(대하 35장 참고). 더욱이 탈무드는 축제 전체를 유월절로 통칭한다. 오래전, 적어도 탈무드의 랍비들 때부터 유대 전통은 그 축제를 가리키는 이름으로 유월절을 안착시켰다. 아래의 논의에서 다룰 주제는 바로 이 전통에 대한 것이다.

2)
이것은 나의 책 *The Queen You Thought You Knew*(에스더서 연구서)에서 처음으로 제안한 사고 실험을 다소 변형한 것이다.

3)
물론 후대 랍비들도 유월절을 그렇게 이해한다. 기도할 때 유대인들은 그 축일을 즈만 헤루테누(zman cheiruteinu), '우리 자유의 때'로 부른다.

4)
일반적으로 어둠은 빛의 부재로 생각된다. 하지만 출애굽기 10장 23절에 대한 람반(Ramban)의 주석에 따르면 그 어둠은 달랐다. 즉 빛의 부재가 아니라 만져질 듯한 물리적 '존재'로서의 어둠이었다. 따라서 이집트인들은 불을 밝히더라도 그 재앙을 피할 수 없었다. 빛이 없는 방이라면 촛불을 켜면 된다. 하지만 신비한 어둠의 존재로 가득한 방에서는 촛불이 소용이 없다.

5)
이스라엘인들이 살았던 고센은 태양이 계속 비추었다. 유대 전통적 해석에 따르면 이스라엘인들이 빛을 받았던 곳은 고센만이 아니었다. 이스라엘인들은 이집트 어디에 있든 혹은 어디를 가든 완벽하게 볼 수 있었다. 다시 말해 아홉째 재앙은 신비스럽게도 '주관적' 현상이었다는 것이다. 같은 풍광이 이집트인의 눈에는 완전한 흑암으로 보였지만, 이스라엘인에게는 정상적인 빛과 색깔로 나타났다고 전해진다.

6)
야코브 카미네츠키의 오경 주석(*Emet L' Yaakov*) 255쪽 참고.

7)
예를 들어 출애굽기 7장 3절에 대한 람반 주석(이것은 〈출애굽기 라바〉 5장 6절에 근거한 것)에 따르면 파라오가 신의 큰 형벌을 받은 이유는 노예들에게 보인 잔인함과 그들을 풀어주지 않는 완고함 때문이다. 하나님은 어느 순간 파라오에게서 회개의 가능성을 거두었다. 그 후 파라오에게 가해진 재앙들은 이전 행위들에 대한 정당한 형벌이었다. 다른 주석가들은 다른 해결책을 제시한다. 이 주제에 대해 더 자세히 탐구하려면 부록 A '최악의 시나리오 경고'를 보라.

8)
《출애굽 게임》에서 나는 יהוה로 철자된 신명(神名)을 YHWH로 음역하는 관행을 따를 것이다. 이 이름의 의미와 다른 함의는 나중에 다룬다.

2부
출구 전략

6» 이름 뒤에 있는 것

이름을 지어준다는 것은 본질과 밀접하게 만난다는 의미이다. 갓난아기를 보라. 이 작은 영혼은 누구인가? 우리는 아직 이 아기를 모른다. 아기가 누구인지 이해하려는 첫 번째 노력, 혹은 어떤 사람이 되면 좋겠다는 희망을 표현하는 첫 시도는 이름을 짓는 일이다.

출애굽 이야기를 담은 성서 본문에 따르면 하나님은 인간들이 합당한 신의 이름을 발견하도록 도우신다(인간이 신을 합당한 이름으로 부를 때 그분과의 친밀한 관계가 시작되기 때문이다). 하지만 절대 쉬운 일은 아니다. 이름은 어떤 사람을 총체적으로 파악하는 방법을 제공하는데, 인간이 신을 총체적으로 안다는 것은 불가능하기 때문이다.

불타는 가시나무 장면에서, 그리고 후에 열 가지 재앙이 시작되기 직전에 발생한 신 이름을 둘러싼 대화들은 결국 신의 본질 논의이다. 불타는 가시나무에서 모세는 하나님에게 그의 이름을 묻는다. 모세가 정말 궁금한 것은 이것이다. '사람들은 당신이 누구인지 알고 싶어 할 것입니다. 당신의 본질에 대해 사람들에게 무어라고 말해야 할까요?' 그리고 후에 열 가지 재앙이 시작되기 직전, 하나님은 다시 이름 문제를 거론한다. 그리고 모세에게 전한 말씀에 따르면 하나님은 이른바 '새 이름'으로 자신을 알릴 것이다. 이전에는 감추어진 신의 본질, 즉 신의 새 측면이 그때부터 명백해질 것이다. 그 새 측면은

YHWH(야훼)라는 이름과 관련된다.

재앙이 시작되기 직전 본문으로 돌아가서 하나님이 주시는 메시지를 발견해 보자. 그것을 해독할 수 있는지도 살펴보자. 하나님은 모세의 조상들에게 '엘 샤다이'로 나타났지만 지금은 처음으로 YHWH(야훼)로 알려질 것이라 했다. 이 두 이름은 각각 무엇을 의미할까?

전략

여기서 간단하고도 에두르지 않는 전략을 하나 제안하겠다. 잠시 이 두 이름이 일반 단어라 가정하자. 일반 단어라면 무엇을 의미할까? 신 이름 중 몇몇은 성경에서 일반 명사로도 쓰인다. 그 일반 명사의 의미에서 신 이름의 의미를 짐작할 수 있을 것이다.

이 전략을 신 이름 '엘로힘'의 축약형인 '엘'에 먼저 적용해 보자. 모세에게 하신 말씀에 따르면, 하나님은 모세의 조상들에게 '엘', 즉 엘 샤다이로 나타났다. 이 이름의 첫 번째 부분인 엘—그리고 보다 긴 형태인 엘로힘—의 의미는 무엇인가? 즉 그 두 용어가 일반 명사라면 의미가 무엇일까? 다음 구절에서 엘이 어떤 의미로 사용되었는지 살펴보자.

"너에게 해를 가할 힘이 내게 있다"(창 31:29).

יש לאל ידי לעשות עמכם רע

예쉬 르 엘 야디 라아소트 임마켐 라

이것은 몰래 도망치다가 중도에 잡힌 야곱에게 라반이 한 경고이다. 이 구절에서 엘은 '힘'을 뜻하는 히브리 단어다. 그리고 '힘'은 엘 혹은 엘로힘이 신 이름으로 쓰일 때의 함의인 듯하다. 즉 엘 신은 강력한 힘으로 이해된다.[1)]

이것은 십계명의 매우 혼란스러운 지점을 설명한다. 제1계명을 보라. "내 앞에 다른 신들[에 대한 충성]을 두지 말라." 이것은 모순으로 보인다. 이 법은 유일신 사상—즉 오직 하나뿐인 신에 대한 신앙—에 대한 절대적 헌신을 요구하지만 이 법의 언어는 '다른 신들의' 존재를 전제하는 듯하다. 그 법이 금하는 것은 다른 신들에 대한 충성뿐이다. 그렇다면 그 다른 신들은 누구인가? 토라의 가장 중요한 가르침이 신은 오직 한 분만 있다는 것 아닌가?

하지만 히브리어 원문을 주의 깊게 읽으면 그 문제는 사라져 버린다. 제1계명은 다음과 같다. "너희는 내 앞에 다른 엘로힘[에 대한 충성]을 두지 말라." 엘로힘에 대한 우리의 잠정적 정의를 여기에 적용하면 모든 것이 분명해진다. 본문은 하나님 이외에 다른 '힘들'을 섬기지 말라고 충고하고 있다. 실제로 사람들이 자발적으로 숭배하는 다른 힘들이 분명 존재한다. 예를 들어 태양은 강력한 힘이다. 그것을 부정할 수 없다. 빛과 열을 제공하는 태양이 없다면 우리는 다 죽는다. 그럼에도 제1계명은 태양이 예배의 대상이 아니라고 말한다. 왜냐하면 우리는 전능의 하나님 이외에 어떤 힘에도 충성해서는 안 되기 때문이다.

여기서 엘이 특정 신의 이름보다 일반 명사에 가깝다는 사실이 드러난다. 신을 강력한 힘으로 이해하는 한 그 신을 '엘' 혹은 '엘로힘'으로 부르는 것이 적절할 수 있다.[2] 둘째 연설(출 5:3)에서 모세는 하나님을 "히브리인들의 엘", 즉 히브리인들이 충성하는 힘으로 소개한다. 즉 모세의 둘째 연설에서 하나님은 히브리인들의 힘의 원천으로 간주된다. 이런 신학에서는 다른 힘(의 원천)들이 존재할 수 있고 실제 존재한다.

요약하면, 엘 혹은 엘로힘은 오직 하나님만을 가리키지는 않는다. '엘로힘'은 신이 아니더라도 강력한 힘으로 여겨지는 존재에 적용될 수 있다. 즉 일반 명사에 가깝다.

팽창하는 우주에 "그만"이라고 말하기

하나님이 모세에게 그의 과거와 현재 이름을 말하는 본문을 살펴보자. 그분의 선언에 따르면, 모세의 조상들에게 하나님은 단순한 엘이 아니라 '엘 샤다이'로 나타났다. 엘 샤다이는 무슨 의미일까?

공교롭게도 히브리어 '샤다이'는 구약 성서에서 오직 신 이름에서만 등장한다. 그 외의 쓰임은 없다. 따라서 조금 전에 쓴 전략—일반 단어의 용법에서 신 이름의 함의를 유추하는—을 적용할 수 없다. 그러나 그 전략을 간접적으로 활용할 수는 있다. 비록 샤다이가 독립된 단어는 아니지만 미드라쉬의 성현들은 〈창세기 라바〉 5장 8절을 비롯한 여러 본문에서 그 이름을 '긴 어구의' 축약 형태로 간주했기 때문이다. 그들에 따르면, 샤다이는 '미 셰아마르 레올라모 다이', 즉 "그의 세상에 '그만'이라고 말한 자"의 축약형이다. 그리고 미드라쉬는 그 이름을 다음과 같이 설명한다. 태초에 생성된 하늘과 땅은 정적(靜的)이지 않았다. 계속 움직였다. 하늘과 땅이 급속히 팽창하고 있었다. 미드라쉬의 언어를 빌리면, 그것들은 '뻗어 가고' 혹은 '부어오르고' 있었다. 하나님이 '그만'이라고 선언하여 팽창의 과정을 제어하지 않았다면 그 팽창은 무한의 시간에서 통제 불가능해졌을 것이다. 그리고 우리는 비교적 살기 좋고 정돈된 지금의 세상과 매우 다른 우주를 물려받았을 것이다.[3)]

하나님이 모세의 조상 시대에 엘 샤다이로 알려졌다고 선언하는 성서 구절을 다시 보자. 그 구절은 하나님이 단순한 힘(엘)이 아니라 매우 강력한 힘(엘 샤다이)으로 나타나셨다고 말하는 듯하다. 조상들의 시대에 하나님은 세상에 그의 강력한 힘을 보여 주었다. 아브라함 시대에 소돔과 고모라가 멸망한 사건을 보라. 이 때문에 사람들은 하나님을 엘 샤다이—매우 강력한 힘, 위대한 능력의 소유자—라고 칭했던 것이다.

이름 중의 이름

재앙이 시작되기 직전, 하나님은 '힘' 혹은 '강력한 힘'이 자신을 전부 다 묘사하지 못한다는 사실을 모세에게 드러낸다. 힘은 하나님에게 속했지만 힘이 그의 본질은 아니다. 그것이 그의 참된 이름이 아니다. 하나님이 모세에게 말씀하신 다음 구절은 '당시 나는 내가 진짜 누구인지 드러내지 않았다'라는 뉘앙스가 있다.

"나는 내 이름 YHWH(야훼)로 그들에게 알려지지 않았다" (출 6:3).

ושמי יהוה לא נודעתי להם:

우슈미 '아도나이' 로 노다으티 라헴

출애굽 이야기의 어느 시점에 이 상황에 변화가 온다. 열 가지 재앙이 시작되기 직전, 하나님은 다음처럼 말하는 듯하다. '우리가 일을 더 진행하기 앞서, 너에게 알려줄 것이 있다. 너는 내가 정말 누구인지 알 필요가 있어.' 그리고 하나님은 모

세에게 그의 이름을 말해 준다. '내 이름은 YHWH(야훼)이다.'

하지만 이런 전개에는 묘한 아이러니가 있다. 이제 하나님은 인간 역사에 유례가 없는 신적 능력을 열 가지 재앙을 통해 나타낼 것이다. 그런데 그런 전개를 앞두고 '힘(엘)은 내 이름이 아니야'라고 모세에게 확인시켜 준다. 힘은 그의 본질이 아니다. 하나님은 힘을 사용할 예정이지만, 힘이 그분을 정의하지는 않는다. 하나님의 본질은 다른 데에 있다. YHWH(야훼)라는 이름이 그 본질을 말해 준다.

7» 전능한 파커 씨

YHWH는 히브리어로 요드-헤-바브-헤(ה-ו-ה-י)이다. 그 이름의 의미를 알아내고자 '엘'의 경우처럼 히브리어에서 도움을 받을 수는 없다. 왜냐하면 '요드-헤-바브-헤', 이 네 문자로 된 단어는 하나님 이름 외에는 없기 때문이다. 하지만 한 번 더 사고 실험을 해볼 수는 있다. 이것은 많은 상상력을 요구하기 때문에, 부디 내 뒤를 잘 따라와 주기 바란다. 우선 이렇게 가정적 질문을 해보자.

요드-헤-바브-헤(ה-ו-ה-י)가 일반 단어라면 그것의 가능한 의미는 무엇이겠는가?

가상의 단어들

없는 단어를 두고 그것이 존재한다면 무슨 의미인지 묻는다? 터무니없다. 나도 잘 안다. 그 단어가 존재하지도 않는다면 의미를 굳이 물을 필요가 있을까? 하지만 조금만 인내해 주면 좋겠다. 만약 요드-헤-바브-헤가 히브리어에 쓰이는 실제 단어라면, 그리고 우리가 그 의미를 어떻게든 추정해야 한다면 가능한 의미는 무엇일까?

생각해 보면 요드-헤-바브-헤(ה-ו-ה-י)가 실제 단어의 철자는 아니지만, 어떤 단어 무리와 매우 가까워(심지어 관계있어) 보인다. 이 신 이름의 마지막 세 문자에 집중하라. 그것들은 헤-바브-헤(הוה)인데, 이 조합은 '있다'(is) 혹은 '존재하다'(exists)를 의미하는 단어다. 또한 네 문자 중 세 개가 헤-요드-헤(היה)로 조합될 수 있는데, 그것은 '있었다'(was)라는 의미의 단어다. 마지막으로 요드-헤-바브-헤(יהוה)는 요드-헤-요드-헤(יהיה)와 매우 가까워 보이는데, 후자는 '있을 것이다'(will be)를 의미하는 단어이다.

요약하면, 이 신 이름은 과거, 현재, 미래의 존재를 나타내는 세 히브리어 단어와 정확하게 일치하지는 않지만 매우 가깝다. 하지만 정말 놀라운 것이 있다. 과거, 현재, 미래의 존재를 의미하는 그 단어들을 취하여 서로 겹쳐 보아라.

היה(헤-요드-헤, 과거 존재)부터 시작하자. 그것을 הוה(헤-바브-헤, 현재 존재) 위에 겹쳐 보라. 그러면 헤-바브-헤(הוה)가 될 것이다. 요드(י)는 바브(ו) 속으로 쏙 들어간다. 그리고 그 복합어 위에 יהיה(요드-헤-요드-헤, 미래 존재)를 겹쳐 보아라. 어떤 단어가 나왔는가?

축하한다. 당신은 신 이름 YHWH(야훼, יהוה)를 얻었다.[4]

영원한 신이라는 의미를 넘어서

과거, 현재, 미래 존재를 의미하는 히브리어 단어들을 겹치면 신 이름이 나온다는 사실은 매우 신기하고 우연 같지 않다. 이것을 어떻게 이해해야 할까?

신 이름 YHWH(야훼)가 '신의 영원성' 개념을 포함한다고 여기고 싶은 마음이 즉각 들 것이다. 하나님은 어제도 계셨고, 오늘도 계시며, 언제나 계실 것이다. 그리고 일부 영어 성경들은 실제로 신 이름 YHWH(야훼)를 '영원한 자'(The Eternal One)로 번역한다. 하지만 나는 정확한 번역은 아니라 생각한다.

영원히 존재한다고 하면 일반적으로 매우 오랫동안 존재할 수 있다는 의미이다. 하지만 존재 방식은 특별할 것이 없다. 과거, 현재, 미래, 어느 시점이든지 나는 동일한 방식으로 존재한다. 또한 일반적인 경우 과거, 현재, 미래의 나는 결코 동시적으로 존재하지 않는다. 하지만 신 이름 YHWH(야훼)는 완전히 다른 존재 방식을 뜻하는 것 같다. 히브리 단어 '있었다'(היה), '있다'(הוה), '있을 것이다'(יהיה)를 겹쳐 만든 신 이름 YHWH(יהוה, 야훼)는 이 모든 존재 상태의 동시적 경험을 뜻하는 듯하다. 즉 야훼는 과거, 현재, 미래를 한꺼번에 경험하는 존재이다.[5] 이것은 영원하다는 의미를 넘어선다. 그것은 완전히 새로운 방식의 존재를 가리킨다. 그리고 요드-헤-바브-헤(י-ה-ו-ה)가 실제 히브리어 단어가 아닌 이유도 여기에 있다. 즉 그것이 실제 단어였다면 그것이 지시하는 바는 우리가 사는 세상에 존재하지 않을 테니 말이다.

누가 그런 식으로 시간을 경험할까? 시간을 그렇게 경험하려면 도대체 어디 있어야 하는가?

아마 우리가 사는 세상 밖에 있어야 할 것이다.

안쪽, 바깥 쪽

인간 세상에서 우리가 경험하는 시간을 긴 터널을 통과하는 여정에 비유해 보자. 시간의 터널을 통과하는 여정의 특정 순간만 놓고 보면 우리는 그 터널 안의 특정 지점에 서 있다. 시간의 모든 순간들을 동시에 경험하려면 시간 터널 바깥에 서는 수밖에 없다. 바깥 시점을 통해서만 우리는 시간(터널)을 '한꺼번에' 볼 수 있다. 그리고 신 이름 YHWH(야훼)는 하나님이 시간을 바로 그렇게 경험함을 암시한다.

하지만 하나님의 어떤 속성이 시간을 그런 방식으로 경험하게 만들까? 하나님은 어떻게 시간의 바깥에 있으시는 걸까?

그 답은 이렇다. 그는 시간의 창조자이기 때문에 시간의 바깥에 존재한다.[6)]

하나님이 시간을 경험하는 방식을 상상하다가 정신병에 걸릴 거라고 불평할 사람도 있겠지만, 생각만큼 그렇게 어려운 것은 아니다. 매우 직관적인 원리 하나를 염두에 두면 된다. '창조자는 그가 창조한 시스템의 바깥에 존재한다.'

작은 모자와 작은 신발의 산책

친구와 대화를 나눈 적이 있다. 자신이 무신론자임을 자랑하는 친구다. 여느 때처럼 그때도 그는 다음과 같은 주장을 폈다. "신이 어디 있는데?" "만약 신이 정말 존재한다면, 왜 너와 나는 그를 자주 볼 수 없는 거지?" 이렇게 그는 도발한다.

나는 그에게 파커 씨(Mr. Parker)가 어디 있는지 궁금해하는 작은 모자와 신발 이야기를 들려주었다.

여기서 작은 모자와 작은 신발은 모노폴리 게임의 말들이고 파커는 그 보드 게임을 만든 개발자 형제의 이름이다. 모노폴리 게임을 해보았다면 알겠지만, 게임 참가자는 자신을 대표할 말 중에 하나를 선택해야 한다. 자동차, 골무, 작은 신발, 작은 모자 중 하나를 고를 수 있다. 이 중 작은 신발과 작은 모자가 서로 대화한다고 상상해 보자. 이들은 셀 수 없을 만큼 많이 모노폴리 보드 위를 일주했다. 작은 모자가 경쟁자들이 소유한 호텔을 지나가면서, 작은 신발에게 말한다.

"근데 말이야…… 너는 파커 씨가 정말 있다고 생각하니?"

작은 신발이 무슨 말이냐는 듯 그를 바라본다.

작은 모자가 설명한다. "있잖아. 이거 봐봐. 보드 측면에 큰 검정색 글씨로 '파커 형제 제작'이라고 적혀 있어. 너는 그걸 믿지. 너는 파커 씨가 정말 있다고 생각하니?"

작은 신발이 대답한다. "응. 있는 것 같아. 그런데 너는?"

작은 모자가 피곤과 짜증을 담아 대답한다. "나는 오랫동안 여기에 살았어. 매주, 출발점을 지날 때마다 200불을 벌지. 테네시 도로, 세인트 제임스 광장, 보드워크 등도 가봤어. 가보지 않은 곳이 없다는 말이야. 심지어, 감옥에도 가봤어. 그래서 자신 있게 말할 수 있는데, 나는 파커 씨를 이 보드 위에서 본 적이 없어. 내가 산 세월 동안 한 번도 그 사람과 부딪힌 적이 없어. 그래서 나는 파커 씨가 존재한다고 믿지 않아. 나는 '무파커론자'야."

여러분이 이 시점에 대화에 끼어든다면, 작은 모자에게 무엇이라 말해 주고 싶은가? 여러분은 아마 다음처럼 말할 것이다. "사랑하는 작은 모자야, 너는 엉뚱한 데서 파커 씨를 찾고 있었구나. 파커 씨는 보드 위에 살지 않아. 그 사람이 보드를 만들었잖아."

시스템의 제작자는 그 시스템 속에 살지 않는다. 여러분이 창조자라면, 여러분이 만든 그 시스템과 상호 작용할 수 있다. 즉 그것이 기능하는 규칙들을 만들 수 있다. 예를 들어 모든 말이 출발점을 지날 때마다 200불을 받는다고 정할 수 있다. 그리고 경기 참가자가 '바로 감옥으로'라고 적힌 찬스 카드를 뽑으면, 그 참가자는 정말 감옥으로 간다고 정할 수 있다. 창조자는 그 모든 것을 할 수 있다. 하지만 창조주는 그 보드 위에 살지는 않는다. 그곳은 그의 자연스러운 거처가 아니다. 그 보드는 창조주가 아닌 피조물들을 위해 마련된 환경이다.[7)]

이것을 인간들에게 적용해보자. 게임 보드는 우주—즉 우리가 사는 시공간 세계—라 할 수 있다. 우주를 둘러보면서 창조주를 만지고, 느끼고, 보겠다고 하면 엉뚱한 곳에서 파커 씨를 찾는 작은 모자가 되는 것이다. 창조주를 마치 피조물 중 하나인 양 생각하는 것이다. 우주는 피조물들을 위해 조성된 공간이다. 창조주의 자연스러운 거처가 아닌 것이다.[8)]

존재자의 환경: 처소

이 생각들이 낯설게 들리겠지만, 그렇다고 새로운 것은 아니다. 모노폴리 보드 게임 비유를 굳이 사용하지 않더라도, 곧 밝혀지는 것처럼 수백 년 전에 미드라쉬의 성현들도 동일한 사상을 가르쳤다. 이를 위해, 그들은 성경에 제시된 신명 이외에 그들이 고안한 신명을 하나 더 사용했다. 때때로 그들은 하나님을 '처소'(The Place, 히브리어 하마콤)라 불렀다. 그리고 그 의미를 다음과 같이 설명한다.

> "왜 우리는 신을 처소라 부르는가? 왜냐하면 그는 세계의 처소이기 때문이다…… 그러나 세계는 그의 처소가 아니다"(창세기 라바 68:9).

מפני מה מכנין שמו של הקדוש ברוך הוא וקוראין אותו מקום? שהוא מקומו של עולם ואין עולמו מקומו

미프네 마 메칸닌 슈모 쉘 하카도쉬 바루크 후 브코르인 오토 마콤? 셰후 므코모 셸 올람 브엔 올라모 므코모

이 알쏭달쏭한 설명을 이해하려면 '처소'가 암시하는 바를 숙고해야 한다. 처소는 무엇인가가 존재하는 곳, 즉 공간 환경이다. 유대 성현들은 세계는 그분의 처소가 아니라고 말한다. 세계는 하나님을 담지 않는다. 시간과 공간은 그의 존재 범주가 아니다. 성현들에 따르면, 하나님이 어디에 있는지 물어도 절대 원하는 답을 얻을 수 없다(하나님은 우리가 사는 세상에 우리와 같은 방식으로 존재하는 분이 아니다). 그의 처소가 어디인가에 굳이 답하자면 '그가 우주의 처소다'라고 말해야 한다. 즉 그분 자신이 우주를 담은 그릇이다. 다시 말해 우주 안의 모든 것들(심지어 시간과 공간도)이 존재하는 환경이 무어냐 물을 때, 그 답은 하나님이다. 이런 의미에서 그는 '세계의 처소'이다.[9] 그리고 이 사상을 짧고 적절한 어감으로 표현하기 위해 성현들은 하나님을 '처소'(The Place)로 불렀던 것이다.

새로운 신 개념

다시 열 가지 재앙 직전에 하나님이 모세에게 하신 말씀으로 돌아가자. 그 말씀에 따르면, 그분은 과거에 강력한 힘(엘)으로, 아니 가장 강력한 힘(엘 샤다이)으로 계시되었다. 하지만 이제 출애굽 이야기를 통해 그가 진짜 누구인지가 드러날 것이다. 그는 YHWH(야훼), 즉 '게임 보드에 속하지 않는 보드 게임 창시자', 시간과 공간 밖에 계시는 시공간의 창조자이다.[10]

그는 파커 씨, 즉 창조자이다.

어떤 점에서 이것은 하나님이 불타는 가시나무에서 모세에게 말하려던 것이었다. 하나님은 적어도 그때부터 모세에게 그의 본질을 암시하고 있었다. 앞서 그분의 이름에 관한 두 에피소드는 서로 모순되는 것 같았다. 불타는 가시나무에서는 하나님이 이렇게 말하시고, 열 가지 재앙 직전에는 또 다르게 말하시는 것 같았기 때문이다. 하지만 실제로 하나님은 조금 다른 언어지만, 결국 같은 내용을 말하셨던 것이다.

하나님이 불타는 가시나무에서 말한 내용을 다시 살펴보자. 그때 모세는 백성들이 그에게 나타난 신의 이름을 알기 원할 것이라고 말했다. 그리고 백성들에게 어떻게 대답해야 하는지 묻는다. 이에 대해 하나님은 에흐예 아쉐르 에흐예(אהיה אשר אהיה), '나는 나다'라고 대답하신다.

앞서 우리는 이 이름에 당혹감을 느꼈다. '나는 나다? 무슨 이름이 이래?' 만약 하나님이 사람들에게 그가 누구인지 이해시키려 했다면 이것은 전혀 도움이 되지 않는다. 무엇인가를 정의할 때 지켜야 할 첫 번째 규칙이 있다. 우리는 초등학교 때부터 이것을 알고 있다. 즉 어떤 단어의 사전적 정의에 그 단어 자신이 포함되면 안 된다. 이렇게 하면 단어를 정의할 수 없다. 하지만 하나님은 바로 그런 식으로 자신을 정의한다. 하나님이 스스로를 '나는 나다'로 정의한다면 그것은 정의(definition)

가 아닌 것이다.

하지만 어쩌면 하나님이 의도했을 수도 있다. '내가 누구인지 알기 원하냐? 내가 너에게 줄 수 있는 최선의 대답은 이것이다. 나는 나다. 나 말고 나를 정의할 수 있는 다른 것이 없다.' 그리고 시간을 들여 생각해 보면, 그럴 수밖에 없음을 깨달을 것이다. 정의(definition)가 어떻게 형성되는지 생각해 보라. 예를 들어 '혹평하다'라는 단어를 정의한다고 해보자. 당신은 아마 이렇게 할 것이다. '흠, 혹평하다의 뜻을 모른다고 했지? 너한테 어떻게 설명할 수 있을까?' 여러분은 '혹평'의 의미를 구성하는 두세 개념을 생각해 낸다. 그리고 이렇게 말할 것이다. '비평하다는 말은 알지? 어떤 사람을 꾸짖는다는 의미야. 그래 좋아. 가혹하게라는 말도 알지? 즉 무엇인가를 자비 없이 엄격하게 다룰 때 쓰는 말이야. 지금까지 좋았어. 누군가를 가혹하게 비평하는 것이 혹평하다는 말의 의미야.'

이처럼 정의는 보다 친숙하고 쉬운 부분으로 쪼개어 나눈다. '너는 X에 대해서는 모르지만 X를 구성하는 것은 알고 있어.' 하지만 문제가 있다. 그 전략을 창조주에게는 적용할 수 없다는 것이다. 하나님은 소위 '게임 보드 밖의 존재'이기 때문이다. 이상하게 들릴지 모르지만, 그분은 궁극적 외계 존재이다. 그는 이 세상에 속한 자가 아니다. 따라서 이 세상에 있는 어떤 것도 신의 근삿값으로 사용될 수 없다. 이 세상에 여러분에게 '친숙하고 쉬운 요소들'이 있고, 그것들을 그냥 더하기만 하면 하나님이 나오는 것이 아니다. 하나님은 하나님이다.

나는 네 아빠를 알아

하지만 문제가 있다. 하나님이 이 세상 용어로 이해될 수 없다면, 즉 그를 만질 수 없고, 느낄 수 없다면 여러분은 어떻게 그와 관계를 맺을 수 있는가? 하나님이 불타는 가시나무에서 자신을 '나는 나다'라고 소개한 직후 모세에게 한 말씀은 바로 그 문제를 다루고 있다. 자신을 정의 불가능한 존재로 선언한 후('나는 나다'), 하나님은 이어지는 대화에서 사람들에게는 조금 다른 이름—즉 '조상들의 하나님'—을 알려 주라고 명한다.

> "하나님이 모세에게 다시 말했다. 너는 이스라엘 자손들에게 이같이 말하라. 'YHWH(야훼), 너의 조상들의 하나님—아브라함의 하나님, 이삭의 하나님, 그리고 야곱의 하나님—이 나를 너희에게 보냈다. 이것이 영원한 나의 이름이다. 대대로 이것으로 내가 기억될 것이다'"(출 3:15).

ויאמר עוד אלהים אל משה כה תאמר אל בני ישראל יהוה אלהי אבתיכם אלהי אברהם אלהי יצחק ואלהי יעקב עלחני אליכם זה שמי לעלם וזה זכרי לדר דר:

바요메르 오드 엘로힘 엘 모셰 코 토마르 엘 브네 이스라엘 '아도나이' 엘로헤 아보테켐 엘로헤 아브라함 엘로헤 이쯔하크 벨로헤 야아코브 숄라하니 알레켐 제 슈미 레올람 브제 지크리 르도르 도르

마치 이렇게 말씀하시는 것 같다. '너는 우리가 관계를 맺을 수 있는지 걱정하고 있지? 걱정하지 마라. 나는 네 부모님과 잘 안다. 너와 나의 관계는 오래된 거야.' 하나님이 전에 모세에게 말한 것, 즉 '나는 나다'의 의미는 다음 의미를 전달한다. '하나님은 인간이 이해할 수 없는 존재이지만 그것이 하나님에 대한 온전한 사실은 아니다.' 하나님이 우리와 오랫동안 상호 관계했다는 점도 사실이다. 누군가와 관계 맺기 위해 반드시 그를 이해해야 하는 것은 아니다. 그것은 인간과 하나님의 관계뿐 아니라 인간과 인간 사이에도 적용된다. 엄밀히 말하면 여러분은 여러분 밖에 있는 타인을 알 수 없다. 아무리 노력해도 여러분은 타인의 속 깊은 생각과 감정을 직접 느끼거나 이해할 수 없다. 하지만 여러분은 여전히 그들과 관계를 맺을 수는 있다. 모르는 것이 관계에 좋을 수도 있다. 그것이 관계를 흥미롭게 만든다.[11)]

출애굽 이야기가 증명하려는 것

지금까지 내용을 요약해 보자. 이집트 탈출에 앞서 하나님

은 모세에게 그 사건이 세상에 주는 교훈을 이야기한다. 출애굽 사건을 통해 온 세상은 하나님을 YHWH(야훼), 즉 모든 것을 창조한 신, 피조물과 완전히 다른 존재로 인정하게 될 것이다. 물론 하나님은 언제나 창조주였다. 하지만 이것이 인간 역사에서 의심의 여지 없이 증명된 적은 한 번도 없었다. 이제부터 그리 될 것이다. 출애굽 사건을 통해 하나님이 창조주임이 증명될 것이다.

그렇다면 이런 질문이 떠오른다. 하나님이 엘 샤다이, 즉 전능의 신으로 알려지는 것으로는 충분하지 않다는 말인가? 왜 창조주 YHWH(야훼)로 알려지는 것이 그리 중요했을까? 유일신 교리가 그리 중요했는가? 그의 백성들이 신의 정확한 숫자를 아는 것이 그렇게 중요했는가? 그건 그냥 숫자 놀음이었던가? '신은 하나인가 여럿인가? 빨리 말해! 하나님은 네가 정답을 알길 원하셔.' 그렇다면 조심스럽게 질문해 보는 것도 가능하다. 하늘에 그의 경쟁자가 전혀 없다는 사실을 인간에게 각인시키기 원한다면 혹시 자기 영광에 너무 도취되신 것은 아닌가?

물론 그것은 사실이 아니다. 출애굽 사건에는 신의 숫자보다 더 큰 비밀이 숨어 있다.

8 » 숫자보다 성격이다

유일신교가 범하는 큰 실수는 유일신교라는 이름을 너무 진지하게 받아들인다는 점이다. 물론 유일신교는 '오직 하나의 신에 대한 믿음'을 의미하기 때문에, 유일신교와 다른 이방 종교 사이의 중요한 차이가 신봉하는 신의 숫자에 있다는 생각은 쉽게 떨치기 힘들다. 즉 일반적으로 사람들은 유일신교는 하나의 신을, 다신교는 여러 신을 믿는다고 생각한다.

하지만 사실, 신의 숫자는 겉표지에 불과하다. 유일신교와 다신교 사이의 중요한 차이는 신의 수가 아니라 신의 성격과 연결된다. 신앙 체계가 하나의 신만 있는가 여러 신을 포함하는가? 이 문제는 영성의 의미에 대한 중요하고도 심오한 논의에 영향을 준다.

이 점을 예증하기 위해 유일신교와 다신교를 거칠게 대조해 보자. 각 신앙 체계는 그 중심에 특정한 논리가 있는데 나는 그 논리의 흐름을 추적해 보려 한다. 먼저 이방 종교로 불리는 다신교부터 살펴보자. 그것은 고대 세계의 지배적 종교였으며 출애굽 사건의 종교적 배경을 형성한다.

이방 종교의 신학

다신 종교는 역사의 새벽과 함께 시작된다. 그 신학은 두려움과 함수 관계에 있다.

태고에 인간은 강력한 자연의 힘들에 노출되어 우주에 홀로 있는 자신을 발견한다. 심판하듯 쏟아지는 폭우는 인간이 정성들여 엮어 만든 집을 쓸어버리려 한다. 잦아들 줄 모르는 햇볕은 경작지를 바짝 말려버리고, 인간은 기근이라는 잔인한 고문을 당한다. 발밑의 땅도 심심할 때마다 흔들린다. 자연은 강력하며 예측 불가이다. 이런 진리의 그늘 아래서 자신의 연약함을 절감한 인간은 환경과 휴전하기 원한다. 할 수만 있다면 휴전이 아니라 정복을 원한다.

하지만 어떻게?

우리 시대는 기술 진보가 심리적 위안을 주었다. 하지만 기술 발전이 일상이 되기 전, 수레와 마차가 최첨단 기술로 간주되었던 시절, 기상 위성도 없고, 전화와 인터넷 통신도 없던 옛날 옛적에 사람들은 어디서 위안을 받았을까? 자연의 날카로운 발톱과 어떻게 휴전을 할 수 있었을까? 과연 정복했다고 자신 있게 말할 수 있는 자연의 부분이 있었을까?

이방 종교는 바로 이 질문에 답을 주었다.

이교도들의 생각에 모든 것을 창조한 유일신은 없다. 하늘에는 수많은 힘(엘)이 존재한다. 힘들은 변덕스럽지만 인간사에는 대개 무관심하다. 그들은 종종 파괴적인 태풍 비슷한 것으로 불쌍한 인간들을 괴롭히고 그것을 즐기는 듯하다. 하지만 일반적으로 그 힘들의 큰 관심사는 인간이 아니다.

그럼에도 인간은 그들의 호의를 얻기 위해 '노력은' 할 수 있다. 중요한 사실은 이 힘들이 매우 강력하지만 전능한 힘은 아니라는 것이다. 하나의 힘이 모든 것을 통제하지는 못했다. 비를 담당하는 힘은 비와 관련해 강력한 능력을 떨치지만 태양에 대해서는 그런 통제력이 없었다. 사실 태양은 풍우 신의 적이었다. 인간이 경험했던 혼돈의 기상 현상들—어느 날은 구름, 그다음 날은 밝은 태양—은 이 자연의 힘들이 서로 전투를 벌이는 증거였다. 이 전투는 밀물, 썰물처럼 늘 나아가고 물러서는 상황이다.

다신교 신학의 근본적 가정은 모든 신들이 각자 영역을 가진다는 것이다. 뒤집어 말하면 모든 신들에게 나름의 약한 지점도 있다는 뜻이다. 즉 이방 신들에게는 '필요'가 있다. 그래서 여러분이 정말 똑똑하다면, 그 필요들을 활용해 신들의 환심을 얻을 수 있다.

그렇다면 주변의 여러 신들을 살펴보고 섬길 신을 결정하는 일이 우선이다. 이것은 어려울 게 없다. 결국 자기 이익의 문제—내가 사는 곳에서 어떤 신을 섬기는 것이 가장 유익한가?—로 귀결되기 때문이다. 만약 여러분이 바닷가에 살고 어업으로 먹고산다면 물고기의 신 다곤을 예배할 것이다. 실제로 해안에 정착한 블레셋인들은 다곤을 섬겼다(삼상 5장 참조). 내가 이집트에 산다면 나는 태양신의 종교를 선택할 것이다. 내가 사는 문명이 나일 강의 정기적 범람과 그로 인한 관개 농사에 의존하기 때문에 풍우 신에 내 운명을 맡길 필요가 없다. 오히려 비와 반대되는 힘인 태양과 동맹을 맺기 원할 것이다.

자, 이것이 제1단계이다—네 신을 택하라. 그러면 2단계는 무엇일까? 여러분이 선택한 신을 달래기 위해 최선을 다하는 것이 제2단계이다. 앞서 언급한 것처럼 만신전의 신들은 강력하지만 전능하지 않다. 즉 그들에게는 '필요'—채워져야 할 부족한 것—들이 있다. 필요가 있다면 뇌물이 통할 것이다. 보다 고상하게 말하면 협상이 가능하다. 내가 그 신에게 가치 있는 것을 줄 수 있다면, 그 신은 빠르게 시들어가는 내 작물에 관심을 보일 것이다. 제물을 드리는 이유가 바로 이것이다.

희생 제물은 고통을 받을수록 좋다. 신은 내가 그를 섬기는 데 진심임을 알 테니까. 제사는 파격적일수록 좋다. 어린아이를 드리는 제사만큼 쉽게 집중 못하고 지루해하는 거친 신들의 관심을 끄는 파격이 있을까?

궁극적으로 토라는 이런 파격적인 제사들—유아 인신 제사가 가장 대표적—을 율법으로 금한다. 토라의 세계관에서는 신에 대한 봉헌의 이유가 완전히 달라지기 때문이다. 토라의 신학은 인간과 신의 협상과 아무 관련이 없다.

왜 그런지 살펴보자.

유일신을 믿는 이유

유일신교의 대안 논리를 살펴보자. 유일신교는 만신전의 신들이 우주를 다스린다는 생각을 거부한다. 대신, 하나의 신만 존재하고 그 유일신이 모든 것의 창조자라고 가르친다.

여기서 어떤 의미가 따라오는 걸까?

제사를 고민하는 우리의 연약한 주인공에게 돌아가자. 새로 지은 제단 곁에 서 있는 그를 인터뷰한다고 가정하자. 다신교도들과 달리 그는 오직 하나의 신이 있다는 진리를 확신하고 있다. 그렇다면 그는 왜 그 신을 예배하려 하는가? 이 사람도 신과 '물물교환'을 원하는가?

도대체 이 사람이 협상하려는 신은 정확히 어떤 신인가? 만신전의 신들은 없다. 여러 신들이 있다면 거짓말이다. 누군가가 하늘 문을 두드린다면 하늘에서 문을 열어 줄 유일한 분은 우주의 전능 신이다. 즉 창조 세계를 설계하고 만들어 낸 유일한 신이다. 당신은 그런 신과 협상할 수 있겠는가?

그에게 무슨 부족한 게 있겠는가? 여러분이 그에게 무엇을 줄 수 있겠는가? 파커 씨에게 모노폴리의 게임 화폐가 필요할까? 모든 것을 가진 그분에게 하누카* 때에 당신이 무엇을 줄 수 있을까? 이렇게 물을 때 자명해지듯 유일신교 신학에서는

* 마카비 전사들의 성전 탈환과 재봉헌을 기념하는 유대인 절기로 크리스마스와 비슷한 날짜에 지켜진다.

제사에 대한 다신교적 논리가 무너진다.

그렇다면 그것을 대체하는 것은 무엇인가? 유일신교 신학에서는 무엇이 예배를 정당화하는가?

천국 문을 두드려요

인간이 하늘 문을 두드리는 완전히 다른 이유가 있다. 그리고 여러분이 창조주의 실재를 받아들이면 예배의 이유가 달라지기 시작한다. 만약 우주가 우연히 발생했다면, 그것이 영원 전부터 그곳에 있었다면, 그것이 거대한 주사위를 던진 결과였다면, 우연적 요소들의 정신 나간 충돌의 결과였다면, 만약 이 가능성 중 하나라도 사실이라면 만물의 설계자로 불릴 신은 없을 것이다.

다시 말해, 우주가 우연히 발생했다면 내 주위 무엇도 누군가의 의지가 만들어 낸 것은 아니다(최소한 한심하고 초라한 내 자아가 의도한 결과는 아니다). 만약 우주가 우연이라면 인간으로서 해야 할 일은 이 차가운 우주에서 최선을 다해 생존하는 것이다. 나는 내 존재에 대한 책임을 주장하는 초월적 힘과 관계 맺을 필요가 없다.

그러나 우주가 맹목적 우연의 산물이 아니라면, 지적 존재가 창조한 것이라면, 그것은 존재 뒤에 의도가 있다는 의미다. 그 지적 존재가 원했고 뜻했기 때문에 우주가 현존한다. 그리고 더 놀라운 것은 나도 우주 존재라는 거대한 벽화의 일부라는 것이다. 나에게는 생명이라는 놀라운 선물이 주어졌고 감사드려야 하는 창조주가 계신다. 문자 그대로 나는 그분에게 세상을 빚진 셈이다.

이 유일신교 관점은 종교를 완전히 바꾼다. 물론 여전히 창조주의 힘이 두려울 수는 있다. 여전히 자신의 이익에 더 눈이 갈 수도 있다. 하지만 동시에 인간이 신에게 나아가야 할 온갖 이유도 생겨난다. 가장 분명한 것은 감사의 마음이다. 상대방이 어떤 '필요'가 없어도 여러분은 감사의 선물을 드릴 수 있다.[12)] 자녀가 어버이날에 꽃을 선물한다면, 비록 부모에게 꽃이 '필요'가 없고, 필요하면 쉽게 살 수도 있지만 그 선물은 의미가 있다. 감사의 뜻으로 주는 선물은 협상이나 필요를 채우는 행위가 아니다. 그것은 누군가의 친절을 귀히 여긴다는 마음을 표현한다. 필요 여부와 관계없이 그 선물은 주는 자와 받는 자의 기존 관계를 강화하고 성장시킨다.

'주는 자와 받는 자의 관계.' 이 말을 잠시 생각해보자. 신과 인간 사이에 관계가 가능하고, 심지어 바람직하다는 생각은 이방 종교 체계에서는 잘 이해되지 않는 것이다. 태양 혹은 바다의 힘으로 대표되는 다신교 신들은 인간의 처지에 무관심하다. 그런 힘들은 인류와 내재적 관계를 맺지 않는다. 다신교 체제에서 사람이 그런 힘들과 관계를 맺으려 노력한다면 비웃음을 살 일이다. 하지만 유일신교에서 인간이 찾는 신은 창조주, 즉 모든 생명의 부모이다. 그러므로 이런 신과 인간 사이의 관계는 그렇게 이상하게 들리지 않는다. 부모는 자녀들과의 유대를 깊이 소망한다. 자녀도 자기 이익이나 물질적 소득을 넘어서 그 관계를 원한다. 인생의 위대한 성취 중 하나는 자신의 부모와 지속적으로 사랑의 관계를 키우는 것이다.

사랑의 도래

창조주와 사귐은 여러 의미를 내포한다. 감사를 표현하기도 하고 이른바 '기도'를 통해 우리의 필요와 소원을 말하기도 한다. 또 창조주가 정한 일련의 법이 있다. 작은 모자와 작은 신발이 파커 씨를 믿는다면, 그 믿음은 파커 씨가 게임 규칙을 만들었음을 인정하고 따르는 것이다. 물론 작은 신발은 무료 주차 구역에 들어갔을 때 3,000불을 지불받고 싶을 수도 있다. 하지만 게임이 한창일 때에 임의로 규칙을 바꿀 수는 없다(만약 그렇다면 다른 게임 참가자들이 매우 불안할 것이다). 규칙을 만드는 권리와 책임은 그 게임 창시자의 객관적 손에 있다. 이렇듯 창조주가 있다면 피조물들은 그의 기대에 부응하여 그의 법칙을 지킬 의무를 가진다. 하지만 우리가 창조주와 사귄다는 것은 이 모든 것들 외에 다른 의미가 있다. 그것은 어떤 것을 느끼는 것이다. 인간들은 그것을 사랑이라 부른다.

사랑. 인간이 신에 대해 사랑을 느껴야 한다는 생각은 유일신교의 가장 큰 혁신일 것이다. 이스라엘의 기본적 신앙 고백인 셰마 본문(신 6:4-10)을 보자. 그것은 다음 구절로 시작한다. "들으라 이스라엘아. 야훼는 우리 하나님이시니, 야훼는 한 분이시다." 이 구절은 이성에 호소한다. 즉 그 구절은 어떤 사상—즉 오직 하나의 신에 대한 믿음—을 수용하길 촉구한다. 이제, 바로 다음에 나오는 말을 보자. 그 말은 이성이 아닌 가슴에 호소한다. "너는 마음을 다하고, 힘을 다하고, 영혼을 다하여 야훼 너의 하나님을 사랑하라." 토라는 바로 이 점에서 매우 분명하다. 유일신교의 가장 직접적 산물(産物)은 사랑이다.[13)]

그리고 신을 사랑하는 것은 정말 옳은 일이다. 만약 나를 창조한 신이 계시다면 내 생명은 차갑고 맹목적인 우연의 산물이 아닐 것이다. 누군가가 내가 여기에 있기를 원하고 나를 이 세상에 존재하게 만들었고, 이 땅 여기에서 내가 무엇인가를 성취할 수 있도록 재능도 준 것이다. 사랑은 그분에 대한 매우 적절한 반응이다.

하나님과 하늘의 과자 상자

이제 지난 장의 끝에 여러분에게 남긴 질문으로 돌아가자—하나님이 단지 엘 샤다이(매우 강력한 힘)가 아니라 YHWH(야훼, 유일한 창조주 하나님)임을 세상에 선포하는 일이 그분에게 왜 그렇게 중요했을까? 그 답은 지금쯤 명확해졌을 것이다. 하나님의 자존심은 답이 아니다. 다시 말해 가상의 신들 간의 헛된 경쟁 구도를 없애려는 것이 아니다. 그것은 영성의 의미 자체를 바꾸기 위함이다. 즉 감사, 도덕성(율법 순종), 사랑이라는 개념을 인간과 신의 상호작용의 어휘에 도입하는 것이다. 그의 자녀들의 삶에 관심 있는 부모님이 하늘에 계심을 인간들에게 알리는 것이다.

자녀들이 집안을 책임지는 어른들이 누구인지 잘 모른다 해보자. 즉 좋은 것은 다 통제하는 단순한 '힘'으로 생각한다. 어른들은 간식 상자를 통제하는 힘이다. 나이가 좀 더 들었다면 운전석 접근을 통제하는 존재일 수도 있다. 자녀들이 원하는 것을 얻기 위해 늘 어른들과 협상하려 들거나 어른들의 비위를 맞추려 한다면 무엇이 문제인가?

그런 가족을 하루이틀 관찰한다면 점점 그 가족의 비정상적 면이 보일 것이다. 이 아이들은 그 어른들이 부모라는 걸 모른다! 아이들과 어른들의 관계는 비정상이다. 그것을 관계라 부를 수 있을지도 모르겠다. 이 아이들에게 없는 것은 대부분의 자녀들이 부모에게서 느끼는 온정과 유대감이다. 또한 자녀로서 부모님에게 효도해야 한다는 의식도 없다. 감사한 마음으로 집안 규율을 따라야 한다는 의무감도 없다.

그 가족을 더 오래 관찰한다면 부모에게서도 이상한 점이 보일 것이다. 제대로 된 부모라면 어느 시점에서 자녀들에게 그들이 누구인지를 명확히 가르쳐 관계를 바로잡아야 할 것이다. 하지만 그렇게 하지 않는다.

이 이야기를 듣는 여러분은 왜 창조주가 어느 시점에 인간에게 그의 본질을 계시하고 싶으셨는지 조금은 이해가 될 것이다. 그는 하늘의 부모로서 마땅히 자녀들에게 그가 누구인지를 명확하게 알리려 했던 것이다. 하늘의 큰 부모인 YHWH(야훼)는 출애굽 사건들을 통해 그가 참으로 누구인지를 명확히 드러냈다.

그러면 출애굽 이야기에서 하나님은 어떻게 그의 참된 본질—참아버지 됨—을 드러냈을까?

9» 출애굽 플랜 A, B

여러분이 출애굽 게임에서 하나님 역할을 하고 있고, 일신교적 진리를 어떤 식으로든 역사 속에서 증명하기 원한다고 가정하자. 어떻게 그 일을 이루겠는가?

여러분은 시간이 가도 잊혀지지 않을 어떤 사건을 원할 것이다. 즉 후대 사람들이 그 사건을 통해 온 세상의 창조주가 계신다는 사실을 이해할 수 있기를 바랄 것이다. 어떻게 하면 후대에 계속해서 이야기할 사건이 일어날 수 있을까? 그것은 어떤 모습의 사건일까?

아마 여러분은 설득하기 가장 힘든 사람을 떠올릴 것이다. 그것도 한두 사람이 아니라 민족 전체가 대상이면 더 좋을 것이다. 다신교적 세계관에 절대 충성하는 문명에 창조주가 하나뿐인 절대 신임을 설득할 수 있다면? 왕을 만신전의 신들 중 하나로 여기는 문명에 그들의 왕도 창조주의 백성에 지나지 않음을 설득할 수 있다면?

당연히 아주 인상적일 것이다.

하나님도 이와 비슷한 사건을 만드시려는 듯하다. 바로 이것이 (우리가 전에 암시한) 출애굽 이야기의 핵심에 자리한 하나님의 숨은 뜻이다.[14)]

성경 본문도 이를 분명히 말한다. 열 가지 재앙의 긴 서사가 시작되기 직전 하나님은 그가 이 모든 과정을 굳이 거치는 이유를 다음과 같이 설명한다.

"내가 내 손을 이집트 위에 펼치고 이스라엘 백성들을 그들에게서 구원할 때 이집트는 내가 YHWH(야훼)임을 알게 될 것이다"(출 7:5).

וידעו מצרים כי אני יהוה בנטתי את ידי על מצרים והוצאתי את בני ישראל מתוכם

브야드우 미쯔라임 키 아니 '아도나이' 빈느토티 에트 야디 알 미쯔라임 브호쩨티 에트 브네 이스라엘 미토캄

하나님은 출애굽 사건이 교육 과정이라 말한다. 그리고 파라오와 이집트가 그 교육의 핵심 대상이다.

왜 이집트인가?

왜 이집트와 파라오인가?

우선, 이집트와 파라오는 유일신교 사상을 널리 알리는 데 가장 효과적인 도구였다. 이집트와 파라오가 하나님을 인정하게 된다면 그것은 천지개벽 사건이 될 것이다. 이집트는 고대 세계에서 가장 강력한 문명이었다. 출애굽 사건이 발생하기 약 천 년 전에 이미 피라미드를 건축하였다. 이집트 사회는 안정적이었고, 왕정의 효율은 시간의 검증도 거쳤다. 이와 더불어 이집트인들은 다신교에 심취한 민족이었다. 만신전의 수많

은 신들을 믿은 것이다. 따라서 여러분이 이렇게 강력하고 안정적인 국가의 왕—자신을 진심으로 신으로 여긴 왕—을 설득해 그가 신이 아니며 만신전의 신들은 거짓이고 세상의 모든 사람들처럼 그도 만물을 창조하신 분의 백성임을 깨닫게 한다면, 의심할 여지 없이 유일신교의 진리에 대한 위대한 증거로 역사에 남을 것이다. 미래 세대들도 이 사건을 회고하고, 바로 그 사건을 통해 만물의 창조주가 존재한다는 증거를 볼 수 있을 것이다.

이집트와 파라오를 교육 대상으로 삼았던 또 하나의 이유가 있는 것 같다. 유일신교를 전하는 효과적인 방법도 아니고, 강력한 다신교 문명을 유일신교의 증인으로 삼으려는 것도 아니다. 그것은 이집트가 하나님을 인정했을 때 그 자리에서 나타날 교육의 결과로서 이집트의 속박에서 이스라엘의 자유를 얻어내는 가장 직접적인 방법일 수도 있다. 이 내용을 좀더 알아보자.

힘이 곧 정의다

지금까지 나는 출애굽 사건에 두 가지 목적이 있었다는 점을 강조했다. 하나는 이집트의 속박에서 이스라엘을 자유롭게 하는 것이고, 다른 하나는 그 사건 배후에 있는 신이 만물의 창조주라는 사실을 증거할 목적이다. 하지만 이 두 목적을 동시에 의도한 이유는 무엇인가? 돌 하나로 두 마리 새를 잡으려 하는가? 히브리인들은 구원을 필요로 하고 인류는 창조주의 존재를 알 필요가 있다. 따라서 그 둘을 동시에 성취할 수 있다면 아주 효율적이지 않겠는가? 하지만 출애굽 사건의 이중적 목적이 고작 효율 때문은 아닌 듯하다.

생각해 보면, 두 목적은 서로 무관하지 않다. 동전의 양면 관계다. 파라오가 어떻게 이스라엘을 노예로 만들 수 있었는가? 이 질문은 파라오가 이스라엘 백성들을 노예로 삼을 만한 물리력을 어떻게 얻었는지 묻는 게 아니다. 분명히 이집트인들은 소수의 이민 가족들을 수용한 호스트 국가였을 뿐 아니라 히브리인들을 압도하여 노예로 만들 물리력도 소유했다. 이 질문이 묻는 것은 히브리인들에 대한 억압을 정당화시켰던 파라오의 신념 혹은 이념이다.

이스라엘인들은 성실하게 자신의 일에 집중한 좋은 시민들이었다. 하지만 파라오에게 불현듯 불길한 생각이 떠오른다. 즉 이 사람들이 많아지면 미래에 이집트를 공격하여 이집트 전체를 장악할 것이라고 의심한다. 그래서 그는 그들을 노예로 굴복시켜 비참한 생활로 밀어 넣기로 한다. 그것도 모자라 마침내 히브리 남자아이를 나일 강에 던져 살해한다. 이렇게 명백하게 불의한 조치들을 파라오는 마음속에서 어떻게 정당화했을까?

대답은 이렇다. 그는 정당화할 필요가 없었다. 왜냐하면 왕이었기 때문이다. 그는 이집트 국민을 보호하는 데 관심이 있었지만 소수 민족의 권리는 특별한 관심사가 아니었다. 그 이후는 여러분이 아는 역사이다. 요약하면 파라오는 어떤 일을 행할 힘을 가졌다면 반드시 그 일을 행하는 사람이었다. 그는 역사가 그를 나쁘게 판단하리라 걱정할 필요도 없었다. 역사는 승자가 기록한다. 이집트가 히브리인들을 이기는 한 누가 파라오의 행동이 불의하다 증언하겠는가?

파라오의 기본 신념에 따르면 힘이 곧 정의이다.

하늘에서처럼 땅에서도

파라오의 입장은 다신교의 규정을 충실히 따른 결과이다. 다신교적 세계관에서 신들은 '도덕적' 권위를 주장하지 않는다. 그들의 통치는 순수 힘에 기초한다. 신들은 서로 싸우게 되어 있고 당연히 강한 신이 이긴다. 이방 종교의 만신전에서는 문자 그대로 힘이 곧 정의다.

이방인에게 신들의 세계는 인간 세계의 본을 제공한다. 만약 하늘나라에서 힘이 권위의 절대적 기초라면, 지상 세계에서 사정이 다를 이유는 없다. 파라오가 히브리인들을 속박하는 것은 신들이 무제한적 무력을 사용하여 원하는 것을 얻는 것과 다르지 않다. 도대체 나에게 감 놔라 배 놔라 명령할 사람이 누구인가?

이제, 이 책의 서두에서 우리가 품었던 질문으로 돌아가자. 여러분이 우주의 주인이고, 이집트의 속박에서 히브리인들을 해방시키기 원한다면, 그 목적을 성취할 가장 좋은 방법은 무엇이겠는가?

물론 마술 양탄자나 방어막이 당신의 목적을 이룰 편리하고 빠른 수단일 수 있다. '가장 좋은 방법'이 가장 '편리한 방법'이라면 방어막이나 마술 양탄자는 가장 좋은 방법일 수 있다. 하지만 그것은 히브리인을 자유롭게 할 가장 깔끔하고 가장 우아하고 심지어 가장 빠른 방법이 아니다. 가장 깔끔하고 우아하고 빠른 방법은 히브리인들을 노예로 붙든 다신교적 이념을 무력화시키는 것이다. 이스라엘의 억압자들이 힘이 곧 정의라는 다신교 이념을 포기한다면 노예 생활과 억압은 저절로 사라져 버릴 것이다.

파라오와 그의 백성들이 어떤 식으로든 창조주 하나님의 존재를 인정하면, 특정 결과가 반드시 따라온다. 모노폴리 게임의 보드, 말, 호텔, 기타 내용들을 만든 파커 씨가 갑자기 존재하는 것이다. 비유를 바꾸어 보자. 세상이 매우 거대한 가족이라면 모든 자녀들이 따라야 하는 집안 규칙이 있을 것이다. 그 집에 사는 자녀들이 지켜야 할, 하늘의 부모님이 정한 규칙이 있을 것이다. 만약 아버지 하나님이 약한 소수 민족에 대한 억압을 승인하지 않는다고 선언하면, 강자들은 착취를 중지해야만 한다. 그것이 그들의 도덕적 의무이다. 타인의 노동이 자신에게 이익을 준다는 이유만으로 약한 자들을 강제로 일 시키고, 속박하고, 겁주고, 죽이는 일은 도덕적으로 허용되지 않는다. 창조주의 존재를 인정하는 사람은 그 도덕적 의무를 남의 일인 양 쉽게 무시할 수 없다.

어떤 식으로든 파라오가 창조주 신의 존재를 확신하고 자신을 그 창조주의 왕국 신민으로 간주한다면, 이집트의 악한 노예 제도는 조용하고도 신속하게 '슥' 녹아 사라질 것이다.

생각만큼 쉽지 않다

지금까지 우리는 하나님이 인류에게 자신을 YHWH(야훼), 즉 창조주 신으로 계시하고자 하신 이유를 이야기했다. 파라오가 유일신교 진리에 대한 자발적 도구가 된다면 얼마나 멋있을까! 파라오가 기꺼이 동참해 준다면 유일신교 진리는 가장 쉽게 전파될 것이다. 파라오가 창조주를 인정하면, 그것은 유일신교 진리에 대한 증언으로 대대로 남을 뿐 아니라, 가장 빠르고 가장 직접적으로 히브리인들의 자유를 확보하는 방법일 것이다. 이집트 왕이 히브리 사람들에게 친히 자유를 주는 것보다 빠르고 직접적인 노예 해방의 방식이 무엇이겠는가?

그것은 웅대한 계획이다. 유일한 질문은, 그것이 '실제 가능한 일인가'이다.

여러분이 우주의 창조자이고 주권자라면 그 사실을 모든 사람들에게 어떻게 설득력 있게 증명하겠는가? 쉬운 일이 아니다. 생각해 보라. 이집트인들은 무신론자들이 아니었다. 그들은 하늘의 수많은 힘(엘)을 믿었고 당연시했다. 그런 이집트인들에게(특히 신이 왕으로 다스리는 다신교도들에게) 그들이 경험하는 힘들이 여러 신들의 상호 작용이 아니라 유일하신 창조주 하나님의 역사임을 어떻게 설득할 수 있겠는가?

큰 윤곽을 위해 몇몇 가능성을 탐색해 보자. 여러분이 하나님의 입장이 되었다고 가정하자. 여러분은 모세에게 마법을 부릴 능력을 준다. 그것이 이집트인들의 마음을 바꿀 수 있을까? 그렇지 않다. 이집트에는 수많은 마술사들이 있다. 그렇다면 더 극적인 기적을 행하면 어떨까? 예를 들어 히브리인들을 풀어주라는 여러분의 요구를 파라오가 오만하게 거절하고 여러분은 거대한 쓰나미를 일으켜 이집트 도시들을 쓸어버렸다. 그것으로 다신교 사회 사람들에게 당신이 창조주임을 증명할 수 있었을까?

증명하지 못할 것이다. 사람들은 다음과 같이 말할 것이다. '바다의 신이 우리를 쳤다. 우리가 그를 소홀히 한 것에 매우 화난 듯해. 제사로 그를 달래는 것이 좋겠어.'

만약 대지진이 나면 어떨까? 그것을 보면 파라오가 자신이 창조주를 대적하고 있다고 생각할까?

아닐 것이다. 그는 이렇게 생각할 것이다. '땅의 신이 우리에게 진노하고 있는 것 같아.' 지금 무엇이 문제인가? 어떤 재앙이든지 다신교 세계관 안에서는 특정 신의 분노로 설명된다. 여러분이 어떤 힘을 동원해도 다신교도들은 재앙을 다신교적 '내러티브'에 끼워 맞출 수 있다. 앞에 언급된 재앙들이 벌어진 직후 파라오와 그의 다신교 술사들이 나누었을 대화를 상상해 보자. '왕이여, 참으로 끔찍한 재앙이었습니다. 하지만 그 재앙이 신학적으로 문제될 것은 없습니다. 우리의 만신전 안에 그 재앙을 보낸 신이 있기 때문이지요.'

다시 질문해 보자. 여러분이 우주의 주권자라면, 유일신교의 메시지를 어떻게 전할 것인가? 출애굽 사건을 어떻게 구성해야 여러분이 창조주임이 증명될 수 있을까?

플랜 A

여러분이 시도할 수 있는 몇 가지 안(案)이 있다. 일단 '직진' 전략이 가능하다. 여러분의 종 모세를 파라오에게 보내어 창조주가 있으며 모세가 그 창조주의 메신저임을 선언하는 것이다. 만약 파라오가 잘 믿지 못하면(그럴 가능성이 높음), 모세에게 그의 말을 증명할 방법을 가르치자. 메시지의 참됨을 증명할 수 있는 일종의 표적(sign)을 주는 것이다. 나는 마술이 아니라 표적이라 했다. 폭력적이지 않으면서도 강한 인상으로 창조주를 증명할 상징이다. 예를 들어, 맑고 푸른 이집트의 하늘에 '나는 창조주다'라고 글을 쓰는 것은 어떨까? 그러면 압도적으로 설득되지 않을까? 여하튼 여러분은 다른 힘들을 굴복시키는 단일한 힘의 존재를 분명하고도 직접적으로 드러내는, 부정할 수 없는 표적을 생각해 내야 한다. 그런 표적을 고안해 낼 수 있다면 목적을 이룰 수 있을 것이다. 물론, 파라오와 이집트인들이 그 표적이 제시한 증거를 받아들일 만큼 열려 있으며 정직해야 한다는 조건이 있다. 하지만 시도는 해 볼 만하다.

나중에 보겠지만, 하나님은 실제 이 방법(표적)을 시도하셨다. 물론 파라오와 이집트인들은 모세의 메시지와 그의 표적을 받아들일 정직성이 없었다. 그것을 '플랜 A', 즉 히브리인들의 자유를 확보할 가장 이상적 방법이라 부르자.

연합군 이론의 붕괴

플랜 A는 좋다. 하지만 실패할 경우 플랜 B가 있는가? 파라오와 이집트가 비폭력적 선언과 강한 표적을 거부하면 다음 계획은 무엇인가? 이집트는 유일신 사상을 받아들이고 노예들을 자발적으로 풀어줄 것인가?

효과적인 플랜 B로 '재앙'은 어떨까? 물론 재앙 한 번으로 목적을 이룰 수는 없을 것이다. 하지만 열 번의 재앙이라면? 재앙이 거듭되고 증거가 쌓이면, 즉 하나님이 자연 세계의 다양한 힘들을 제어하는 모습을 보이면 이집트도 설득되지 않을까? 곰곰이 생각해 보면 쉽게 결과를 알 수 있다.

우선, 나일 강이 피로 변한다. 여러분이 독실하고 존경받는 다신교도라면 어떻게 반응할까? 창조주가 여러분을 쳤다고는 생각하지 않을 것이다. 앞서 암시한 것처럼 "강의 신이 우리에게 화난 듯합니다"라고 말할 것이다. 그리고 다음 재앙이 일어날 때까지 더 이상 말하지 않을 것이다. 이제 개구리들이 몰려왔다. 침대 속에, 아궁이 속에, 거실 안에도 있다. 움직일 때마다 개구리들이 밟힌다. 그것을 본 여러분은 강의 신이 개구리 신과 한 팀이 되어 공격한다고 생각한다. 안타깝지만 곧 세 번째 재앙이 이집트를 친다. 그리고 여러분을 공격하는 신들의 연합군은 점점 규모를 키운다. 이번엔 곤충의 신이 움직이는 것처럼 보인다. 그게 아니라면, 모든 이집트 가정집에 나타난 수천만 마리 벼룩을 어떻게 설명할 수 있는가?

무슨 이야기를 하려는지 감이 오는가? 여러분이 정교한 다신교 논리로 세우는 집은 어느 시점에 자기 무게에 못 이겨 붕괴될 것이다. 재앙들이 차례로 자연의 힘들을 거센 속도로 내뿜음에 따라 창조주에 대한 증거가 서서히 쌓인다. 당신의 '연합군 이론'에는 구멍이 뚫리기 시작한다. 알다시피, 다신교 신학에서 신들은 서로 경쟁한다. 그들은 자기 이익만을 추구하기 때문에, 신들의 연합은 거의 발생하지 않는다.[15] 따라서 어느 시점이 지나면 당신은 차분히 앉아서 스스로에게 질문을 던지게 된다. '도대체 얼마나 많은 신들이 연합하여 우리에게 화를 내는 거야?' 그리고 가장 단순한 대답을 떠올린다. '잠깐만. 신들이 연합하는 게 아니야. 이 힘들을 주장하는 하나의 힘이 있는 것이 분명해.'[16]

하지만 이것이 다가 아니다.

놀라운 것은 재앙의 수나 종류만이 아니다. 재앙이 발생하는 방식도 배후에 창조주 하나님이 있음을 의심하게 한다. 재앙이 전개될 때 모세와 파라오가 나눈 대화에서 우리를 혼란스럽게 한 내용이 있었는데, 우리는 이미 이해에 필요한 기초 작업을 마쳤다. 그것은 '힘'과 '정확성'이다. 그 주제를 복습하고 출애굽 사건에 숨겨진 하나님의 뜻에 대해 어떤 새로운 통찰을 얻을 수 있는지 살펴보자.

10» 힘 있는 신, 정밀한 신

힘 vs. 정확도

앞서 우리는 이집트에 재앙이 임하자 파라오가 보인 반응에서 어떤 패턴을 발견했다. 어떤 이유에서인지 그는 재앙이 일으키는 파괴력보다 재앙의 정확성에 더욱 깊은 인상을 받는 듯했다. 언뜻 이해되지 않는 반응이다. 여러분이 왕이라 가정해 보자. 여러분의 나라와 백성들이 일련의 혹독한 타격을 연이어 받는다면 여러분은 그 타격이 얼마나 파괴적인가에 더욱 신경 쓸 것이다. 즉 그 타격들이 여러분의 나라를 박살내거나 백성에 가한 고통이 얼마나 큰지에 신경을 쓴다. 재앙의 정밀도는 그리 중요하지 않다. 여러분이 정한 그 시간에 정확히 모세가 개구리들을 없앨 수 있는지, 해당 재앙이 이스라엘인들과 이집트인들에게 차별적으로 임했는지는 상대적으로 중요하지 않다.

이제 이 문제에 답할 시점이 왔다. 재앙의 파괴력과 제어력 사이의 문제는 다신교와 유일신교가 갈라지는 지점 중 하나이다.

다신교는 경쟁하는 신들이 항상 권력 다툼을 하는 시스템이다. 자연의 힘들은 분명 강력하지만 어느 것이 특정 시점에 주도권을 가질지 예상할 수 없다. 지금은 비가 밭에 물을 대지만 태양이 잔인하게 작물을 말려 죽일 수 있다. 다신교도들은 그런 예측 불가능성을 신들 사이의 경쟁의 결과로 설명한다.

다신교 신학의 렌즈를 통해 자연을 보면 일곱 명의 장정이 운전대를 차지하려 몸싸움을 벌이는 가운데 시속 130킬로미터로 고속도로를 질주하는 대형 트레일러가 있다. 엄청난 힘이 거기에 있지만 제어력과 정확성은 거의 없다. 그 트럭은 무서운 예측 불가능성을 안고 고속도로를 지그재그로 질주한다.

다신교적 우주에서 여러분은 엄청난 힘들을 만나지만 정확성은 찾기 힘들다. 누구도 화요일 오후 4시 30분에 어떤 힘이 우주를 지배할지 정확히 예측할 수 없다. 따라서 파라오의 관심을 끄는 것은 제구력, 즉 정밀하고 오차 없는 힘의 적용이다. 모세가 내린 재앙의 강력함보다 재앙에 대한 모세의 정밀한 제어력이 다신교의 신학적 기초들을 의심하게 만든다. 이방 신의 대리자는 여러분이 선택한 바로 그 시간에 특정 힘의 활동을 멈추게 할 수 없다. 파라오는 다신교 세계에서 그런 힘을 가진 신이 있다는 말을 들어본 적이 없다. 만약 모세가 그렇게 할 수 있다면 자연의 힘을 완벽하고 절대적으로 제어하는 창조주의 존재를 암시하는 것이다. 경쟁자들과 힘을 공유하지 않는 절대적 힘의 존재를 말이다.

불, 얼음, 혼란에 빠진 다신교도

이야기를 정리해 보자. 만약 여러분이 창조주라면, 어떻게 다신교에 심취한 문명과 왕—당신이 해방시키려는 백성을 부당하게 노예로 부리는 왕—이 그 사실을 알게 할 것인가? 창조주의 존재에 대한 첫째 증거는 연달아 일어나는 열 가지 재앙이다. 그것들은 자연 세계의 다양한 힘에 대한 창조주의 지배력을 보여준다. 둘째 증거는 그 재앙이 주어진 방식—재앙이 임하는 궁극의 정밀도—이다. 언제 어디서 재앙이 시작되고 끝날지 예언되고, 예언대로 재앙이 발생한다. 이것은 그 재앙이 창조주 신에게서 기원함을 암시한다. 마지막으로, 창조주의 이름이 재앙에 새겨지는 또 하나의 방법이 있다. 그것은 창조주가 180도 반대되는 자연의 힘들을 공동의 목적 아래 서로 협력하게 만드는 것이다.

신실하고 존경받는 다신교도가 그의 나라에 임한 일련의 불가사의한 재앙들을 설명하기 위해 노력한다고 상상해 보자. 그 재앙들은 자연의 다양한 힘에 대한 지배력을 분명히 보여준다. 또한 재앙의 시작과 끝, 피해 지역이 불가사의하게도 정확히 예언된다. 그것을 예언한 선지자는 그 재앙이 만물의 창조주 YHWH(야훼)의 역사라고 주장한다. 우리의 주인공인 다신교도는 그의 친구들과 이웃들에게, 그리고 자기 자신에게 이방 신들의 거대 연합군이 그 재앙의 배후임을 확신시키려 노력했다. 하지만 솔직히 그도 자신의 설명을 더 이상 믿지 않는 듯하다. 믿으려 노력하지만 잘 안 된다. 그는 혼란스럽다. 이제 혼란에 빠진 우리의 다신교도를 흔들어 그의 허접스러운

'신들의 연합 이론'을 완전히 버리게 할 사건으로 무엇이 있을까?

그것은 일곱째 재앙, 우박 재앙이다. 곧 알게 되겠지만 그 재앙은 독특하다. 성서 본문도 이집트에 내린 우박과 관련해 놀라운 사실을 말해 준다. 그 우박은 여러분과 내가 보았던 그런 우박이 아니다.

> "다음에 우박이 내렸는데, 그 우박 안에는 불이 담겨 있었다" (출 9:24).[17)]

> **ויהי ברד ואש מתלקחת בתוך הברד**
>
> 바예히 바라드 브에쉬 미트라카하트 브토크 하바라드

불과 얼음이 우박에 함께 있다!

모든 재앙이 독특했다고 할 수 있다. 나일 강이 피로 바뀌는 사건이 날마다 있지 않았고, 고대 이집트에서 소 떼가 격주로 화요일에 갑자기 쓰러져 죽는 것도 아니었다. 이처럼 지금까지의 재앙이 결코 흔하지 않았다는 사실을 고려해도 우박 재앙에서 발생한 일은 정말 놀랍다. 즉 불과 얼음이 우박에 공존한다는 사실은 극적으로 놀랍다.

마음이 흔들리는 우리의 상상 속 친구에게 다시 돌아가자.

그는 신들이 연합하여 이집트를 때렸다는 자신의 이론을 더 이상 믿는 것 같지 않다. 이 우박 재앙을 그는 어떻게 이해할까? 불이 얼음에 갇혀 있다. 어떤 경우에도 결코 힘을 합치지 않을 두 신이 있다면, 그들은 얼음과 불의 신이다. 둘은 불구대천의 원수이다. 서로 닿기만 해도 둘 중 하나는 멸망해 버린다.

우박 재앙을 설명할 때 다신교 신학은 할 말이 없어진다. 이 재앙은 불과 얼음이 단일 존재의 종(servant)—즉 그 둘을 모두 창조한 신의 종—인 세계에서만 이해될 수 있다. 오직 창조주만이 불과 얼음이 공동의 목적을 위해 조화롭게 협력하도록 강제할 수 있다.

신의 계획이 실패할 수 있나?

이처럼 방법들이 '있었다.' 창조주는 열 가지 재앙에 내재된 방법들을 통해 그가 참으로 누구인지 알릴 수 있었다. 이제 카메라 줌을 당겨 우리가 발전시키고 있는 이론으로 돌아가자. 즉 출애굽 사건은 이중의 목적을 가지는데 히브리인들을 노예 생활에서 자유롭게 하되, 그 사건을 통해 파라오가 맞서 싸우는 힘의 본질을 그에게 알려준다. 그 힘은 만신전 신들 중 하나가 아니라 유일신 창조주 하나님이다. 고대 세계에서 가장 발전한 문명이, 또한 다신교에 온전히 헌신한 문명이 유일신 사상을 받아들인다면, 그리고 그 영도자가 창조주의 존재를 인정하고 자신도 그분의 종이라는 진리를 받아들인다면, 그것은 분명 유일신교 진리에 대한 역사적인 증거가 될 수 있을 것이다.

이것은 매우 멋진 계획으로 들린다. 하지만 한 가지 문제가 있다. 그것은 이 계획의 성패가 파라오의 자유 의지에 달렸다는 것이다.

다시 말해 파라오가 모든 계획을 망칠 수 있다.

11» 반항하는 파라오

이제 이 책의 서두에서 우리를 당황시킨 두 난제로 돌아갈 시점이 왔다. '하나님이 파라오에게서 자유 의지를 빼앗아도 도덕적으로 정당화될까?' '(모세를 통해) 이스라엘인들이 출애굽하도록 파라오에게 허락을 구했던 하나님이 막상 그 이집트 왕이 허락하려 하자 갑자기 그의 마음을 완고하게 하여 철회시킨 이유는 무엇일까?'

그 대답은 파라오가 어떻게든 하나님의 계획(플랜 B)을 '망칠 수 있었다'는 점과 밀접히 연관되어 있다.

파라오의 자발적 선택은 필수였다

출애굽 사건을 통해 파라오와 이집트가 하나님을 창조주로 인정했다고 하자. 하지만 그들의 선언이 유일신교 진리에 대한 역사적 증명이 되려면 그들의 고백이 기만이면 안 된다. 즉 강요여서는 안 된다는 것이다. 그들의 선언이 의미 있으려면, 창조주 고백을 파라오가 진정으로 믿어야 한다. 신비한 조작으로 하나님을 인정하는 것처럼 보이게 한다면 기만이고 아무 의미도 없다.

그러면 파라오가 자유의지를 가지고 창조주 하나님을 진정 인정하려면 어떻게 해야 할까? 만약 파라오가 출애굽과 관련된 모든 사건에서 자유로운 선택을 한다면 그의 행동은 아무도 예상할 수 없을 것이다. 하나님이 자연의 모든 힘들에 대한 지배력으로 창조주임을 훌륭하게 증명했다고 하자. 그것 자체는 매우 훌륭하다. 하지만 하나님의 계획대로 파라오가 따라오지 않는다면(즉 자유의지로 창조주를 인정하지 않는다면) 어떻게 될까?

파라오가 자유의지를 휘둘러 모든 것을 망칠 수 있는 방법은 적어도 두 가지다. 우리는 그중 첫 번째를 '약함의 문제'(the problem of weakness)로 부를 수 있다.

약함의 문제

이런 상황을 생각해 보자. 첫 번째 재앙이 임한다. 파라오는 파괴력에 압도된다. 그는 히브리인들의 신이 창조주임을 확신할 정도로 아직 충분히 그를 체험하지는 않았다. 그는 이집트를 치는 그 신을 여전히 '일반적인' 힘으로 생각하지만 앞으로 올 재앙에 대한 두려움으로 항복할 가능성이 있다. 다시 말해 도덕적 혹은 신학적 이유가 아니라 공포, 두려움, 절망 때문에 항복한다면 어떠할까? 강력한 재앙들을 견뎌내기에 파라오가 충분히 강하지 않다면?

재앙이 두려워 항복한 파라오는 창조주의 존재를 증명하지 못할 것이다. 출애굽 이야기가 그렇게 끝난다면 이집트에 임한 재앙들은 이집트 왕이 배짱 없다는 것을 증명할 뿐이다. 그 이상도 그 이하도 아니다. 그 결과, 바뀌는 것은 패배한 파라오가 만신전의 광대한 신 목록에 히브리인들의 신을 첨가하는 일이다. 이것은 하나님에게 큰 승리일 수 없다.

하나님께 이런 문제를 없앨 방법이 있었을까? 나는 그렇다고 믿는다.

이 점을 생각해 보자. 만약 파라오가 자신의 생각이 틀렸다는 자각 때문이 아니라, 그냥 얻어맞았기 때문에 항복한다면 이렇게 말할 수 있다. 파라오는 자신의 비전을 추구할 용기가 부족한 사람이라고. 그의 싸움은 노예들을 지키고 궁극적으로 자신이 신이라는 비전을 지키는 것이지만, 그에게는 이 비전을 끝까지 유지할 용기가 없다. 만약 파라오가 너무 쉽게 비전을 포기하는 병을 앓고 있다면, 하나님은 싸움을 지속하는 데 필요한 용기를 파라오에게 처방할 수도 있을 것이다.

실제로 이것은 중세 유대인 학자 세포르노(Seforno)가[18] 제안한 해석이다.

하나님은 파라오의 자유의지를 박탈했는가?

질문을 하나 해보자. 열 가지 재앙의 과정에서 만약 하나님이 '파라오의 마음을 강하게 한다면,' 그가 포기하지 않도록 용기를 준다면 하나님이 파라오의 자유의지를 박탈한 것인가?

다음은 내가 주장하는 바이다(그리고 세포르노도 내 생각에 동의한다). 그것은 자유의지 박탈이 결코 아니다! 파라오에게 인내할 정신력을 빌려준다 해서 파라오에게서 자유의지를 빼앗는 것은 아니다. 오히려 그것은 그의 자유의지를 강화시킨다. 낙심한 누군가가 있다고 하자. 두려움 때문에 그는 모든 것을 포기하려 한다. 만약 여러분이 그를 격려하고 목표를 계속 추구할 용기를 준다면 여러분은 그에게 힘을 준 것이다. 여러분은 그로부터 어떤 의지도 빼앗지 않았다. 우리 모두는 우리의 비전을 실현하기 위해 앞으로 나아갈 힘을 얻기 원한다.

실제로 파라오의 마음을 강하게 하실 때 하나님의 입장은 다음과 같다.

> 너와 나 사이 싸움의 승패를 너무 쉽게 결정하지 말자. 원칙에 맞추어 승패를 결정하자.
>
> 이 싸움 동안, 네가 원칙에 따라 항복하기 원한다면, 즉 네가 네 입장의 정당성에 신념을 잃고 내가 참으로 창조주이며 너는 내 백성—네가 노예 삼은 백성—을 풀어줄 의무가 있다는 결론에 도달하면, 그때 나는 기꺼이 너의 항복을 수용할 것이다. 그리고 우리는 이 싸움을 끝낼 것이다.
>
> 그러나 네가 이 모든 것에 생각을 바꾸지 않고 나와 계속 전쟁을 원하지만 단지 두려움이 너를 압도해 포기하고 싶어진다면, 걱정 말라: 내가 너에게 버틸 용기, 너의 비전을 끝까지 추구할 용기를 줄 것이다.

너는 너답게 결정해라.

세포르노의 입장으로 돌아와 그것이 열 가지 재앙 본문에서 어떻게 증명되는지는 다시 보여 주겠다. 지금은 핵심만 간단하게 설명하자. 우리는 성서 본문에서 하나님이 파라오에게 '용기를 주는' 지점들을 확인할 수 있다. 그 방법은 다음과 같다.

파라오는 재앙들을 지나면서 여러 번 마음을 바꾼다. 그런데 토라는 그 변심을 설명할 때 똑같은 동사를 쓰지 않는다. 토라는 서로 다른 두 동사를 번갈아 사용한다. 한 동사는 히브리어근 '카프-베트-달레트'(k-b-d כבד, 굳어지다)에서 파생되었고, 다른 하나는 히브리 어근 '헤트-자인-코프'(ch-z-q חזק, 강해지다)에서 파생되었다.[19]

분명히 이 둘은 서로 의미가 다르다. 우리는 '키부드 할레브'(kibbud halev, 어근 k-b-d에서 파생된 어구)에 관해 말할 기회가 있을 것이다. 지금은 '히주크 할레브'(chizzuk halev, ch-z-q에서 파생된 어구)에 대해 잠시 이야기하자. 이 구절을 문자 그대로 번역하면 '마음의 힘'이다. 마음의 힘이 무슨 의미일까? 좋은 의미로 읽힌다. 마음의 힘을 가진 사람들은 용감하고 영웅적이다. 그런 사람들은 비전을 가지고 도중에 어려움이 있더라도 포기하지 않고 끝까지 노력한다. 한 마디로 그들은 '용감한'

사람들이다.

이처럼 히주크 할레브는 마음을 강하게 하는 것, 용기를 내는 것을 가리킨다. 이것을 바탕으로 이렇게 말할 수 있다. 열 가지 재앙 본문을 읽으면서 하나님이 파라오의 마음을 바꾸는 대목을 발견했을 때 그 변심을 묘사하는 구절이 '히주크 할레브'라면, 그것은 하나님이 이집트 왕에게 용기를 주는 예가 된다. 하나님은 충격받은 파라오가 마음속 깊은 신념을 위해 계속 싸우도록 용기를 주는 것이다.

완고함의 문제

잠시 후에 열 가지 재앙 본문을 실제로 읽어 가면서 언제 어디에서 하나님이 파라오의 마음을 강하게 하는지 확인해 보자.[20] 하지만 지금은 파라오의 자발적 인정을 통해 창조주 하나님을 계시하려는 계획을 방해할 또 하나의 문제를 살펴보겠다. 그것은 어떤 점에서 위에서 탐구한 문제의 뒷면이다. 파라오가 절대로 항복하지 않는다면? 증거가 압도적임에도 창조주를 인정하지 않는다면? 우리는 이것을 '완고함의 문제'(problem of stubbornness)로 부를 수 있다.

알다시피 파라오의 행동은 맹목적 완고함에 참으로 가까울 때가 많다. 이를 표현하는 히브리 단어는 우리가 위에서 언급한 또 하나의 어근(k-b-d)이다. 토라는 종종 파라오의 심경 변화를 나타낼 때 이 어근을 사용한다. 기억하겠지만, 이 어근과 관련된 어구가 키부드 할레브(kibbud halev)다. 이것의 문자적 의미는 '마음의 굳음'이지만, 보다 자연스럽게 번역하면 '완고함'이다.[21] (히브리어 어근k-b-d 는 '무겁다', '굳어지다'를 의미한다.) 내가 제기하는 문제는 이것이다. 만약 파라오의 완고함이 너무 커서 절대 물러서지 않는다면 어떻게 되는 것인가? 만약 파라오가 너무 완고해서 자기 앞에 놓인 증거가 아무리 명백해도 유일신교 진리를 받아들이지 않는다면? 자신의 기존 입장에서 꼼짝도 하지 않으려 한다면?

파라오의 완고함에 반환점이 없는 경우를 충분히 상상할 수 있다. 파라오에게는 최고의 창조주 신을 인정하고 싶지 않을 이유가 충분하다. 그는 다신교의 현 상태에서 많은 기득권을 누린다. 이집트 계급 체계의 정점에 앉아, 알랑거리는 수백만의 사람들이 신으로 추앙한다면 기분 좋은 일이다. 그것을 포기하고 싶지 않을 것이다.

또한 파라오가 노예들을 지키려 노력하는 것은 경제적 이유 때문은 아니다. 그것은 파라오가 신이라는 이념을 지키는 싸움이기도 하다. 만약 그가 대적하는 히브리 노예들의 신이 정말 창조주라면 파라오는 자신이 어떤 존재인지 재평가해야 할(치욕적이고 부끄러운) 의무를 지게 된다. 사람들은 스스로에게 가지는 망상을 쉽게 포기하지 못한다. 만약 파라오가 너무 완고해서, 진리가 자신에게 명백히 제시되어도 그 진리를 인정하지 않는다면, 출애굽 사건을 통해 자신을 계시하려던 신의 계획은 무너지는 것인가?

자신을 세상에 YHWH(야훼)로 알리려던 하나님의 계획이 그렇게 약한 기초에 전적으로 의지해 있다는 것, 그래서 쉽게 실패할 수 있다는 것은 상상하기 힘들다. 하나님은 할 수만 있다면 창조주의 존재를 파라오가 자발적으로 인정하기를 원할 것이다. 그래서 플랜 A가 있었다. 즉 창조주의 존재를 분명하게 보여주는 모종의 비폭력적 표적(sign)이 그것이다. 하지만 그것이 실패했을 경우 플랜 B도 있다. 그것은 시간을 들여 창조주의 존재를 파라오에게 교육시키는 노력이다. 하지만 이것도 실패했을 때 플랜 C가 있어야 한다.

출애굽 이야기에 플랜 C가 있었나? 그것이 실제로 실행되었는가? 우리는 열 가지 재앙 이야기를 함께 읽어가면서 그 답을 살필 것이다. 지금까지 우리는 플랜 A, B, C에 대한 이론들—그 계획들이 무엇이며 어떻게 실행되었을 것인가—을 발전시켜 왔다. 하지만 궁극적 리트머스 시험지는 성서 본문이다. 실제 출애굽기 본문을 읽으면 이론이 어떻게 실제가 되는지 확인할 수 있을 것이다.

1)
이 때문에, 토라는 '엘로힘'을 권좌에 앉은 사람들을 지칭할 때 종종 사용한다. 두 사람 사이에 발생할 어떤 분쟁에 대해 토라는 이렇게 말한다—아드 하 엘로힘 야보 드바르 슈네헴 (עד האלהים יבא דבר שניהם), "판사들에게 그들 두 사람의 문제가 도달할 것이다"(출 22:8). 이 구절에서 엘로힘은 '판사들'을 의미하는 일반 명사이다. 소송 당사자들에게 엄청난 힘을 가지기 때문에 판사들은 엘로힘으로 불릴 수 있다. 랍비 문헌에서도 엘로힘이 전능의 신에게 사용될 때 그것은 종종 특정한 신적 '특성', 즉 정의의 사도를 의미한다. 이처럼 엘로힘은 인간 판사와 (판사 중의 판사인) 신적 판사를 동시에 가리킬 수 있다.

2)
이 말을 좀더 다듬으면 다음과 같다. '엘'이 '힘'을 의미한다면, 하나님을 엘로 부르는 것은 그가 모든 힘의 원천, 즉 최상의 힘임을 가리킨다. 그의 〈슐르한 아루아흐〉에서 랍비 요셉 카로는 축복 선언에서 엘로힘을 발음할 때 이것을 염두에 두어야 한다고 말한다(〈슐르한 아루아흐〉, 오라크 하임 5). 하나님이 창조주, 즉 존재의 유일한 참된 근원이라면, 하나님을 엘로 지칭하는 것은 그분이 '궁극적' 힘이라는 의미를 포함한다.

3)
"그의 세계에 '그만'이라고 말한 분." 하나님에 대한 유대 성현들의 해설은 예언이라도 한듯 현대 물리학과 잘 일치한다. 즉 현대 물리학은 우주 발생 초기 단계에 팽창을 제어하는 다양한 힘들이 있었다고 추정한다. 현대 과학이 "그의 세계에 '그만'이라고 말한 신"의 개념을 어떻게 보충 설명하는지를 자세히 보려면, 내가 알레프 베타(Aleph Beta) 팀과 함께 만든 짧은 동영상 〈과학으로 신을 보기〉를 알레프 베타 홈페이지(alephbeta.org)에서 시청하길 바란다.

4)
실제로 랍비 요셉 카로에 따르면(〈슐르한 아루크〉 오라크 하임 5), 축복의 문맥에서 신 이름 YHWH(야훼)를 발음할 때, 그 신 이름이 어제도 계셨고, 오늘도 계시고, 미래에도 계실 하나님의 사상을 포함함에 주목해야 한다. 또한 랍비 요셉 카로는 신 이름 YHWH(야훼)에 하나님이 모든 것의 주인이라는 함의도 포함된다고 한다. 나중에 우리는 이 두 의미가 동전 앞뒷면 관계에 있음을 살필 것이다.

5)
〈조하르〉 3:297에 나오는 출애굽기 7장 17절에 대한 오르 하하임(Ohr Hachaim)을 참조하라.

6)
람반의 〈모레 네부킴(Moreh Nevuchim)〉 2:30을 보라. 〈토사포트〉 욤 토브, 아보트 3:15도 보라.

7)
그렇다고 해서 창조주가 그의 창조 세계로부터 단절되었다는 의미는 아니다. 비록 창조주가 시공간적 특질을 가지지 않지만 그는 우리와 가깝게 상호작용할 수 있다. 실제로 그렇게 하는 방식 중 하나로 그는 '게임의 규칙'을 만든다. 이 규칙 중 일부는 환경이 작용하는 방식에 반영된다. 우리는 이것들을 물리, 화학, 생물학의 법칙이라 부른다. 일부 규칙들은 모노폴리 게임에 동봉된 작은 설명서와 유사하다. 그것들은 참가자들의 경기 방식을 규제하는 규칙들이다. 해야 하는 것, 해서는 안 되는 것들을 규정한다. 때때로 우리는 이것을 도덕 규칙이라 부른다. 이 모든 규칙들은 시스템 창조자의 은공 덕분에 우리에게 주어진 것이다.

8)
그럼에도 하나님이 인간들에게 이 세상에서 그를 위한 처소를 창조하라고 요구한다는 사실은 참으로 신비스럽다—바아수 리 미크다쉬 베샤칸티 브토캄(ועשו לי מקדש ושכנתי בתוכם), "나를 위해 성소를 만들라 그러면 내가 너희 가운데 거할 것이다"(출 25:8). 이 세계는 하나님의 '원 거처'가 아니다. 이 세계는 시공간의 세계이고 하나님은 시공간적 존재가 아니다. 그럼에도 그는 인간들에게 그가 창조한 이 세상에서 그를 위한 처소를 만들 것을 요구한다. 그리고 역설적이게도 그 처소에 거하겠다고 다짐한다. 이 역설의 의미를 더 알고 싶으면 알레프 베타 홈페이지(alephbeta.org)에 실린 다음의 동영상들을 보라. Terumah: Is There a Face Hiding in the Tabernacle? / Tetzaveh: Where is God in a Physical World? / Vayakhel-Pikudei: God in Space, God in Time.

9)
이 미드라쉬 해석의 정확한 함의와 그와 연관된 카발라 개념인 찜쭘(tzimtzum, 신의 축소)은 하시딤과 그 반대파 전통(미트나그딤)의 랍비들이 논의하고 있다. 예를 들어, Tanya, Sha'ar Hayichud V'Ha'Emunah, 3-4장, Likkutei Moharan I, 64:1, Safra de-Tzneuta의 마지막에 있는 Vilna Gaon: Likutim, 그리고 Nefesh HaChaim 3:7을 보라.

10)
하나님을 '처소'로 명명한 유대 성인들의 언어로 말하면, 하나님은 시간, 공간, 우주가 서식하는 '환경'이다. 역설적으로 그는 시간과 공간을 초월하는 동시에 어떤 점에서 시공간을 통합한다.

11)
다른 인간의 본질에 접근하거나 그것을 알 수 없다면, 우리가 다른 인간들과 관계 맺는 방법은 그들의 행위를 통해서이다. 사람들의 행위는 그들을 가름할 수 있도록 돕고, 그들을 이해할 수 있는 실마리를 제공한다. 마찬가지로 우리는 그분의 행동을 통해 하나님과 관계 맺을 수 있다. 실제로 토라는 신과 인간의 상호 작용에 대한 기록이다. 그것은 신을 이해하려는 우리의 최선의 노력을 돕는다.

12)
Chovot Halevavot, Sha'ar Avodat Elokim 참조.

13)
어떤 점에서 트필린에 들어가는 성서 본문들의 공통 원리도 사랑이라 할 수 있다. 《출애굽 게임》 후반부에 다루겠지만 트필린에 포함된 마지막 성서 본문에 담긴 '장자' 사상도 결국 사랑이다. 그것은 자녀들이 부모에게 되갚는 사랑의 선물을 말한다. 자녀들은 부모들의 뜻을 받드는 일에 헌신함으로 부모의 사랑을 되갚는다. 〈생일 밤〉(Birth Night) 18장, "장자의 운명"을 보라.

14)
출애굽 사건에 이중의 목적, 즉 이스라엘 해방 및 YHWH가 창조주라는 지식 확립이 있다는 생각은 랍비 슐로모 간츠프리드도 그의 책 Apiryon, Parshat Beshalach 15:2에서 제안하였다.

15)
Dimitri Meeks and Christine Favard-Meeks, *Daily Life of the Egyptian Gods* (Ithaca: Cornell University Press, 1996).

16)
혁신적인 책 《과학혁명의 구조》에서 토마스 쿤(Thomas Kuhn)은 과학 사상에 있어 다양한 거대 변화들이 오랜 시간을 거치며 정착한 패턴을 기록한다. 쿤에 따르면, 코페르니쿠스부터 아인슈타인까지 모든 위대한 과학 혁명은 기존의 패러다임에 문제를 일으키는 증거들의 점진적 축적을 통해 발생했다. 마침내 임계점에 다다르면 사람들은 사물을 보는 새로운 방식을 받아들인다. 보통 그 새로운 방식은 옛 방식보다 단순하고 덜 복잡하다. 열 가지 재앙 이야기도 비슷한 방식으로 작용했을 것이다. 재앙은 다신교 신학의 관에 박히는 못과 같다. 재앙이 거듭될수록 다신교 신학의 관에 박히는 못도 많아진다. 결국 재앙들이 드러내는 (유일신교의) 축적된 증거들은 부정할 수 없다.

17)
이 번역은 사아디아 가온(Saadiah Ga'on)의 번역을 따르고 있다. 출애굽기 라바 12:4을 보라.

18)
출애굽기 7장 3절에 대한 세포르노의 주석을 보라.

19)
히브리어 이외의 언어로 성경을 읽는다면 이런 것은 알아내기 힘들다. 예를 들어 1917년 유대출판협회에서 번역한 영어 성경은 위에 인용된 구절들에서 모두 harden—'파라오의 마음이 완고해졌다'—이라는 동사를 사용한다. 하지만 히브리어 원문은 두 개의 다른 동사를 사용한다. 그렇다고 성경 번역가가 여러분을 잘못 인도하려는 것은 아니다. 원문을 다른 언어로 번역할 때 원문상의 거친 부분들을 매끄럽게 하려는 (무의식적) 노력은 자연스러운 것이다. 즉 번역가라면 독자들이 이해하기 쉽게 번역하려 할 것이다. 하지만 성경 번역에서는 매우 위험한 일이 될 수 있다. 토라에서 '거친 부분들'은 종종 더 깊은 의미의 층에 대한 실마리를 담고 있는 경우가 있다. 당신이 이 부분을 매끄럽게 만들면 실마리를 빼앗는 것이다. 독자들은 본문이 그리려 하는 전체 그림을 볼 수 없게 된다.

그렇다면, 당신이 히브리어를 전혀 모르거나 아주 제한적 지식만을 가지고 있다면 성서 본문의 세밀함과 우아함을 어떻게 감상할 수 있을까? 좋은 시작점은 여러 번역을 참조하는 것이다. 특정 본문에 대한 영어 번역본 두세 종을 검토할 수 있다면 번역본 사이의 중요한 차이를 발견할 수 있을 것이다. 그 차이점 뒤에는 틀림없이 번역가가 어려움을 겪는 원문상의 문제가 있다. 원문의 모호함에 각각 다르게 대처하기 때문에 번역에 차이가 일어나는 것이다. 여러 번역을 검토함으로써 원문상의 문제가 어디에 있는지 어느 정도 알 수 있다(하지만 최선은 성경 히브리어 공부이다. 히브리어는 생각만큼 어렵지 않다).

20)
방금 말한 것처럼 히주크 할레브와 키부드 할레브를 구분하면, 하나님이 파라오에게서 자유의지를 박탈했는지 생각이 바뀔 수 있다. 이 문제를 확실히 해결하려면, 우리는 열 가지 재앙 본문을 천천히 공부해야 한다. 그래서 파라오가 마음을 바꾼 지점들에서 다음 두 가지 중요한 질문을 던져야 한다. 첫째, 파라오의 마음에 정확히 무슨 일이 벌어지는가? 본문은 파라오가 더 '용기를 내었다'고 말하는가 아니면 '완고해졌다'고 말하는가? 이를 알려면 토라가 사용하는 동사들을 볼 필요가 있다. 그것은 히주크 할레브인가 아니면 키부드 할레브인가? 둘째, 정확히 누가 그것을 하는가? 자신의 마음을 조정하는 주체가 파라오인가 아니면 하나님인가? 파라오의 마음이 '더 강하게' 되든 혹은 '더 완고하게' 되든 중요한 것은 파라오의 마음 상태에 누가 책임이 있는가이다.

21)
Da'at Torah, by R. Yeruahm Levovitz, Sefer Vayikra, 117쪽 '코베드 로쉬에 관하여' 참고. 생각해 보면 알겠지만 히주크 할레브와 키부드 할레브는 반대말이다. 마음(=심장)의 힘은 좋은 것이다. 실제 생물학적 심장은 근육이다. 강한 심장은 유연하다. 하지만 굳은 심장은 나쁜 것이다. 그것은 화석화, 즉 변화의 불가능성을 암시한다. 용기는 목표를 추구하는 비전이다. 완고함은 목표가 성취 불가능하다는 사실에 눈감는 것이다. 이것은 멸망으로 이어진다.

3부
출애굽 이야기 재조립하기

12» 출애굽기 속으로

준비 작업은 끝났다. 이제 출애굽 본문을 다시 읽을 시간이다. 지금까지 우리는 출애굽 이야기를 분해하여 각 구성 요소들을 분석했다. 지금부터는 그 구성 요소들을 모아 내러티브를 다시 맞추어 갈 것이다. 그리고 우리가 내렸던 잠정적 결론들이 성서 본문에서 어떻게 증명되는지 살필 것이다.

열 가지 재앙 이야기는 어떤 점에서 모세와 파라오 사이의 장기 협상으로 볼 수 있다. 그 과정에서 이집트 왕은 끊임없이 마음을 바꾼다. 앞서 살핀 바처럼 그 심경 변화는 두 히브리 숙어들, '히주크 할레브'와 '키부드 할레브'로 표기된다. 전자는 '마음을 강하게 하기', 후자는 '마음을 완악하게 하기'로 각각 번역해 왔다. 열 가지 재앙 이야기를 차례로 읽어가면서 각 표현이 사용된 특정 순간들에 주목해 보겠다. 교차적으로 사용되는 이 두 표현에 주의를 기울이면 지금까지 숨겨졌던 출애굽 드라마의 전모를 식별할 수 있다.

교육의 시작

"내가 이집트 위에 내 손을 펼칠 때 이집트는 내가 YHWH(야훼)임을 알게 될 것이다……"(출 7:5).

וידעו מצרים כי אני יהוה בנטתי את ידי על מצרים והוצאתי את בני ישראל מתוכם

브야드우 미쯔라임 키 아니 '아도나이' 빈토티 에트 야디 알 미쯔라임 브호쩨티 에트 브네 이스라엘 미토캄

출애굽 사건이 이집트와 파라오가 YHWH(야훼)를 알게 되는 과정으로 어느 정도 의도되었다면 이 교육 과정은 정확히 어디에서 시작되는가?

그것은 모세가 불타는 가시나무에서 백성의 지도자로 선택된 직후 파라오와 만나 두 번의 연설을 했을 때이다. 4장에서 처음 이 연설들을 공부했을 때 우리는 여러 궁금증을 품은 바 있다. 이제 그 두 연설을 다시 살펴보자.

첫째 연설

출애굽기 5장 1절

כה אמר יהוה אלהי ישראל שלח את עמי
ויחגו לי במדבר

코 아마르 '아도나이' 엘로헤
이스라엘 샬라흐 에트 암미
브야호구 리 바미드바르

둘째 연설

출애굽기 5장 3절

אלהי העברים נקרא עלינו נלכה נא
דרך שלשת ימים במדבר ונזבחה ליהוה
אלהינו פן יפגענו בדבר או בחרב

엘로헤 하이브림 니크라 알레누
넬라카 나 데레크 슐로세트 야밈
바미드바르 브니즈베하 라도나이
엘로헤누 펜 이프가에누 바데베르
오 베하레브

"YHWH(야훼), 이스라엘의 하나님이 이렇게 말한다. 내 백성을 보내어, 그들이 사막에서 나를 위해 축제하게 하라"

"히브리인들의 신이 우리에게 나타났습니다. 제발, 사흘간 우리를 사막으로 보내어 우리 하나님께 제사하도록 허락하소서. 그렇지 않으면, 그는 역병과 검으로 우리를 해할지 모릅니다."

모세의 두 연설

여기서 무슨 일이 발생하고 있는지 되짚어 보자. 모세와 파라오 사이의 대화는 어떻게 진행되었는가?

첫째 연설에서 모세는 파라오에게 하나님의 메시지를 전달한다. '내 백성을 보내어 그들이 사막에서 나를 위해 축제하게 하라.' 파라오는 그 요구를 단호히 거절한다. 그 이집트 왕은 이스라엘의 하나님이 누구인지 전혀 모를 뿐 아니라, 애당초 노예들을 내보낼 생각이 조금도 없다고 선언한다. 이상한 것은 그다음 일이다.

파라오가 모세의 첫째 요구를 거부했는데 모세는 요구의 강도를 높이지 않았다. 즉 왕이 계속 도전하면 큰 파멸을 맛볼 것이라고 으름장을 놓지 않았다. 그렇다고 파라오의 대답을 가지고 하나님께 돌아가는 길도 택하지 않았다—'파라오가 거절했습니다. 이제 당신의 충성스러운 종인 저는 당신의 지시를 기다립니다.' 그 대신 모세는 이상한 입장을 취했다.

> "그는 말했다. 히브리인들의 신이 우리에게 나타났습니다. 제발, 사흘간 우리를 사막으로 보내어 우리 하나님께 제사하도록 허락하소서. 그렇지 않으면, 그는 역병과 검으로 우리를 해할지 모릅니다"(출 5:3).
>
> **יאמר אלהי העברים נקרא עלינו נלכה נא דרך שלשת ימים במדבר ונזבחה ליהוה אלהינו פן יפגענו בדבר או בחרב**
>
> 바요메르 엘로헤 하이브림 니크라 알레누 넬라카 나 데레크 숄로세트 야밈 바미드바르 브니즈베하 '라도나이' 엘로헤누 펜 이프가에누 바데베르 오 베하레브

둘째 연설에서 모세는 다시 한 번 노예들을 풀어 주라고(적어도 사흘간의 휴일을 주도록) 파라오를 설득하려 한다. 하지만 그의 탄원은 뻔히 실패가 보인다. 그는 매우 겁먹은 듯 말했다. 실제로 그의 탄원은 실패했다. 파라오는 화를 냈고, 감히 휴가를 요청한 그 '게으른' 노예들에게 노동의 부담을 가중시켰다. 모세는 무슨 생각이었을까? 파라오가 그의 첫째 요구를 거절했다면 거의 동일한 내용의 둘째 요구도 당연히 거절하지 않겠는가?

하나님에 대한 두 가지 비전

4장에서 우리는 모세의 두 연설에 완전히 다른 두 신학이 담겼다고 했다. 그때는 아직 유일신교와 다신교의 차이를 설명하지 않은 상태였다. 그래서 대조되는 두 신학들을 유일신교와 다신교의 문맥에서 설명하지는 못했다. 하지만 이제 모세의 두 연설을 다시 보니 첫째 연설에 반영된 하나님은 그분의 참 모습(야훼)을 가졌고, 둘째 연설에서 제시한 신의 모습은 전능의 신을 만신전의 신처럼 묘사했음을 알 수 있다. 즉 둘째 연설에서 하나님은 한갓 힘(엘)으로 그려진다.

이것은 의도되었을 가능성이 있다. 즉 교육의 과정, 파라오와 이집트가 YHWH(야훼)에 대해 배우는 첫걸음이다. 그 과정의 첫 단계에서 모세는 진리를 명료하게 제시한다. 파라오가 들을 준비가 되었든 않았든 말이다. 어떤 의미에서 하나님과 모세는 파라오에게 정직해야 할 의무가 있다. 즉 그 이집트 왕이 자유롭게 반응하도록 사실들을 명확히 설명해야 한다. 그래서 모세는 그의 첫 연설에서 다음 사실을 모두 공개한다— '창조주 신, YHWH(야훼)가 계십니다. 그분이 직접 당신에게 말씀하십니다. 자신의 백성을 풀어줄 것을 요구합니다. 그분은 그 백성들과 축제하기를 원합니다.'

YHWH(야훼)는 창조주 하나님의 이름이다. 창조주로서 그분은 이집트에 모종의 요구를 하고 이스라엘에는 모종의 소원을 가진다. 즉 이집트를 향해서는 노예로 삼은 백성들을 풀어 줄 것을 요구한다. 그리고 이스라엘에 대해서는 사막에서 그들과 축제를 벌이기 원한다. 야훼가 백성과 축제를 벌인다는 것은 그분이 사람과의 관계를 가치 있게 여김을 암시한다. 즉 야훼 종교에서는 신과 사귈 때 기쁨이 있다. 이런 신학은 파라오에게 매우 생소하므로 그는 그것을 바로 무시한다.

> "YHWH(야훼)가 누구길래, 내가 그의 말을 듣고 이스라엘을 내보내야 하는가? 나는 YHWH(야훼)를 모를 뿐 아니라, 이스라엘을 내보내지 않을 것이다!"(출 5:2).

> מי יהוה אשר אשמע בקלו לשלח את ישראל לא ידעתי את יהוה וגם את ישראל לא אשלח
>
> 미 '아도나이' 아셰르 에슈마 브콜로 르샬라흐 에트 이스라엘 로 야다으티 에트 '아도나이' 브감 에트 이스라엘 로 아샬레아흐

인간들과 '인격적' 관계를 진정 바라는 존재가 하늘에 있다는 것, 그가 창조주 하나님 YHWH(야훼)라는 사실을 파라오는 전혀 이해할 수 없었다. 인간이 신과 함께 축제하는 일은 결코 없다. 신을 달래고 그에게 제사드릴 수는 있다. 하지만 신과 함께 축제한다고? 파라오는 그런 신을 들어본 적이 없다. (라쉬 책

에 인용된) 미드라쉬의 성현들에 따르면 파라오는 이때 모세가 말한 그 신을 찾기 위해 기존의 신 이름 명부를 들여다보았다고 한다. 하지만 예상대로 그 명부에서 모세의 신은 발견되지 않았다. 이에 파라오는 모세의 말을 신학적으로 터무니없는 것으로 간주하고 그 논쟁을 끝내기 원했다.

그렇다면 모세의 첫째 연설은 실패한 것일까? 일단 파라오가 모세의 요구를 거절하고 노예들을 풀어주지 않았다는 점에서 실패다. 하지만 적어도 한 가지 측면에서는 성공했다 할 수 있다. 파라오가 모세가 말한 진리를 거절했을지는 모르나, 적어도 그것을 들었다는 것이다. 즉 교육이 시작되었다. 첫 연설을 통해 모세는 그 교육 과정의 종착점, 즉 교육 목표를 제시했다. 언젠가 파라오는 모세가 첫 연설에서 처음 소개한 신—창조주 유일신—을 인정할지도 모른다. 하지만 그때까지 모세와 하나님은 창조주에 관한 이 비전이 참이라는 것을 보여주기 위해 조금씩, 꾸준히 과정을 밟아갈 것이다.

이 꾸준한 교육 과정의 첫걸음이 둘째 연설 형태로 주어진다. 그 연설에서 모세는 이집트 왕이 이해할 수 있는 언어로 말을 건다. 그리고 파라오의 동의를 얻을 수 있는지 살핀다.

> “히브리인들의 신이 우리에게 나타났습니다. 제발, 사흘간 우리를 사막으로 보내어 우리 하나님께 제사하도록 허락하소서.

그렇지 않으면, 그는 역병과 검으로 우리를 해할지 모릅니다"
(출 5:3).

אלהי העברים נקרא עלינו נלכה נא דרך שלשת ימים במדבר ונזבחה ליהוה
אלהינו פן יפגענו בדבר או בחרב
엘로헤 하이브림 니크라 알레누 넬라카 나 데레크 숄로세트 야밈 바미드바르 브니즈베하 '라도나이' 엘로헤누 펜 이프가에누 바데베르 오 베하레브

이 둘째 연설에서 모세가 파라오에게 말하려는 바를 바꿔 말하면 다음과 같다.

제가 왕을 좀 편안하게 해드리겠습니다. 왕께서 혼란스러워하는 그 YHWH(야훼)라는 이름은 잊어버리셔도 좋습니다. 단, 나를 보낸 신이 엘, 즉 힘이라는 점에 동의합시다. 왕께서 힘들은 잘 아실 줄 압니다. 그리고 적어도 나를 보낸 신과 '이스라엘'로 불리는 그의 백성 사이에 모종의 깊은 관계가 있다는 개념도 잠시 잊어버리십시오. 그냥 그들을 '히브리인들'로 부릅시다. 또 축제 이야기도 잊어버리세요. 그냥 이렇게 말씀드리겠습니다. 우리가 사막에 가서 제사하지 않으면 우리의 엘, 우리의 힘이 진노할 것입니다. 그게 참 걱정입니다. 왕께서 적어도 이것은

이해하실 것입니다. 그렇지요? 잘 아시겠지만 자의적이고 변덕스러운 신들은 제사로 달래야 합니다. 우리가 복종하지 않으면 그들은 우리를 죽일 수도 있기 때문입니다. 당신의 태양-신도 비슷하지 않나요? 파라오여, 우리가 요구하는 것은 이 소소한 종교적 자유가 전부입니다. 왕께서 왕의 신들을 달래야 하는 것처럼 우리도 우리의 신을 달래야 하니, 사흘간 말미를 주시지요.

모세의 둘째 연설은 파라오가 적어도 납득할 수는 있었다. 그에게 이 신은 첫 번째 신만큼 이상하게 들리지는 않는다. 이것은 파라오가 왜 첫째 연설과는 다르게 둘째 연설에서 반응했는지를 설명한다.

"이집트 왕이 그들에게 말했다. '모세와 아론이여, 왜 너희들은 백성들을 그들의 일에서 멀어지게 하는가? 너희들도 너희 노역으로 돌아가라.' 그리고 파라오가 말했다. '이제 땅의 백성들이 많구나. 그래서 너희들이 그들을 노역에서 쉬게 하는구나!'"(출 5:4-5).

ויאמר אלהם מלך מצרים ל`מה משה ואהרן תפריעו את העם ממעשיו לכו לסבלתיכם: ויאמר פרעה הן רבים עתה עם הארץ והשבתם אתם מסבלתם:

바요메르 알레헴 멜레크 미쯔라임 라마 모쉐 브아하론 타프리우 에트 하암 미마아사브 르쿠 르시블로테켐: 비요메르 파르오 헨 라빔 아타 암 하아레쯔 브히슈바템 오탐 미시블로탐

흥미롭게도 첫 연설과 달리 파라오는 둘째 연설의 요구 사항은 즉시 거부하지 않는다. 그는 모세의 입장을 정확히 이해했다. 섬기는 신의 종류는 다를 수 있어도 모든 사람이 신을 섬긴다. 히브리인들에게도 당연히 그들의 신이 있다. 여느 이집트인들처럼 그들도 그들 신을 두려워하며 그 신을 달래기 원한다. 여기까지는 모두 자연스럽다. 파라오가 모세의 둘째 연설을 거부한 이유는 그 요구가 신학적으로 터무니없기 때문이 아니다. 모세와 아론이 대중을 선동하기 때문이었다. 노예들이 종교 행사를 위해 휴가를 허락받기 시작하면 국내총생산(GDP)이 타격을 입을 것이다. 이것은 파라오가 결심한 다음 행동을 설명한다—노예들이 게을러졌다고 생각한 그는 그들의 일을 더 고되게 만들 것이다.[1)] 파라오의 명령은 차갑고 냉혹하고 악하지만 그런 결정에는 다음과 같은 합리적 이유가 있다.

너희 히브리인들이 너희 신을 겁과 두려움으로(즉 우리가 이집트에서 우리 신들을 섬기듯이) 섬긴다면, 그것은 너희들이 나보다 너희 신을 더 두려워한다는 뜻이다. 그리고 그것은 내가

무엇인가 잘못하고 있다는 뜻이다. 나는 이집트 최고 주권자다. 다른 신에 대한 두려움보다 나에 대한 두려움은 훨씬 커야 한다. 이 히브리인들이 그들 신을 생각할 여유가 있는 것을 보니, 날 위해 그다지 열심히 일하지 않는 것이 분명하다.

결론적으로 파라오는 일을 더 고되게 만들라고 명령을 내린다. 악한 결정이지만 파라오의 입장에서는 완벽하게 논리적인 반응이다. 파라오는 그의 노예들에게 그들의 '참' 주인이 누구인지 확실히 알리려 할 뿐이다.

가보지 않은 길

앞서 우리는 왜 모세가 히브리 노예의 해방 대신 사막에서 신을 예배할 사흘간의 휴가를 요청했는지 궁금히 여겼다. 왜 그는 이집트 왕에게 저자세로 거짓말을 하는가? 하지만 거짓말을 하는 것이 아닐 수도 있다……

역사를 생각할 때 가장 어려운 것 가운데 '가정적 질문'(what if)이 있다. 미국이 미드웨이 해전 직전에 일본의 암호 메시지를 가로채지 못했다면 어떻게 되었을까? 태평양에 있던 일본 함대의 정확한 위치를 알아내지 못했다면? 리 하비 오스월드[2)]가 그 운명의 날 달라스에서 그의 목표물을 맞히지 못했다면 어떻게 되었을까? 이 사건들이 다르게 전개되었다면 오늘날 세상은 어떻게 달라졌을까? 사실 그 답은 아무도 모른다. 단지 추측할 뿐이다.

토라 속 역사도 마찬가지다. 파라오가 모세의 둘째 연설에 다르게 반응했다면 역사가 어떻게 달라졌을까? 즉 노예들의 게으름을 차갑게 비난하는 대신 모세의 소소한 요구에 동의하여 사흘 휴가를 허락했다면 어떻게 되었을까? 매우 흥미로운 질문이지만 정답은 알 수 없다. 하지만 그 답을 생각해 보는 일은 가치 있다.

만약 파라오가 모세의 둘째 요구에 신사적이고 호의적으로 반응했다면 이스라엘인들도 허락받은 사흘간의 휴가를 마치고 이집트로 '돌아갔을' 가능성이 있다.[3] 사건이 그렇게 흘러갔다면 파라오의 교육 과정에 작지만 첫 진보를 이루었다고 할 수 있다. 아직 파라오가 하나님을 제대로 이해했다 할 수는 없지만, 그는 하나님을 적어도 엘, 즉 제한적이지만 합법적 '힘'으로 인정한 셈이다. 이제 그 교육 과정을 한 단계 더 끌어올릴, 또 한 번의 작은 걸음을 디딜 차례이다. 파라오가 거듭 합리적이고도 사려 깊은 배려로 모세의 요구에 응한다면 열 가지 재앙과 같은 거친 조치들은 없었을지도 모른다. 한 단계 한 단계 파라오는 히브리인들이 예배하는 그 신에 대한 진리를 배워갈 수 있었을 것이다. 다음 단계는 이랬을 수도 있다. '파라오여, 우리는 우리가 예배하는 그 힘에 대해 당신에게 알려주고 싶은 것이 있습니다. 그분은 당신이 예배하는 다신교 힘들과는 조금…… 다릅니다.' 그리고 후에 그 진리를 증명하는 증거가 제시되었을 것이다.[4)]

이 점진적 단계의 마지막에 파라오는 자신도 이스라엘처럼 그 유일한 힘의 백성임을, 즉 우주의 주권자의 백성임을 깨닫게 될 것이다. 그 결과 그는 창조주의 뜻을 따라 이스라엘을 자유롭게 놓아 줄 것이다. 역사는 이 길로 갔을 수도 있었다. 파라오가 그 길을 걷기로 작정했다면, 열 가지 재앙도 없었을 것이다. 폭력도 없었을 것이다. 압도적인 진리를 서서히 배우는 교육 과정만 남았을 것이다.

슬프게도 역사는 이렇게 흐르지 않았다. 파라오는 모세의 둘째 연설을, 히브리 노예들의 필요와 소원을 이해해 달라는 모세의 탄원을, 신과 교제할 기회를 위해 노동을 잠시 내려놓게 해달라는 모세의 요구를 차갑게 무시했다. 그는 이스라엘인들의 게으름을 탓하고 신에 대한 그들의 감정을 무시하고 이미 무거운 작업의 강도를 두 배로 높였다.

이제 플랜 A가 사라진다. 출애굽이 비폭력적 방법으로, 즉 파라오와 이집트의 교육으로 이루어지기 위해서는 파라오의 신사적 협조가 필요했다. 즉 모세의 가르침과 그것을 증거하는 표적에 열린 마음을 가져야 했다. 하지만 그런 신사적 협조는 없었다. 그래서 플랜 B가 가동되어야 했다. 다시 말해, 교육은 계속되지만 그것은 좀더 고달픈 과정이 되었다.

파라오는 상상의 산물이라며 믿지 않았던 적에 전쟁을 선포했다. 하지만 그는 곧 창조주가 상상의 산물이 아님을 깨닫게 될 것이다. 히브리인들의 신에 대한 진리를 알게 되겠지만 그 계시는 값이 비싸다. 수십만 노예들의 등골 빠지는 노동으로 쌓은 이집트의 부는 플랜 B 가운데 사라질 것이다. 그들의 '게으른' 노예들에게 강제한 고통을 이집트가 직접 겪게 될 것이다. 파라오는 세상의 창조주를 드러내는 압도적 증거를 보게 될 것이다. 억압받는 자녀들의 안녕을 염려하는 하늘 부모에 대한 압도적인 증거를 마주할 것이다. 중요한 질문은 이것이다. 파라오는 그것을 기꺼이 인정할 것인가?

13» 시작되는 재앙

파라오가 모세의 요청을 두 번 거부했고 재앙이 시작될 무대가 준비되었다. 우리는 그 재앙에 대한 토라의 설명을 차례차례 읽어갈 것이다. 앞서 언급한 내용들—재앙의 강도와 정확성 문제, 재앙에 대한 파라오의 반응을 서술하려 토라가 사용한 용어들, 즉 파라오의 '마음의 힘'을 의미하는 히주크 할레브와 '마음의 굳어짐'을 의미하는 키부드 할레브—에 특별히 초점을 맞출 것이다. '마음의 힘'을 용기와 동의어로, '마음의 굳어짐'을 완고함과 동의어로 간주하겠다.[5)]

이 다양한 뉘앙스를 본문에서 확인함에 따라 성서 본문의 표면 아래 숨은 이야기를 맞추어 낼 수 있다. 그 이야기가 어떻게 펼쳐질지 보자.

지팡이와 뱀

첫 번째 재앙이 시작하기 바로 직전 장면에서 시작하자. 여기서 처음으로 파라오의 마음의 '굳어짐'(키부드 할레브)과 '강해짐'(히주크 할레브)을 마주한다. 모세와 아론이 파라오를 만나 표적을 행한다. 아론이 지팡이를 땅에 던지자 지팡이가 즉시 뱀으로 변한다. 기다렸다는 듯이 파라오의 곁에 있던 궁정 점성가와 술사들도 그들의 지팡이를 땅에 던진다. 마술인지 속임수인지 몰라도 그들은 모세의 표적을 그대로 재연했다. 그들의 지팡이들도 모두 뱀으로 변한다.

눈앞에서 펼쳐진 광경에 파라오는 어떻게 반응할까? 다음의 성서 본문이 이를 알려준다.

"파라오의 마음이 강해졌다. 그리고 그는 [모세와 아론의 말]을 듣지 않았다"(출 7:13).

ויחזק לב פרעה ולא שמע אלהם

바예헤자크 레브 파르오 브로 샤마 알레헴

궁정 마술사들이 모세와 아론의 표적을 성공적으로 재연하자 파라오는 '그의 마음을 강하게 하고' 노예들을 붙잡아 두기로 결정한다. 이때 성서 저자가 '마음의 강함'을 의미하는 용어 '히주크 할레브'를 쓴 것은 파라오가 자신의 결의를 강하게 했음을 암시한다. 그는 스스로 용기를 냈다. 파라오의 입장에서 생각하면 이것은 합리적 반응일 수 있다. 그가 목격한 바에 따라 파라오는 모세와 아론을 숙련된 마술사로 간주했을 것이다. 나아가 궁정 마술사들의 능숙한 반응은 파라오에게 용기뿐 아니라 모세와 아론의 어떤 도전에도 그의 마술사들이 대처할 수 있다는 확신도 주었을 것이다. 이처럼 파라오는 '용기를 얻는다'. 그는 앞으로도 히브리 마술사들과 싸울 것인데, 이를 위해 스스로 단련하고 의지를 다져야 함을 잘 알고 있다.[6)]

그런데 이때에 예상치 못한 일이 발생한다. 본문을 주의 깊게 읽으면 바로 다음 구절에서 토라는 파라오의 마음 변화를 다르게 설명하고 있음을 알게 된다.

> "YHWH(야훼)가 모세에게 말했다. 파라오의 마음이 굳어졌다. 그는 내 백성을 내보내기를 거부했다"(출 7:14).
>
> **ויאמר יהוה אל משה כבד לב פרעה מאן לשלח העם**
>
> 바요메르 '아도나이' 엘 모셰 카베드 레브 파르오 메엔 르샬라흐 하암

하나님은 파라오의 심경 변화를 모세에게 잘못 설명하는 것 같다. 13절은 파라오가 그의 마음을 강하게 했다(히주크 할레브)고 기록한다. 하지만 14절에서 하나님은 키부드 할레브를 사용하고 있다. 즉 파라오가 스스로 마음을 굳어지게 했다고, 완고하게 했다고 암시한다. 어느 것이 옳은가?

관점의 문제

언어의 이런 작은 변화는 세밀한 메시지를 전달한다. 파라오의 반응이 용기인지 완고함인지는 관점의 문제다. 파라오는 용기를 낸 것이라 생각하지만 하나님은 사태를 달리 보고 있다. 모세에게 말한 것처럼 카베드 레브 파르오(כבד לב פרעה), 즉

하나님의 관점에서는 파라오가 완악해진 것이다.

왜 하나님은 사태를 이렇게 보는 것일까? 주의 깊게 사태를 관찰했다면 파라오는 출애굽 이야기의 이 초기 단계에서도 모세와 아론이 단순한 마술사들이 아니라 참된 유일신의 대리자, 만물 주권자의 대리자임을 간파했을 것이다. 이어지는 표적이 그것을 가리킨다.

파라오의 점성술사들이 모세와 아론의 '마술'을 재연한 직후 놀라운 일이 발생한다. 그리고 그 의미는 너무나 명확하다. 성서 본문이 그에 대해 요란 떨지 않기 때문에 우리는 그 일의 의미를 놓치기 쉽다. 분명 점성가들이 그들의 지팡이를 던져 뱀으로 만들었지만 그 작은 궁정 마술 공연에 아직 마지막 연기가 남아 있었다.

"그리고 아론의 막대기가 모든 다른 막대를 삼켰다"(출 7:12).

ויבלע מטה אהרן את מטתם

바이블라 마테 아하론 에트 마토탐

이 장면은 생생하게 머릿속에 그려진다. 모세와 아론에 대응하여 왕의 점성술사가 그들의 지팡이를 던져 뱀으로 만들었을 때 긴장이 극에 달한다. 미드라쉬의 성현들(〈출애굽기 라바〉

9:7)은 극적인 긴장을 더 높이려는 듯 그 순간을 이렇게 말한다 —'그들의 지팡이가 뱀으로 변했을 때 점성술사들은 모세와 아론을 조롱했다. 점성술사들에게 이집트로 마술을 수출하는 것은 뉴캐슬에 석탄을 수출하는 격이니까.'[7] 파라오는 승리로 얼굴이 상기되었다. 그 아마추어 마술사들에게 본때를 보여주었기 때문이다. '너희들이 나를 마술로 대적하러 왔다면 그보다 훨씬 잘해야 할 것이다. 이집트는 마술의 빅리그(big leagues)이다. 여기서 뛸 충분한 재능이 너희에게 있는지 생각해 보라.'

그때 궁중 모의의 이 작은 게임은 끝난 듯했다. 아론과 점성술사들의 지팡이들이 원래 모양으로 돌아갔고 모든 사람은 집에 가기 위해 외투를 걸치기 시작한다. 바로 그때 놀라운 일이 벌어졌다. 아론의 막대기가 조용하게 다른 지팡이들을 모두 삼켜 버린 것이다. **'하나의 막대기가 많은 막대기를 삼켰다. 그 일은 도대체 무엇을 말할까?'**

바로 그때 그곳에서 파라오는 그의 다신교적 세계관이 무너지는 징조를 보았을 것이다. 하나의 막대기가 많은 막대기를 삼켰다면 그것이 의미하는 바가 무엇인가? 그것은 하나의 신이 많은 신들을 지배한다는 뜻이다. 자연의 모든 힘들이 궁극적으로 하나의 최고 힘—질적으로 다른 힘, 모든 것들의 위에 있는 힘—에 종속된다는 의미다. 다른 신들은 모두 창조주에게 심판받는다.

이것이 우리가 전에 짧게 언급했던 논박 불가능한 '표적'이다. 하나님이 파라오 앞에서 보이라고 명령한 유일무이의 표적이다. 그 이유는 명확하다—이 표적은 하나님이 창조주임을 아주 명확히 말한다. 마치 이집트의 맑은 하늘에 그 메시지를 적어 놓은 듯하다. 그 메시지를 알아내는 것은 전혀 어렵지 않다. 파라오가 객관적이라면 그것을 놓칠 수 없다. 하지만 그는 객관적이지 않았다. 그리고 그것이 하나님이 모세에게 말한 핵심이다.

"YHWH(야훼)가 모세에게 말했다. 파라오의 마음이 굳어졌다. 그는 내 백성 내보내기를 거부했다"(출 7:14).

ויאמר יהוה אל משה כבד לב פרעה מאן לשלח העם

바요메르 '아도나이' 엘 모셰 카베드 레브 파르오 메엔 르샬라흐 하암

그렇다. 파라오는 이 싸움을 마술사들 사이의 경쟁으로 보려 했다. 바로 여기에 그의 완고함이 있다. 자신의 입장 고수가 '결의를 다지는 것'이라 생각했을 수 있지만, 사실 그는 완고하게 행동할 뿐이다. 그는 보고 싶지 않은 진리에 스스로 눈 감고 있다. 마음을 강하게 한 것이 아니라 굳어지게 하였던 것이다.

물속의 피

계속해서, 히주크 할레브(마음이 강해짐)와 키부드 할레브(마음이 굳어짐)의 용례들을 하나씩 살펴보자. 이 구절들은 열 가지 재앙 이야기 전체에 나타난다. 성경 내러티브에서 이 표적 이야기 직후 나오는 사건이 첫째 재앙이다. 나일 강이 피로 변하고 이집트인들은 마실 물을 찾기 위해 우물을 파야 했다. 왕실은 이 기적에 어떻게 대응하는가? 파라오가 무슨 말을 하기도 전에 점성술사들은 기다렸다는 듯 다시 한 번 그 신기한 현상을 재연해 낸다. 마술인지 속임수인지 모르지만 그들도 물을 피로 바꾼다. 그리고 그때 파라오의 마음이 반응한다.

> "파라오의 마음이 강해졌다. 그리고 그는 [모세와 아론의 말]을 듣지 않았다"(출 7:22).

> ויחזק לב פרעה ולא שמע אלהם
>
> 바예헤자크 레브 파르오 브로 샤마 알레헴

파라오의 마음이 다시 '강해졌다'. 그는 싸움을 지속할 용기와 결의를 스스로 찾았다. 물론 모세와 아론은 인상적인 힘을 보여주었다. 그들은 이집트 기간 시설의 심장인 나일 강을 공격했다. 하지만 이집트의 마술사들도 그 묘기를 재연할 수 있었다. 그때 파라오는 이렇게 생각했을지 모른다. '모세와 아론은 확실히 마술사다. 그러나 그 둘, 아니 어느 누구도 마술에 있어 이집트를 이길 수 없다. 내가 그들보다 오래 버틸 것이다.'

'내일의 땅'에서 온 개구리들

그다음 이집트를 타격한 재앙은 개구리 떼였다. 우리는 이미 이 재앙을 논의했다. 즉 파라오와 모세가 개구리를 없애는 정확한 시점을 놓고 옥신각신한 것이다. 모세는 파라오에게 다음과 같이 도전했다.

> "모세가 파라오에게 말했다. '내 위에 영광을 받으소서. 당신의 종들과 당신의 백성을 위해 언제 당신과 당신의 거처에서 개구리들을 제거하도록 하나님께 기도할까요?'"(출 8:9).

> ויאמר משה לפרעה התפאר עלי למתי אעתיר לך ולעבדיך ולעמך להכרית הצפרדעים ממך ומבתיך
>
> 바요메르 모셰 르파르오 히트파에르 알라이 르마타이 아으티르 레카 브라아바데카 울암므카 르하크리트 하짜파르드임 밈므카 우미바테카

모세는 파라오에게 '시간을 정하시오. 아무 때나 좋소'라고 내기라도 하듯 말한다. 그리고 파라오는 '내일'이라고 말함

으로써 도전에 응하고 있다. 이로써 파라오는 개구리 재앙을 24시간이나 더 참기로 결심한다. 그 이유는 모세가 정말 자신이 정한 시간에 맞추어 개구리 재앙을 멈출 수 있는지 보기 위함이다. 모세도 파라오의 응수를 기꺼이 받으며 내일 그 일이 반드시 일어날 것이라 말한다. 그런데 이상하게 다음의 말도 덧붙인다.

> "원하시는 대로! 이렇게 당신은 우리 하나님 야훼 같은 신이 없음을 알게 될 것이오"(출 8:10).

> כדברך למען תדע כי אין כיהוה אלהינו
>
> 키드바르카 르마안 테다 키 엔 '카도나이' 엘로헤누

3장에서 이미 우리는 이렇게 물었다. 모세가 그 재앙을 파라오가 정한 시간에 맞추어 없앨 수 있는지가 왜 그리 중요할까? 그리고 그것이 하나님의 정체에 대한 가장 중요한 지표가 되는 이유는 무엇인가? 파라오에게는 재앙의 기적적 시작보다 통제된 결말이 더 인상적인 듯하다.

앞서 설명했듯 모세는 지금 재앙의 정확도를 강조하고 있다. 힘들에 대한 하나님의 절대적 제어력을 증명하는 것이다. 이 히브리인들의 하나님, 모세가 YHWH(야훼)로 부르는 그 신

은 그가 원하는 대로 완전히 자유롭게 재앙의 시작과 끝을 정할 수 있다.

이 장면에서 파라오는 처음으로 그가 대적하는 힘이 다신교 마술의 힘이 아님을 인지했을 것이다. 재앙이 언제 사라질지 정확히 예측하는 신이 세상에 있다는 사실에 놀랐을 것이다. 일반적으로 그런 신은 다신교적 세계관에서 발견되지 않는다. 개구리 재앙이 사라진 후 파라오가 노예들을 풀어주겠다는 약속을 스스로 뒤집자 토라가 어떤 언어를 사용해 파라오의 변심을 설명하는지 보라.

"그리고 파라오는 그의 마음을 굳어지게 했다"(출 8:15).

והכבד את לבו

브하크베드 에트 리보

출애굽기 본문에서 처음으로 "파라오가 그의 마음을 굳어지게 했다"는 표현이 등장한다. 갑자기 토라는 노예를 잡아 두기로 한 파라오의 결정을 완고한 행위로 묘사한다. 앞서는 용기로 간주되었으나 지금은 맹목적 고집으로 여겨진다. 무엇이 변했는가?

개구리 재앙에서 파라오는 처음으로 YHWH(야훼)가 다신교적 신, 그 이상의 존재라는 증거를 보았다. 이 신은 강력할 뿐 아니라 완전하고 절대적으로 그 힘을 제어한다. 그는 파라오의 변덕에 정확히 맞추어 그 재앙의 종료 시점을 조정할 수 있다. 파라오가 이 함의를 마음에 받아들였다면 그는 그와의 대결을 포기해야 했다. 그는 YHWH(야훼)의 참된 본질을 하늘의 유일한 힘이라고, 하늘에 그와 경쟁하는 신이 없다고 인정해야 했다. 하지만 파라오는 그러지 않는다. 그는 '그의 마음을 굳어지게 한다'. 다신교 신학에 위협적 증거를 멀리한다. 그가 목격한 사건의 뜻에 눈을 감아버리고 히브리인들의 신과 대결을 지속한다. 이로써 파라오는 또 하나의 적을 새로이 맞이한다. 파라오가 맞서는 것은 더 이상 모세도 그의 신도 아니다. 그는 모든 완고한 인간들의 영원한 숙적과 전쟁을 시작한다. 그의 적은 현실 그 자체(reality itself)다.

현실은 가장 끈질긴 적 가운데 하나이다. 그것은 아무리 든든한 방어선이라도 뚫어버리는 기술을 가졌다. 내일의 땅* 에서 온 개구리들과 파라오의 짧은 접촉이 그 신비한 대적과

* '내일의 땅'(tomorrowland)은 미국 디즈니랜드에 설치된 테마파크 중 하나로 다양한 미래 모습들을 전시한다. 저자가 개구리들을 '내일의 땅'에서 온 것으로 묘사하는 이유는 두 가지다. 첫째, '언제 개구리들이 사라지도록 기도할까요?'라는 질문에 파라오가 '내일'이라고 대답했기 때문이다. 둘째, '내일의 땅'은 다신교가 사라지고 유일신교가 지배하는 미래에 대한 은유이다. 즉 내일의 땅에서 온 개구리들은 하나님의 참본질을 파라오에게 암시한다. 하지만 파라오는 그 함의를 애써 부정한다.

의 첫 교전이라면 나머지 재앙 이야기는 현실과 싸우는 파라오의 마지막 보루 이야기다. 우리는 누가 승리할지 곧 알게 될 것이다.

다음 재앙에서 파라오의 점성술사들이 복귀한다. 하지만 이번에는 복음을 전달하지 않는다. 현재 이집트가 직면한 불편함은 벼룩('이', 개역개정)이다. 벼룩 무리가 사람과 짐승 모두를 괴롭히고 있다. 그리고 점성술사들은 그 재앙을 똑같이 재연해 보려 하지만 이번에는 그리 할 수 없음을 깨닫는다. 지금까지 그들은 모세와 아론이 행한 초자연적 기적들을 모두 똑같이 재연할 수 있었다. 막대기를 뱀으로 바꾸기, 물을 피로 바꾸기, 심지어 개구리들이 갑자기 나타나는 기적까지 재연했다. 하지만 벼룩 재앙은 점성술사들도 어찌할 바를 모른다. 풀이 죽은 그들은 이 소식을 파라오에게 전하는데 그들의 보고에 사용된 언어가 매우 흥미롭다.

> "점성술사들이 파라오에게 말했다. 그것은 '엘로힘'의 손가락입니다"(출 8:19).

> ויאמרו החרטמים אל פרעה אצבע אלהים הוא
>
> 바요므루 하하르툼밈 엘 파르오 에쯔바 엘로힘 히

점성술사들에 따르면 이번 재앙은 마술이 아니다. 그들은 이집트에 발생한 일을 하늘의 역사로 선언한다. 하지만 이집트 같은 다신교 사회에서 어떤 사건을 신의 현현이라 말한다해서 우리가 이해하는 하나님의 역사와는 다름을 기억할 필요가 있다. 실제로 파라오에게 보고할 때 점성술사들은 '엘로힘'(elohim)이라는 단어를 썼다. 여기서 이 말은 신(적 능력)을 가리키는 일반 명사이다. 점성술사들이 그 재앙을 엘로힘의 역사로 인정했다고 해서, 창조주 신이 존재한다는 모세의 터무니없는 비전에 동의하는 것은 아니다. 단지 '어떤 신이 우리를 공격했습니다'라는 보고에 그친다.

점성술사들의 보고는 어떤 의미에서 파라오에게 불편하지만 다른 의미에서는 안심되기도 한다. 먼저 이 재앙은 지난번 재앙보다 중대한 문제이다. '우리가 여기서 본 것은 분명히 마술이 아니라 참으로 신의 힘이다!' 하지만 대처 불가능한 것은 아니다. 파라오 자신도 신이기 때문에 이집트가 대처할 수 없는 것은 아니다. '왕이시여, 당황하지 마소서. 신이 보낸 몇 마리 벼룩 때문에 다신교 사과 궤짝을 다 뒤집을 이유는 없습니다.'

이 모든 일에 대한 파라오의 다음 반응은 그런 어조와 잘 맞는다.

> "파라오의 마음이 강해졌다. 그리고 그는 그들[모세와 아론]의 말을 듣지 않았다"(출 8:19).

ויחזק לב פרעה ולא שמע אלהם

바예헤자크 레브 파르오 브로 샤마 알레헴

다시 한 번 우리는 히주크 할레브, '마음이 강해짐'의 언어로 돌아왔다. 파라오는 그가 맞서 싸우는 힘이 예상보다 강력하다는 보고를 받은 셈이다. 그리고 강력한 적에 대항하는 사람이라면 누구나 하는 방식으로 반응한다. 즉 이를 악물고 자신의 의지를 다진다. 파라오는 그의 마음을 강하게 한다.

동물 농장

열 가지 재앙 이야기에 일정한 패턴이 나타난다. 재앙은 두 가지 노선—힘과 정확성—을 따라 발전한다.[8)] 우리가 다룬 마지막 재앙, 즉 벼룩 재앙은 이전 재앙보다 더 강력했다. 한갓 인간의 마술로는 그 재앙의 힘을 재연할 수 없었다는 점에서 그렇다. 그 타격은 인간의 능력보다 더 강력한 어떤 힘이 작용한 결과임이 분명하다. 이렇게 벼룩 재앙은 힘의 노선 축에서 더 발전한 재앙이었다. 다음에 올 재앙은 야생 짐승의 재앙*인

* 네 번째 재앙이 무엇인가에 대한 논쟁이 있다. 중세 유대 해석가들은 그것을 야생 동물 떼가 마을을 침입한 것으로 이해하지만, 기독교 전통과 최근의 유대 번역가들은 파리 혹은 곤충의 침입으로 이해한다. 이 해석의 차이는 네 번째 재앙의 핵심 히브리어 '아로브'의 의미가 그다지 분명하지 않기 때문이다. 개역개정은 네 번째 재앙을 '파리 떼 재앙'으로 번역한다.

데, 그것은 정확성이라는 축에서 더 발전된 재앙을 나타낸다.

> "나는 내 백성이 사는 고센 땅을 기적적으로 구분하여, 어떤 야생 짐승들도 그리로 침입하지 않을 것이다. 그때 너희들은 내가 이 땅 가운데 YHWH(야훼)임을 알 것이다. 나는 내 백성과 너의 백성을 구분할 것이다. 내일 이 표적이 일어나리라" (출 8:22-23).

> והפליתי ביום ההוא את ארץ גשן אשר עמי עמד עליה לבלתי היות שם ערב למען תדע כי אני יהוה בקרב הארץ: ושמתי פדת בין עמי ובין עמך למחר יהיה האת הזה:
>
> 브히플레티 바욤 하후 에트 에레쯔 고센 아셰르 암미 오메드 알레하 르빌티 헤요트 샴 아레브 르마안 테다 키 아니 '아도나이' 브케레브 하아레쯔: 브삼티 프다트 벤 암미 우멘 암메카 르마하르 이흐예 하오트 하제

분명히 개구리 재앙은 이미 시간축에서 그 정확도를 보여주었다. 파라오가 임의로 시간을 정했고 하나님은 파라오가 정한 그 순간에 정확히 재앙을 거두었다. 하지만 이 새로운 재앙, 야생 짐승 재앙은 그것을 넘어선다. 새로운 영역, 즉 공간의 축에서 정확도가 추가된다. 재앙은 특정한 시간, 즉 내일 임

할 뿐 아니라, 특정한 장소만 타격할 것이다. 고센은 그 불편한 결과에서 자유로울 것이다.

이런 정확도 증강은 무엇을 증명하려 의도되었을까? 성서는 그것을 상상력에만 맡기지는 않는다. 본문에 따르면 하나님은 그 재앙에 영향받는 지리적 공간을 '기적적으로 구별'할 것이다. 그래서 '너희들이 내가 이 땅 가운데 YHWH(야훼)임을 알게 될 것이다.' 시간과 공간의 정확성은 이 두 영역의 주인되신 YHWH(야훼)의 확실한 흔적이다. 이 재앙은 창조주가 지금 벌어지는 사건의 배후에 있음을 증명한다.

하지만 파라오는 다시 한 번 그 재앙의 함의에 눈을 감아버린다. 그는 자신이 지금 싸우는 그 '신'과 동격이라 생각한다. 파라오는 부풀려진 자아상을 포기할 준비가 전혀 되어 있지 않다.

"파라오는 이번에도 자기 마음을 굳어지게 하였다. 그리고 그 백성을 내보내지 않았다"(출 8:32).

ויכבד פרעה את לבו גם בפעם הזאת ולא שלח את העם

바야크베드 파르오 에트 리보 감 바파암 하조트 브로 쉴라흐 에트 하암

파라오는 다시 사실들(the facts)에서 스스로를 차단시키고

현실(reality itself)과의 무모한 전쟁을 계속한다.

데베르: 정확성이 더욱 높아질 때

이집트에 임할 다음 재앙은 데베르, 즉 이집트 가축들의 죽음이다. 하지만 그것은 이전 재앙과 조금 다르다. 정확성의 수준이 높아진다.

이전 재앙처럼 이 데베르 재앙도 특정한 시간에 임할 것이다. 하나님은 다음과 같이 예언한다.

"하나님은 재앙이 임하는 특정한 시간을 정하며, 말했다. 내일 이 일이 발생할 것이다"(출 9:5).

וישם יהוה מועד לאמר מחר יעשה יהוה הדבר הזה בארץ

바야셈 '아도나이' 모에드 레모르 마하르 야아세 '아도나이' 하다바르 하제 바아레쯔

그리고 직전 재앙처럼, 새 데베르 재앙도 공간의 영역에서 정확도를 보인다. 하지만 데베르 재앙에서 그 공간적 정확도는 전례 없는 수준으로 높아진다.

"하나님은 이스라엘의 가축과 이집트의 가축을 기적적으로

구별할 것이다. 이스라엘 자손에 속한 [가축은] 하나도 죽지 않을 것이다"(출 9:4).

והפלה יהוה בין מקנה ישראל ובין מקנה מצרים ולא ימות מכל לבני ישראל דבר

브히플라 '아도나이' 벤 미크네 이스라엘 우벤 미크네 미쯔라임 브로 야무트 미콜 리브네 이스라엘 다바르

그 재앙은 거시적 수준에서 이스라엘과 이집트를 구별할 것이다. 즉 고센 땅을 제외한 이집트의 전 지역에 영향을 줄 것이다. 그뿐 아니라, 그것은 가장 미시적 수준까지 공간적 구별을 이어간다. 즉 이스라엘 사람들에게 속한 가축은 한 마리도 죽지 않을 것이다.

앞서 지적했듯 이런 높은 수준의 정확도는 파라오의 눈을 사로잡는다. 다른 어떤 요소보다 파라오의 관심은 재앙의 불가사의하고 칼날 같은 정밀성에 꽂힌다.

"그리고 파라오는 전령을 보냈다. 그런데 보라! 이스라엘 가축은 한 마리도 죽지 않았다!"(출 9:7)

וישלח פרעה והנה לא מת ממקנה ישראל עד אחד

바이슐라흐 파르오 브힌네 로 메트 미미크네 이스라엘 아드 에하드

이스라엘에 속한 가축들은 한 마리도 죽지 않을 것이라고 이미 예언되었다. 그리고 예언이 그대로 성취되었다. 이집트가 당한 실제 피해는 이 사실 하나에 비하면 그다지 놀랄 일이 아니다. 어떤 만신전의 신도 이 정도 수준의 정확성으로 힘들을 통제할 수 없다. 파라오는 진정 만신전의 여러 신 중 하나와 대결하고 있는 것인가?

파라오는 이 모든 일이 이집트 만신전의 자의적이며 부도덕한 상호 작용의 결과라고 얼마나 더 주장할 수 있을까? 힘이 곧 정의이며 그가 원하기만 하면 노예들을 붙잡아 둘 수 있다고 얼마나 더 주장할 수 있을까? 남자아이들에 대한 제한적 인종학살 정책을 지속하고 이스라엘을 해방하라는 하나님의 요구를 얼마나 더 무시할 수 있을까? 그의 다신교적 입장을 부수는 증거에 얼마나 더 철벽을 칠 수 있을까?

파라오가 그를 대적하는 이 힘과 전쟁을 지속할 수 있는 유일한 방법은 이미 궁지에 몰린 그의 세계관을 위협하는 사실 증거들을 계속 무시하는 것이다. 그리고 이것은 가축의 죽음 직후 성서에 나오는 것이다.

> "파라오의 마음이 굳어졌고 그는 그 백성을 보내지 않았다" (출 9:7).

ויכבד לב פרעה ולא שלח את העם

바이크바드 레브 파르오 브로 쉴라흐 에트 하암

가축 재앙에 대한 이집트 왕의 반응에서 키부드 할레브—파라오의 '마음이 굳어짐'—가 그 표독한 발걸음을 한 발 내딛는다. 이 다섯째 재앙 후 파라오는 더욱 현실로부터 스스로를 고립시킨다. 그의 완고함은 절박함과 함께 더욱 견고해진다.

슈힌: 힘이 압도적이 될 때

가축의 죽음(데베르) 재앙이 정확도 영역에서 증강을 의미했다면, 다음 재앙은 힘의 영역에서 증강을 보여준다. 여섯째 재앙은 슈힌, 즉 모든 이집트인들의 피부를 엉망으로 만드는 종기이다. 그리고 이 재앙과 함께 궁정 점성술사들도 돌아온다. 처음 이 점성술사들을 만났을 때, 그들은 재앙을 멋지게 재연함으로써 파라오로부터 초기 재앙들의 통증을 제거해 주었다. '왕이여 걱정할 것이 없습니다. 우리가 이 문제를 통제할 수 있습니다.' 그 후 그들은 벼룩 재앙의 파괴력을 냉정히 조사한 후 마술보다 훨씬 강력한 어떤 것이 작용하고 있다고 왕에게 보고한 바 있다. '신들 중 하나가 왕에게 진노하는 것처럼 보입니다.' 하지만 이제는 그런 능력과 냉정함을 전혀 찾아볼 수 없다.

"그 마술사들은 종기 때문에 모세 앞에 서 있을 수도 없었다. 종기는 마술사들과 또한 모든 이집트인들에게 발생했다"(출 9:11).

ולא יכלו החרטמים לעמד לפני משה מפני השחין י היה השחין בחרטמם ובכל מצרים

브로 야클루 하하르툼밈 라아모드 리프네 모쉐 미프네 하슈힌 키 하야 하슈힌 바하르툼밈 우브콜 미쯔라임

이제 점성술사들은 재앙을 재연할 수 없을 뿐 아니라 종기에 압도되어 그 재앙의 의미를 거들먹거리며 논평하는 것은 고사하고, 똑바로 서 있을 수도 없었다. 그들도 마술을 전혀 교육받지 않은 다른 이집트인들처럼 재앙의 피해자로 전락했다.

재앙 이야기를 통틀어 점성술사들은 재앙의 순수 파괴력에 대한 잣대로 기능해 왔다. 첫 두 재앙들은 그들에 의해 재연되었다. '왕이여, 이것에 겁먹을 필요 없습니다.' 하지만 재연할 수 없자 그들은 그 재앙을 질적으로 더 강력한 힘의 작용이라고 보고했다. '파라오여, 이것은 마술을 넘어섰습니다. 그것은 신들의 영역입니다.' 이제 여섯째 재앙은 그 힘이 너무 커서 점성술사들은 더 이상 역할을 할 수 없게 된다.

이처럼 재앙들의 강도가 절정에 달하자 처음으로 하나님이 무대에 등판한다. 지금까지 성서 본문은 파라오가 자신의

마음을 강하게 하거나 굳어지게 한 주체였음을 분명히 했다. 하나님은 파라오의 마음 문제에 직접 개입하지 않았다.

이제 그것이 바뀔 것이다.

15 » 파라오의 마음에 개입하시다

"그때 하나님이 파라오의 마음을 강하게 했다"(출 9:12).

ויחזק יהוה את לב פרעה

바예하제크 '아도나이' 에트 레브 파르오

재앙이 시작된 이래 하나님이 파라오의 마음에 직접 개입했다고 기록된 곳은 여기가 처음이다.

하나님은 이 시점에 왜 개입하셨을까?

세포르노의 이론 적용하기

역설적이지만 재앙은 의도된 목적과 반대되는 결과를 낳을 위험이 있다.

이 위험은 앞서 언급했다. 재앙의 강도가 증가할 때 감당하기 너무 어려울 수가 있다. 진리에 설득되어서가 아니라 재앙의 강도 때문에 파라오는 수건을 던지고 기권할 가능성이 있다. 재앙을 모면하려는 것이다. 이렇게 기권하는 파라오는 자기의 기존 확신을 여전히 강하게 붙들고 있다. 파라오는 자신이 신(神)이며, 자신의 뜻대로 자의적 법을 만들고 이스라엘을 노예로 만들 권리가 있다고 생각한다. 그럼에도 재앙에 충격을 받으면 싸움을 지속할 심적 강인함과 의지를 잃어버리고 본의 아니게 항복할 수 있다.

앞서 중세 유대인 주석가 세포르노의 이론을 인용했다. 그 이론에 따르면 만약 그런 일이 발생하면 하나님이 개입하여 파라오에게 인내할 용기를 주었을 것이다. 그리고 그것이 여섯째 재앙에 정확하게 적용된다.

"그때 하나님이 파라오의 마음을 강하게 했다"(출 9:12).

ויחזק יהוה את לב פרעה

바예하제크 '아도나이' 에트 레브 파르오

지난 장 마지막에 살폈듯 종기 재앙은 순수 강도의 측면에서 역대급이었다. 분명 그 강력한 힘은 파라오를 무너뜨렸다. 누가 돕지 않는다면 용기의 저수지가 완전히 바닥난 파라오는 이제 항복할 것이다.

그러나 하나님은 그 이집트 왕이 상황 모면을 위해 굴복하는 것을 원치 않았다. 파라오에게 부족한 것이 용기라면 하나님은 파라오에게 그의 비전을 추구할 용기를 공급할 것이다. 파라오가 실제 자기 비전을 포기한다면, 즉 창조주에게 복종해야 할 당위를 인정한다면 완전히 다른 문제다. 하나님은 원리에 근거한 그런 항복을 분명 수용할 것이다. 그러나 그렇지 않다면 하나님은 파라오가 자기 주장을 마지막까지 밀고 갈 의지력을 공급할 것이다. 하나님의 계획이 성취되려면 파라오가 자유 의지에 반해 자신의 비전을 포기하면 안 되기 때문이다.

그의 마음은 전쟁터이다

재앙 이야기에서 가장 큰 전환점은 일곱째 재앙, 즉 우박 재앙이다. 일반 독자들에게 우박 재앙은 그냥 일련의 재앙 중 하나인 것처럼 보인다. 하지만 토라는 우박 재앙을 독특한 재앙으로 간주한다. 우박 재앙은 어떻게 다를까? 모세가 파라오에게 전달할 메시지를 포함한 다음의 본문을 보라.

> "YHWH(야훼) 히브리인들의 하나님이 말씀하신다: 내 백성을 내보내어 그들이 나를 섬기게 하라. 이번에는 내가 친히 나의 모든 재앙들을 너의 마음속으로 보내리니…… 너는 온 세상에 나 같은 이가 없음을 알게 될 것이다"
>
> (출 9:13-14).

> כה אמר יהוה אלהי העברים עלח את עמי ויעבדני: כי בפעם הזאת אני שלח את
> כל מגפתי אל לבך ובעבכיך ובעמך בעבור תדע כי אין כמני בכל הארץ
>
> 코 아마르 '아도나이' 엘로헤 하이브림 샬라흐 에트 암미
> 브야아브두니: 키 바파암 하조트 아니 숄레아흐 에트 콜 막게포타이
> 엘 리브카 우바아바데카 우브암메카 바아부르 테다 키 엔 카모니 브콜

하아레쯔

“내가 친히 나의 모든 재앙들을 너의 마음속에 보내리니”는 어떤 의미일까? 우선 우박 재앙이 ‘나의 모든 재앙들’로 지칭된 점에 주목하라. 분명히 이 재앙은 그 자체로 나머지 모든 재앙의 총합과 같다고 간주되고 있다.[9] 이런 재앙의 독특성은 그 기획자인 히브리인들의 하나님의 독특성을 증명하려 의도된 것이다. 그 구절의 마지막 부분에 주목하라.

“너는 온 세상에 나 같은 이가 없음을 알게 될 것이다”(출 9:14).

בעבור תדע כי אין כמני בכל הארץ

바아부르 테다 키 엔 카모니 브콜 하아레쯔

이 본문은 그 한 재앙이 하나님의 유일성에 대한 명확하고 설득력 있는 메시지를 담고 있음을 암시한다. 이런 점에서 그 재앙의 효과는 나머지 모든 재앙의 총합에 상응한다고 간주된다. 마지막으로 이 본문이 이른바 재앙의 공격 대상을 어떻게 묘사하는지 주목하자. 다른 재앙들처럼 이집트 땅을 타격하는 것이 아니라 우박 재앙의 타격 대상은 내면의 전쟁터이다.

"이번에는 내가 친히 나의 모든 재앙들을 너의 마음속으로 보내리니"(출 9:14).

בפעם הזאת אני שלח את כל מגפתי אל לבך

바파암 하조트 아니 숄레아흐 에트 콜 마게포타이 엘 리브카

이 재앙에서 정복되어야 할 '땅'은 다름 아닌 파라오의 마음이다. 어떤 이유인지 이 재앙은 파라오의 양심을 향한 전투의 승패가 마침내 결정되는 재앙일 것이다.

숨은 경고

무엇인가 큰일이 일어날 느낌—곧 발생할 재앙 후에 모든 것이 달라질 것 같은—은 우박 재앙이 시작되기 직전 파라오에게 전달된 불길한 경고로 한층 더 고조된다.

"이제, 잠시 쉬자.* 내가 너[파라오]를 (멸하지 않고) 남도록 허락한 것은 바로 이 목적을 위한 것이다. 즉 너에게 내 힘을 보여주어 내 이름이 온 세계에서 이야기되도록 하기 위함이다"(출 9:16).

* '이제 잠시 쉬자'는 내용은 원문에 없다. 저자의 의역인 듯하다.

ואולם בעבור זאת העמדתיך בעבור הראתך את כחי ולמען ספר שמי בכל הארץ

브울람 바아부르 조트 헤에마드티카 바아부르 하르오트카 에트 코히 울마안 사페르 슈미 브콜 하아레쯔

하나님은 여기서 진지한 독자를 괴롭혀 온 무언의 질문에 대답하려는 듯하다—왜 하나님은 파라오를 넘어지지 않게 받쳐 주어 그가 계속해서 대적하게 하셨나요? 이 본문에서 하나님은 지금까지 벌어진 일에 대한 통찰—즉 그 무언의 질문에 대한 답—을 파라오에게 주고 있다. 생각해 보라. 위에 인용된 하나님의 말씀은 그가 파라오를 넘어지지 않게 받쳐 준 직후—즉 파라오에게 끈기와 용기를 주어 그의 비전을 계속 추구하게 한 여섯째 재앙 직후—에 주어진 것이다. 하나님은 왜 그리했을까? 어떤 점에서 이것은 우리가 이 책의 서두에 제기한 질문들에 하나님이 주신 답이다—왜 하나님은 먼 길을 돌아가실까? 왜 파라오가 하나님의 계획에서 중요한 역할을 담당할까? 파라오를 한쪽으로 치우고 그의 동의가 있든 없든 그냥 이스라엘을 구하면 되지 않는가?

이제 재앙이 정점에 이르기 직전, 전능의 하나님이 잠시 숨을 고르는 순간, 폭풍 전야 같은 짧은 순간에 답을 주고 있다—파라오야, 현실적이 되자. 너도 이것을 궁금히 여기지 않았느냐? 왜 너는 네가 여전히 살아 있다고 생각하느냐?

그리고 하나님은 다음과 같은 답을 준 것이다.

> "그러나 내가 너를 (멸하지 않고) 남도록 허락한 것은 바로 이 목적을 위한 것이다: 즉 너에게 내 힘을 보여주어 내 이름이 온 세계에서 이야기되도록 하기 위함이다"(출 9:16).

> ואולם בעבור זאת העמדתיך בעבור הראתך את כחי ולמען ספר שמי בכל הארץ
>
> 브울람 바아부르 조트 헤에마드티카 바아부르 하르오트카 에트 코히 울마안 사페르 슈미 브콜 하아레쯔

하나님은 그 이집트 왕이 아직 살아 있는 이유가 있다고 말씀한다. 그 이유는 파라오 자신보다 큰 것이다. 그는 매우 중요한 드라마—창조주가 인류에 계시되는 드라마—의 일부이다. 그리고 지금 전개되는 드라마가 실은 파라오 자신보다 훨씬 중요하기 때문에, 다시 말해 파라오는 드라마의 주인공이 아니기 때문에 그를 향한 하나님의 말씀에는 불길한 경고가 들어 있다. '이스라엘인들에 대한 너의 악한 억압에도 불구하고 너는 여기서 여전히 건설적인 역할을 감당할 수 있다. 하지만 네가 그 역할을 거부한다면 나는 내 목표를 이룰 다른 방법들이 있다.'

우리는 앞서 출애굽의 플랜 C가 있는지를 궁금히 여겼다.

파라오가 끝까지 포기하지 않으면 어떻게 되는가? 창조주 하나님이 인류에 계시되는 그런 중대사가 결국 한 명의 군주와 그가 이끄는 민족의 자유 의지(자발적 순종)에 의존한다는 사실은 상상하기 힘들다. 고대 세계에서 파라오와 이집트의 사회정치적 위치를 고려할 때 그들이 자발적으로 순종하는 게 가장 좋은 일이다. 정말 그렇다. 노예들을 풀어주어야 하는 이유를 파라오가 이해한다면 좋은 일이리라. 하지만 파라오와 이집트가 끝까지 거부하면 어떻게 되는가?

앞서 인용한 본문에서 하나님은 플랜 C가 있음을 암시한다. 파라오와 이집트가 창조주의 계시 사건에 자발적으로 참여하지 않는다면 하나님은 강제적으로 그 드라마에 그들을 참여시킬 것이다. 하나님은 이집트의 자발적인 인정—표적을 통한 단번의 인정 혹은 재앙 교육을 통한 점진적 인정—을 통해 세상에 계시되는 것을 원하지만 그것이 불가능하다면 파라오와 이집트의 파멸을 통해 그 계시가 세상에 주어질 것이다. 어느 방식이든 노예들은 자유를 얻을 것이며 세상은 창조주가 계심을 알게 될 것이다. 어느 방식이든 파라오와 이집트는 그 일의 수단이 될 것이다. 유일한 질문은 이것이다. '그들이 주연이 될 것인가? 아니면 이용하고 버려지는 장기판의 말이 될 것인가?' 우박 재앙을 둘러싼 사건들을 차례로 읽어가자. 그리고 이 일이 어떻게 펼쳐지는지 살펴보자.

일곱째 재앙의 독특성

토라는 우박 재앙을 아주 독특하다고 보는 것 같다. 어째서 그것이 독특한가?

다른 재앙들처럼 우박 재앙은 특정한 시간(내일)에 임한다고 예언된다. 지금까지 재앙 이야기를 보면 이것은 이상할 게 없다. 그것을 독특하게 만드는 것은 우박 재앙의 다른 요소들이다. 첫째, 우박 재앙은 하나님의 경고가 붙은 유일한 재앙이다. 이집트인들은 그 경고를 듣고 재앙의 피해를 예방하거나 적어도 어느 정도 면할 수 있었을 것이다.

"그러므로 이제 사람을 보내어, 소는 물론 네가 들에 소유한 모든 것을 안으로 들이라. 들에서 발견되는 모든 사람과 짐승, 집 안으로 들이지 않는 모든 사람과 짐승 위에 우박이 떨어질 것이고, 그들은 죽으리라"(출 9:19).

ועתה שלח העז את מקנך ואת כל אשר לך בשדה כל האדם והבהמה אשר ימצא בשדה ולא יאסף הביתה וירד עלהם הברד ומתו:

브아타 슐라흐 하에즈 에트 미크네카 브에트 콜 아쉐르 르카 바사데 콜 하아담 브 하브헤마 아쉬르 임마쩨 바사데 브로 예아세프 하바예타 브야라드 알레헴 하바라드 바메투 둘째 특징도 우박 재앙을 이전 재앙과 구별시킨다. 앞서 살핀 바처럼 우박 안에 불이 냉동되어 있다.

"그리고 우박이 왔다. 그런데 불이 우박 가운데 박혀 있다" (출 9:24).[10]

ויהי ברד ואש מתלקחת בתוך הברד

바예히 바라드 브에쉬 미트라카하트 브토크 하바라드

이처럼 세밀하게 본문을 살필 때 이 우박 재앙의 독특성은 다음의 두 요소로 표현되는 것 같다. 하나님의 경고와 우박 속에 공존하는 불과 얼음.

먼저, 경고부터 얘기해보자. 재앙을 내리면서 그의 적에게 재앙의 피해를 피하는 방법을 경고한다니 좀 이상하지 않은가? 내가 여러분과 진지하게 전쟁 중이라면 나는 당신에게 어떻게 하면 내가 가할 공격에서 벗어날 수 있는지 알려주지 않을 것이다.

즉 그런 경고를 주었다는 사실 자체에 메시지가 있다.

현대전에서 공격 전 적에게 경고하는 경우는 언제인가? 당신이 압도적인 화력을 소유했을 때이다. 즉 여러분의 군사력이 적의 군사력을 크게 압도하여 미리 경고해도 그다지 문제가 되지 않을 때이다. 또 다른 상황은 싸우는 적에게 연민의 정을 느낄 때이다. 즉 적들이 무모하고 완고한 저항을 계속하기 때문에 쓸데없는 인명 피해가 일어날 것이 안타까울 때이다. 이렇게 크게 기운 전쟁에서 연민이라는 고상한 감정이 일어나고 여러분은 어떻게 하면 곧 닥치게 될 최악의 상황을 피할지 적에게 알려줄 수 있다.

하나님도 우박 재앙 전에 이집트에 경고하셨다. 하나님은 그들에게 그 재앙에서 살아남는 법을 알려주셨다. 하나님의 메시지는 명확하다. '너는 스스로 내 원수가 되었다. 하지만 이것은 동등한 힘들 사이의 전쟁이 아니다. 이렇게 하면 너는 살아남을 수 있다.' 즉 하나님은 그의 적에게 미리 경고할 여유를 가진 압도적인 힘이다. 그의 적들에 연민을 가진 신이다. 그분의 경고를 듣던 파라오는 그것이 전쟁을 벌이는 다신교 신의 말과는 다름을 알았을 것이다. 창조주 하나님은 반역하는 자식에게 연민을 가질 수 있지만 다신교의 신은 절대 그렇지 않다. 다신교의 신은 한갓 자연의 힘에 불과하기 때문이다.

이제 같은 우박 속에 공존하는 불과 얼음 이야기를 하자. 앞서 언급했듯 그것도 다신교적 세계관에서는 말이 안 되는 현상이다. 불의 신과 얼음의 신은 불구대천 원수지간이다. 그들은 서로를 박멸한다. 그들 사이의 연합은 불가능하다. 오직 한 분만이 얼음과 불 사이의 협력을 강제할 권한이 있다. 즉 그 둘 모두를 창조한 하나님이다.

불, 얼음 그리고 도덕의 시작

우박 재앙에는 이런 전례 없는 독특성이 있다. 이에 대한 파라오의 반응은 무엇인가? 다음 성서 구절에 주목하라.

> "파라오가 사람을 보내 모세와 아론을 불러 그들에게 말했다. 이번에 내가 죄를 지었다. YHWH(야훼)가 의롭고, 내 백성과 나는 악하다"(출 9:27).

> וישלח פרעה ויקרא למשה ולאהרן ויאמר אלהם חטאתי הפעם יהוה הצדיק ואני ועמי הרשעים
>
> 바이슐라흐 파르오 바이크라 르모쉐 우르아하론 바요메르 알레헴 하타티 하파암 '아도낭' 하짜디크 바아니 브암미 하르샤임

죄에 대한 고백과 의롭고 악하다는 언급은 '도덕적' 언어이다. 처음으로 파라오가 이런 언어를 사용했다. 처음으로 파라오는 그가 지금까지 잘못했음을 확신했다. 파라오가 하나님과의 갈등을 이런 도덕적 측면에서 본 것은 처음이다. 그리고 우리도 이제는 그 이유를 이해할 수 있다.

다신교 신학에서 신에게 '죄'를 짓기란 불가능하다. 신들에

게 당신은 어떤 도덕적 의무도 지지 않는다. 여러분이 그 신들을 달래는 이유는 단순히 자기 이익을 위해서다. 오로지 여러분은 창조주, 하늘에 계신 아버지에게만 죄를 지을 수 있다. 파라오가 죄를 고백했을 때 그의 마음속 모든 완고함이 없어진 듯하다. 창조주의 백성임을 인정하지 않으려는 절박한 노력들이 모두 사라졌다. 마침내 파라오는 이해한다—YHWH(야훼) 창조주 하나님이 지금까지 계속 옳았으며 내 백성과 나는 창조주의 뜻을 거스르며 히브리인들을 노예 삼았다. 우리가 악한 자들이었다.

드디어 파라오는 그의 창조주를 인정했으며 그로부터 나오는 숨은 뜻도 받아들였다. 파라오는 나락의 순간에 스스로를 구원했다. 파라오가 창조주를 인정하고 그분의 뜻에 따르는 희망이 마침내 이루어졌다.

그런데 정말 그런가?

왜 출애굽 이야기가 여기서 끝나지 않지?

여기서 출애굽 이야기가 끝난다면 그것은 모두가 해피엔딩(Happy Ending)인 이야기가 된다. 이스라엘은 짐 보따리를 싸서 사막을 향해, 오랫동안 기다린 가슴 뛰는 여행을 시작하면 된다. 그리고 이집트는 대기하고 있다가 가까운 낙타 터미널까지 노예였던 이들을 도와 짐을 옮겨 주면 된다. 그러나 이야기는 이렇게 끝나지 않는다. 일곱째 재앙까지 왔고, 아직 세 가지 재앙이 남아 있다.

어째서? 이 동화 같은 이야기는 왜 해피엔딩이 아닌가?

16» 마음을 바꾸는 파라오와 플랜 C

우박 재앙 직후 파라오는 아무렇지도 않게 그의 마음을 바꾼다. 이제는 그것이 일상이 되었다.

> "파라오는 비, 우박, 천둥이 그친 것을 보고, 계속해 죄를 지었다. 그는 그의 마음을 굳어지게 했다. 그와 그의 신하가 이 일에 같았다"(출 9:34).
>
> **וירא פרעה כי חדל המטר והברד והקלת ויסף לחטא ויכבד לבו הוא ועבדיו**
>
> 바야르 파르오 키 하달 하마타르 브하바라드 브하콜로트 바요세프 라하토 바야크베드 리보 후 바아바다브

파라오는 늘 마음을 바꾼다. 그것은 전혀 낯설지 않다. 이런 패턴이 지루하게 느껴질 정도다. '재앙이 이집트에 임한다. 파라오가 모세를 소환하여 그의 노예들을 내보내겠다 약속한다. 그리고 재앙이 걷히면, 파라오는 그의 약속을 어긴다.' 이것이 늘 반복되는 패턴이다. 그러나 우박 재앙 이후 파라오가 마음을 완고하게 한 것은 완전히 종류가 다르다. 이것은 출애굽 이야기 전체의 임계점이다. 이후로 모든 것이 변한다.

성서 본문이 이 점을 분명하게 한다. 위에 인용된 구절은 우박 재앙 후에 파라오가 변심했다고 말할 뿐 아니라 그것에 설명을 붙인다—성경은 파라오의 변심을 '죄'(sin)라고 부른

다. 비록 앞서 파라오가 스스로 죄인이라 고백했지만 본문은 이전에는 파라오의 변심을 그렇게 설명하지 않았다. 갑자기 왜 성서 저자는 파라오의 변심을 '죄'로 간주할까? 무엇이 달라진 것일까?

파라오는 그가 순응해야 할 도덕(적 힘)의 존재를 아직 한 번도 '의식적으로' 인정한 적이 없었다. 창조주의 존재를 의식적으로 인정해 본 적이 없다. 전에 마음을 완고하게 했을 때마다 그는 세계에 대한 그의 다신교적 관점과 그 속에서 자신의 위치를 교조적으로 재확인하고 있었다. 본질적으로 그는 다신교 신앙에 반하는 모든 증거들을 애써 무시한 것이다. 하지만 증거를 무시하는 것은 '무의식적' 저항 행위이다. 사람들은 자신도 모르는 사이에 그렇게 할 수 있다. 따라서 그것을 실제로 죄라고 부를 수는 없다. 그것은 노골적인 악행이 아니기 때문이다.

이 모든 것이 우박 재앙 이후에 변한다. 일곱째 재앙에서 '팩트'들이 마침내 파라오의 두꺼운 방어선을 관통한다. 그는 더 이상 증거를 무시할 수 없다. 마침내 YHWH(야훼)의 존재와 자신도 그 창조주의 기대에 부응할 의무를 가진다는 개념을 완전히 그리고 의식적으로 인정한다. 그는 창조주의 뜻에 반해 히브리인들을 계속 노예로 잡아두는 것이 도덕적으로 그르다는 점도 이해한다.

창조주에 대한 진리를 알게 된 파라오가 (순진한 상태로) 돌아가는 것은 불가능한 일이다. 이미 본 것을 안 본 것으로 말할 수는 없는 노릇이다. 창조주 하나님의 실재를 인정한 후에 파라오가 그의 마음을 다시 굳어지게 했을 때, 전과는 완전히 다른 일이 된다. 그는 창조주에게 의도적 반역을 도모하는 것이다. 그는 다음과 같이 말하는 셈이다. '창조주가 계심을 나는 안다. 그에게 순종할 의무가 있다는 점도 안다. 나는 그가 나에게 무엇을 원하는지도 안다. 하지만 무슨 상관인가? 어쨌든 나는 노예들을 붙잡아 둘 것이다.' 파라오가 우박 재앙 이후 입장을 뒤집을 때 그는 단순히 현실을 외면하는 것이 아니다. 진리로 확신하는 것들을 길바닥에 내동댕이치는 것이다.

이것은 진리를 훼손하는 것과 다름없다. 그것은 자유 의지에 의한 의식적 악행이다. 진정한 의미에서 죄이다.[11)]

맹목적 섬김의 용기

우박 재앙 직후 파라오는 마음을 굳어지게만 한 것이 아니다. 또 다른 일도 한다. 성서 본문에 따르면 그는 마음을 강하게도 한다. 성서 본문이 파라오의 마음 상태를 묘사하기 위해 두 개의 핵심 구절—키부드 할레브와 히주크 할레브—을 동시에 사용하는 것은 이번이 처음이다.

"파라오는 비, 우박, 천둥이 그친 것을 보고, 계속해 죄를 지었다. 그는 그의 마음을 굳어지게 했다. 그와 그의 신하가 이 일에 같았다: 그리고 파라오의 마음은 강해졌고 그는 이스라엘 자손들을 내보내지 않았다"(출 9:34).

וירא פרעה כי חדל המטר והברד והקלת ויסף לחטא ויכבד לבו הוא ועבדיו: ויחזק לב פרעה ולא שלח את בני ישראל

바야르 파르오 키 하달 하마타르 브하바라드 브하콜로트 바요세프 라하토 바야크베드 리보 후 바아바다브: 바예헤자크 레브 파르오 브로 쉴라흐 에트 브네 이스라엘

창조주의 뜻에 정면으로 맞서기로 다짐한 그 운명적 결정 이후 파라오는 다가올 전투에 대한 자신의 의지를 강하게 한다. 그는 마음의 저수지에서 끌어 모을 수 있는 모든 용기를 모아, 의도적으로 진리에 눈을 감는다. 그의 완벽한 자유의지 안에서 모든 일을 하는 것이다. 그리고 이런 악한 의지는 창조주의 뜻에 인격적으로 자진해 굴복하여 히브리인들을 풀어 줄 것이라는 일말의 희망을 박살내 버린다.

파라오는 지금 자신이 교육 불가능한 존재임을 증명했다. 비록 잠시였지만 사실을 있는 그대로 인정했던 그가 지금은 악의적으로 스스로의 말을 취소하고 있다. 하나님께 도전했다

는 것과 히브리인들을 억압했다는 것을 짧게나마 진정으로 뉘우쳤던 그가 지금은 그 뉘우침을 모독하고 있다. 그리고 그렇게 모독받은 뉘우침은 그 치욕을 절대 잊지 않고 다시는 파라오에게 찾아오지 않을 것이다.

이어지는 재앙에서 파라오는 그의 죄를 다시 한 번 고백하지만 그 고백은 공허한 울림이 된다. 뉘우침은 자유롭고 억압되지 않는 인간 의지의 고귀하고 숭고한 산물이다. 한 번 그것을 냉소하고 조롱하면 여러분에게 쉬이 돌아오지 않는다. 이것이 파라오가 겪은 일이다. 그는 진리를 다시는 지금처럼 분명하게 볼 수 없을 것이다. 일곱째 재앙 이후 그의 행위들의 운명은 이미 정해졌다. 이제 새로 시작하는 여정에서 그가 뉘우쳐 돌이키는 것은 불가능하거나, 매우 어려울 것이다. 파라오는 출애굽의 위대한 드라마에서 더 이상 주연이 아니다. 그는 쓰고 버려지는 말이 되기를 스스로 선택했다.

플랜 C

플랜 C가 이 시점에 시작된다. 바로 이어지는 성서 본문과 함께.

> "YHWH(야훼)가 모세에게 말했다. '파라오에게 가라. 내가 그의 마음을 굳어지게 만들었다. 그리고 그의 종들의 마음도

마찬가지다. 이는 그들 가운데 내 표적을 세우기 위함이다. 그리고 네가 아들들과 손자들에게 내가 이집트를 어떻게 가지고 놀았는지, 그리고 그들 가운데 행한 내 표적들에 대해 말할 수 있도록 하기 위함이다. [내가 이렇게 한 것은] 너희로 내가 YHWH(야훼)임을 알게 하려 함이다'"(출 10:1-2).

ויאמר יהוה אל משה בא אל פרעה כי אני הכבדתי את לבו ואת לב עבדיו למען שתי אתתי אלה בקרבו: ולמען תספר באזני בנך ובן בנך את אשר התעללתי במצרים ואת אתתי אשר שמתי בם וידעתם כי אני יהוה:

바요메르 '아도나이' 엘 모셰 보 엘 파르오 키 아니 히크바드티 에트 리보 브에트 아바다브 르마안 쉬티 오토타이 엘레 브키르보: 울르마안 테사페르 브오즈네 빈느카 에트 아셰르. 히트알랄르티 브미쯔라임 브에트 오토타이 밤 비다으템 키 아니 '아도나이'

이 같은 말은 지금까지 들은 적이 없다. 하나님이 그 계획을 완전히 노선 수정한 것이다. 지금까지 들었던 말, 즉 재앙들이 임할 때 이집트인들이 YHWH(야훼)가 하나님임을 알게 될 것이라는 말은 더 이상 없다. 정말 그렇다. 이제 목표가 변했다. 분명 계속되는 재앙들이 창조주 하나님의 진리를 여전히 증거하겠지만, 이집트와 파라오는 더 이상 그 메시지의 의도된 청중이 아니다. 이제 이 모든 재앙은…….

"**너희들로** 내가 YHWH(야훼)임을 알게 하기 위함이다"(출 10:2).

וידעתם כי אני יהוה

비다으템 키 아니 '아도나이'

이제 이스라엘이 그 메시지의 청중이다. 파라오와 이집트는 하나님을 절대 인정하지 않겠지만, 이스라엘이 그리할 것이다. 출애굽 사건의 수혜자인 이스라엘 노예들은 그 과정에서 우주 주권자의 완벽한 통치에 대한 부정할 수 없는 증거를 볼 것이다.

그들은 자연뿐 아니라 인간사에도 하나님이 주권을 갖고 계시다는 그 증거를 보게 될 것이다. 마지막 재앙들에서 그리고 홍해 전투에서 이스라엘은 당시 가장 강하고 위대했던 제국에 대한 하나님의 완전하고 전적인 주권을 목도할 것이다. 이집트는 전능의 하나님에 대한 지식을 세상에 전하는 수단으로 활용되지만, 그 지식은 이집트의 자발적 인정이 아니라 큰 파멸을 통해서 전해질 것이다. 파라오는 이 과정에서 주연이 아니라 쓰다 버리는 졸(卒)이 될 것이다. 그는 전능자의 목적을 위해 소비될 것이다.

비무장한 노예 무리들 앞에서 무장한 이집트인들이 패배한 사건은 창조주의 살아 계심에 대한 영원한 증거로 남을 것이다. 이스라엘이 목도할 것은 동등한 적수들 사이의 전투가 아니다. 한편이 다른 편을 어렵게 제압하는 전투가 아니다. 아니, 그것과 완전히 다른 것을 보게 될 것이다. 다음은 하나님이 모세에게 하신 말씀이다.

"네가 아들들과 손자들에게 **내가 이집트를 어떻게 가지고 놀았는지** 말할 수 있게 될 것이다"(출 10:2).

תספר באזני בנך ובן בנך את אשר התעללתי במצרים

테사페르 브오즈네 빈느카 에트 아셰르. 히트알랄르티 브미쯔라임

이스라엘은 마지막 세 재앙에서 하나님이 이집트를 가지고 노는 것을 볼 것이다. 세상에서 가장 강력한 군사 대국이 그 하늘 대적(Heavenly Foe)의 손에 들린 장난감에 지나지 않는다. 땅의 적 이스라엘이 손가락 하나 까딱하지 않아도 이집트는 스스로 무너질 것이다. 자연의 힘들은 그 창조주의 명령에 따라 연합하여 그 억압자를 부수어 버릴 것이다.

파라오를 가지고 놀다

하지만 어떻게 가능할까? 하나님은 어떻게 비참한 마지막까지, 그의 군대가 완전히 파멸할 때까지 파라오가 그 게임을

계속하도록 만들 것인가?

당장 간편한 방법은 파라오에게서 선택의 자유를 빼앗는 것이다. 하나님이 파라오의 자유의지에 손을 써서 그 이집트 지도자가 이어지는 재앙에도 불구하고 계속 반항하도록, 그의 최종 파멸이 완결될 때까지 반항하도록 만들 수 있다.

하지만 그것은 다소 불공평하다. 그렇지 않은가? 나아가 품격도 없다. 우주의 주인은 절대 그렇게 하지 않을 것이다. 파라오가 하나님의 의도를 방해하던 시절은 이제 끝났다. 그가 신의 계획에 우회로를 강요하던 시절은 이제 끝났다. 파라오는 전능의 하나님이 원하는 바를 완벽하게 따르겠지만, 마지막까지 그의 자유의지를 온전하고 제한 없이 행사할 것이다. 하나님은 단지 파라오가 자신의 자유의지를 끝까지 행사하도록 도울 뿐이다. 그의 실패한 비전을 계속해서 추구하도록 도울 뿐이다. 하나님이 마지막 재앙들에서 파라오를 '가지고 노는' 다양한 방법 가운데 다음이 아마 가장 훌륭하지 않은가 생각된다.

17 » 벼랑 끝의 파라오

하나님이 참된 창조주라는 사실을 똑똑히 목도했음에도 그것에 등을 돌린 파라오는 다음 날 아침 거울 속의 자신을 어떻게 바라보았을까? 우박 재앙 이후 그는 자신의 완고함 뒤에 숨어버렸다.

어떤 의미에서 그것이 그의 마지막 보루였다. 즉 전능의 하나님에게 저항할 수 있는 마지막 도구였다. 창조주의 존재에 대한 증거가 반박 불능일 정도로 강력하다 할지라도, 그것은 강한 의지의 힘으로 무시할 수 있다. 분명 비합리적이긴 하지만 비합리성이 극복할 수 없는 문제는 아니었지 않은가. 파라오는 '사실이 무엇이든 더 이상 중요하지 않아,' '사실들은 방해가 될 뿐'이라고 스스로 선언할 수 있었을 것이다. 이런 능력을 의심하는 분이 있다면 패배가 확실함에도 여론 조사를 믿지 않는다고 선언하는 정치인들을 보라. 그들에게 현실은 관리해야 할 또 하나의 적에 불과하다. 현실과 싸우는 가장 좋은 무기는 황소고집이다.

파라오는 마음속에서 완고함을 최고의 덕으로 올린다. 여러분과 내가 보기에는 현실에 눈 감는 행위인데 파라오는 그것을 절대 물러서지 않는 용기로 받아들인다. 어떤 공격이 오더라도, 심지어 현실과 맞설 때도, 완고함은 그의 마지막 피난처가 될 것이다. 스스로 굳게 한 마음이 파라오의 요새가 될 것이다.

요새가 감옥이 되다

하지만 완고함은 변덕쟁이 친구와 같다. 쉽게 여러분을 배반한다. 파라오도 이를 곧 알게 될 것이다. 마지막 세 재앙에서 전능의 하나님은 파라오의 요새를 감옥으로 바꾸어 버릴 것이다.

지난 장 마지막에 인용된 성서 구절, 우리가 플랜 C로 부르는 출애굽 계획의 시작을 알린 구절에서 하나님은 그것에 대해 말한다. 다음 구절을 주의 깊게 분석해 보자.

> "야훼가 모세에게 말한다. 파라오에게 가라. 나는 그의 마음을 굳어지게 했다"(출 10:1).

> **ויאמר יהוה אל משה בא אל פרעה כי אני הכבדתי את לבו**
>
> 바요메르 '아도나이' 엘 모셰 보 엘 파르오 키 아니 히크바드티 에트 리보

이 구절은 파라오의 마음이 굳어진 책임을 하나님께 돌린다. 혼란스러운 점은 바로 직전 구절과 정면으로 모순된다는 사실이다. 기억하다시피, 앞의 성서 본문은 우박 재앙 이후 파라오의 마음을 '완고하게 하고', '강하게 한 것'이 하나님이 아니라 파라오 자신이라고 분명히 밝힌다. 왜 하나님은 지금 그

책임을 떠안으려는 것일까? 파라오가 스스로 완고해진 것 아닌가? 전자와 후자 중 어느 구절이 정확한가?

답하자면 두 구절 모두 정확한 것 같다. 이 두 절은 합성 사진의 두 부분이다. 파라오는 완고한 태도를 취하기로 결정했고, 하나님은 파라오의 그런 결정을 존중했다. 즉 하나님은 파라오의 고집을 한층 강화시킴으로써 그의 결정은 존중해 준 것이다. 그리고 이로써 정의가 정확히 구현된다. 파라오는 그의 완고함을 피난처로 삼았다. 자신의 마지막 보루로 생각했다. 하지만 그는 틀렸다. 현실 부정은 결코 강점일 수 없다. 그것은 언제나 약점이고 하나님은 약점을 이용했다. 즉 파라오의 황소고집을 조심스레 강화시켜 파라오 자신의 파멸을 부르는 힘이 되게 했다. 이를 좀더 설명해 보자.

자연인가 아니면 초자연인가?

하나님이 파라오의 마음을 완고하게 했다는 본문을 읽을 때(출 10:1), 여러분과 나는 초자연적인 사건을 연상하게 된다. 즉 하나님이 모종의 초자연적 능력으로 파라오의 심리를 공격한다고 상상한다. 다시 말해, 하나님이 파라오의 마음에 들어가 그것을 바꾸는 것이다. 하지만 그것은 사실이 아닐 수 있다. 하나님은 자연적 과정을 이용하셨는지도 모른다. 즉 파라오의 완고함을 공격 무기로 활용하시는 것이다. 그 이집트 왕은 자신이 만든 감옥에 점점 깊이 들어가는 상황이다. 어떻게 이런 일이 가능했을까?

> "모세와 아론이 파라오에게 와서 그에게 말했다. YHWH (야훼) 히브리인들의 하나님이 이같이 말씀하신다. '어느 때까지 내 앞에서 굴복하기를 거부하겠느냐? 내 백성을 내보내어 나를 섬기게 하라!'"(출 10:3).

> ויבא משה ואהרן אל פרעה ויאמרו אליו כה אמר יהוה אלהי העברים עד מתי מאנת לענת מפני שלח עמי ויעבדני
>
> 바야보 모셰 브아하론 엘 파르오 바요므루 엘라브 코 아마르 '아도나이' 엘로헤 하이브림 아드 마타이 메안타 레아노트 미파나이 샬라흐 암미 브야아브두니

이 말들은 참으로 놀랍다. 모세와 아론은 한 번도 파라오에게 이렇게 대담히 말한 적이 없다. "어느 때까지 내 앞에서 굴복하기를 거부하겠느냐?" 과연 누가 이집트의 왕에게 이런 식으로 말할 수 있었겠는가? 이 말이 얼마나 도발적인지 옮기기도 힘들다. 나는 히브리 단어 '레아노트'를 여기서 '굴복하다'로 번역했지만 그 원어의 의미는 '노예가 되다'이다. 여기 사용된 동사 아인-눈-헤(ענה)는 피엘 형태*에서 '노예로 만들다',

'억압하다'의 의미를 가지는 고전 히브리 용어이다. 그것은 히브리 노예들의 속박 상태를 묘사하려고 토라가 사용한 바로 그 용어이다.[12] 지금 그 단어를 파라오에 사용하는 것은 씁쓸한 아이러니다. 성서 본문은 다음과 같은 뉘앙스를 가진다. '파라오야, 너는 내 백성을 잔인하게 굴복시켰다. 그들에게서 자존심도 앗아갔다. 따라서 지금 너는 내 앞에 스스로 굴복함으로써, 스스로 자존심을 버림으로써 그 일을 갚아야 할 것이다.'

고대 세계에서 가장 강력한 왕에게 그런 식으로 말하는 것은 가장 극단적인 형태의 후츠파(chutzpah)**이다. 이렇게 도발하는 모세의 꿍꿍이가 무엇일까? 그것은 역효과를 내는 행위로 보인다. 그런데도 무엇 때문에 이집트 왕을 도발하려 하는가? 그런 어투로 도발하면 파라오가 굴복할 것이라 생각하는가?

하지만 그것이 바로 모세가 의도한 바이다.

하나님이 '파라오의 마음을 굳어지게'(출 10:1) 할 것이라 선언했는데, 그 일을 이루는 방식이 바로 이것이다. 플랜 C에서 하나님은 비밀 무기가 있다. 그것은 환상적인 혹은 초자연적

* "피엘"(Piel)은 히브리 동사의 어간 중 하나로 능동의 의미와 강조의 의미를 가진다.

** 대담함을 의미하는 히브리어. 종종 후안무치나 뻔뻔스러움의 뉘앙스도 가지지만 대체로 긍정적 덕목으로 이해된다.

인 무기가 아니다. 그 비밀 무기는 파라오 자신의 교만(pride)이다. 그것이 그의 완고함의 근본 이유이다.

완전한 정의 구현

도대체 왜, 파라오는 일곱째 재앙 다음에 노예들을 풀어주길 거부했을까? 그럴 만한 이유가 충분했는데 말이다. 파라오는 자신이 피조물이고 하나님이 창조주임을 어렵게 깨닫게 되었다. 또한 그와 그의 백성이 악했다고도 고백했다. 그런데 왜, 그런 놀라운 고백 후에 그는 그렇게 깨달은 진리에서 도망쳤을까? 왜 이미 깨달은 진리를 받아들이지 않는 고집에 빠졌을까? 대답은 한 단어로 요약될 수 있다. 교만이다.

파라오는 이집트에서 절대 권력이었다. 파라오 같은 사람—자칭 만신전의 신들 중 신—이 자신은 아무것도 아니고 창조주를 섬겨야 할 피조물에 불과하다고 인정하는 것, 그것은 '왕위를 내려놓는 것과 똑같다'. 파라오의 고백을 유지하지 못하게 방해한 것은 교만, 즉 대책 없이 부풀어 오른 그의 자의식이다.

이 시점 이후, 이 교만은 하나님의 주요 공격 대상이다. 하나님은 파라오의 거만에 맞추어 일할 것이고 그를 계속 곤경에 몰아넣을 것이다. 일곱째 재앙 이후, 파라오는 항복할 기회를 잃을 것이다. 스스로의 교만이 그것을 허락하지 않기 때문이다. 완고함은 더 큰 완고함을 낳을 것이다. 임박한 멸망이 눈앞에 보임에도 교만은 파라오를 계속 싸우게 만들 것이다. 그의 자아가 그의 멸망이 될 것이다.

메뚜기들: 경제적 패망의 조달자

이제 진도를 더 나가 보자. 방금 모세와 아론은 파라오에게 매우 대담한 요구를 했다. '속 쓰리겠지만 그냥 인정하고 하나님 앞에 납작 굴복하는 것이 어때요? 왜 모두의 시간을 낭비하고 있나요?' 성서 본문의 나머지 부분을 보자. 바로 다음 절이다.

> "네가 내 백성을 내보내기 거부한다면, 이제 나는 내일 메뚜기들을 네 영토에 보낼 것이다. 그것들은 땅을 완전히 뒤덮을 것이다. 너는 땅을 볼 수 없을 것이다. 그것들이 우박 재앙 때 살아남은 것들, 생존한 것은 무엇이든지 먹을 것이다. 그것들이 모든 나무[의 열매들]와 들에서 자라나는 것들을 먹을 것이다"(출 10:4-5).

כי אם מאן אתה לשלח את עמי הנני מביא מחר ארבה בגבלך: וכסה את עין הארץ ולא יוכל לראת את הארץ ואכל את יתר הפלטה הנשארת לכם מן הברד ואכל את כל העץ הצמח לכם מן השדה:

> 키 임 마엔 아타 르샬레아흐 에트 암미 히느니 메비 마하르 아르베
>
> 비그불레카: 브키사 에트 엔 하아레쯔 브로 유칼 리르오트 에트
>
> 하아레쯔 브아칼 에트 예테르 하플레타 한슈에레트 라켐 민 하바라드
>
> 브아칼 에트 콜 하에쯔 하쪼메아흐 라켐 민 하사데

남아 있는 농산물을 메뚜기들이 찌꺼기까지, 모든 수확의 마지막 남은 것까지 먹어 치운다. 우박이 곡물의 상당 부분을 파괴했지만 메뚜기는 남은 부분마저 먹어 치울 것이다. 이집트는 고대 사회의 빵바구니(breadbasket)로 불릴 정도로 풍요로운 농업 사회였다. 요셉 때에 이집트가 곡물을 나누어 주어 주변 나라들을 살렸던 것을 기억하라. 그런데 이번 재앙에 땅이 보이지 않을 정도로 많은 메뚜기 때가 찾아온다. 처음으로 이집트에서 굶어 죽는 일이 벌어질지 모른다. 메뚜기 떼들은 경제적 핵폭탄이 될 것이다.

본문에 따르면 모세와 아론은 그 메시지를 전한 후 곧바로 돌아가버렸다(출 10:6). 그리고 무슨 일이 벌어졌는가? 예상하듯이 메뚜기 떼의 협박에 파라오는 눈 하나 깜박하지 않았다. 모세가 그의 최후통첩을 파라오가 거부하도록 자신의 말 속에 덫을 설치해 놓았기 때문이다(출 10:3). 그리고 파라오는 그 덫에 바로 걸려들었던 것이다. 만약 모세가 파라오와 그의 신하들에게 메뚜기 떼에 대해 먼저 말한 후 파라오에게 반응할 기

회를 주었더라면, 자극적 도발은 뒤에 남겨 두었다면 파라오는 합리적으로 그 사태를 고민할 기회를 가졌을지 모른다. 나아가 항복했을지도 모른다. 그러나 메뚜기 떼에 대해 들었을 때 파라오는 이미 피가 끓고 있었다. 왜냐하면 그의 천한 노예들의 대표들에게서 자존심을 크게 건드리는 말—'어느 때까지 내 앞에서 굴복하기를 거부하겠느냐? 내 백성을 내보내어 나를 섬기게 하라!'—을 들었기 때문이다. 그 말을 들은 이상 그는 고집을 꺾지 않을 것이다.

신하들의 조언

토라에 따르면, 바로 이때 파라오의 신하들이 행동에 나선다. 출애굽 이야기에서 처음으로 우리는 그들이 목소리를 내어 의견을 표명하는 것을 본다.

> "파라오의 종들이 그에게 말했다. '어느 때까지 이 사람이 우리에게 덫(혹은 올가미)이 되어야 합니까? 그 사람들이 가서 그들의 하나님 YHWH(야훼)를 섬기게 하십시오. 이집트가 망하는 것을 깨닫지 못하십니까?'"(출 10:7).

ויאמרו עבדי פרעה אליו עד מתי יהיה זה לנו למוקש שלח את האנשים ויעבדו
את יהוה אלהיהם הטרם תדע כי אבדה מצרים

바요메루 아브데 파르오 엘라브 아드 마타이 이흐예 제 라누 르모케쉬 샬라흐 에트 하아나쉼 브야아브두 에트 '아도나이' 엘로헤헴 하테렘 테다 키 아브다 미쯔라임

파라오의 신하들은 진실을 보는 능력이 있었다. 그들은 이집트가 매우 위태하며 메뚜기 떼의 공격은 위력적이고 심지어 백성들을 나락으로 몰아갈 수도 있음을 안다. 그들은 또 이것도 이해하고 있다. 즉 모세를 '덫' 혹은 '올가미'로 묘사하는 것으로 보아 그들은 모세가 복병을 숨겼음을 알아챈 듯하다.[13] 물론 그들은 옳았다. '덫이 맞다.' 하지만 그들의 왕이 미끼를 물지 않도록 어떻게 설득할 수 있을까?

신하들은 파라오의 정책에 직접적 변화를 줄 수는 없다. 신하들의 말을 듣는 것은 그 이집트 왕에게 너무나 수치스러운 일임이 분명하다. 그럼에도 신하들이 그 주인에 반대하는 목소리를 내려 했다는 사실만으로도 큰 변화가 일어난 것이다. 파라오가 지금까지 누렸던 절대적 정치권력이 서서히 손가락에서 빠져나가고 있다. 그의 신하들이 이제 파라오와 대립한다.

궁중 내의 이런 새로운 긴장이 다음의 사건을 설명해 준다.

"모세와 아론이 파라오에게 다시 소환되었다. 그리고 [그 왕]이

그들에게 말했다. 가서 너희 하나님 YHWH(야훼)를 섬기라. 그런데 정확히 누가 가려느냐?"(출 10:8)

ויושב את משה ואת אהרן אל פרעה ויאמר אלהם לכו עבדו את יהוה אלהיכם כי וכי ההלכים

바유샤브 에트 모셰 브에트 아하론 엘 파르오 바요메르 알레헴 르쿠 이브두 에트 '아도나이' 엘로헤켐 미 바미 하홀레킴

히브리어 '바유샤브'(ויושב)는 '다시 데려오다'로 번역되는 히브리 동사의 특이한 수동 형태이다. 그 단어는 모세와 아론이 궁중 안으로 '다시 소환되었'음을 암시하지만 누가 그들을 소환했는지—소환의 주체—는 밝히지 않는다. 모세와 아론을 다시 궁중 안으로 소환한 그 익명의 사람들은 '누구일까?' 그 단어는 그들의 정체를 숨기기 위해 선택된 듯하며 성서 저자도 그들의 뜻을 따라 우리에게 밝히지 않고 있는 듯하다.

소환의 주체는 신하들일 가능성이 있다. 파라오가 그들의 조언을 거절했지만 일부 익명의 신하들이 조용히 모세와 아론을 찾아나선 듯하다. 그리고 그들을 따라잡아 급히 파라오에게 데려온 것으로 보인다. 그 신하들은 절박하게 협상에 임한다. 비록 명시된 것은 아니지만 그들에게도 어느 정도의 힘이 있다. 파라오가 신하들의 조언을 거절했을지 모르지만, 그들을

완전히 일에서 배제할 수는 없다. 그들도 파라오가 어떤 식으로든 상대해야 하는 힘이다. 그리고 모세와 아론이 다시 한 번 그 앞에 있고 그의 불만 가득한 신하들이 그림자 속에 대기하고 있을 때, 파라오는 마침내 양보할 준비가 된 것이다. 비록 마지못해 하는 것이지만 양보는 양보다. '너희들은 가서 네 하나님을 섬겨도 좋다. 하지만 너희 중 정확히 누가 가길 원하느냐?'

무화과 나뭇잎

파라오의 질문은 교착 상태로부터 빠져나갈 길을 암묵적으로 제안하고 있다. 이때 모세는 파라오가 듣기 원하는 말을 해주면 된다. 그러면 모든 것이 끝날 것이다. 파라오는 이 노예 위기를 해결함에 있어 체면을 세우려 한다. 일종의 무화과 잎으로 된 옷을 구하는 것이다. 모세는 그 자리에서 그것을 줄 수 있었다.

만약 여러분이 모세라면 무엇이라 말하겠는가? 여러분이 제대로 답한다면, 210년의* 노예 생활이 즉각 끝날 수 있다. 당

* 이스라엘인들이 이집트에서 노예 생활한 기간은 보통 400년 남짓으로 이해되지만 유대인들은 210년으로 계산하는 전통이 있다. 그들에 따르면 '이방에서 객이 되어…… 사백 년 동안'이라는 기간(창 15:13)은 이삭의 출생부터 시작한다. 이삭이 60세에 야곱을 낳았고, 야곱이 130세에 이집트로 내려갔기 때문에, 실제 이스라엘인들이 이집트에 산 것은 210년 남짓이라는 계산이다.

신이 말해야 하는 바는 이게 다이다. '파라오여, 정확히 누가 갈지는…… 아직 잘 모르겠습니다. 하지만 가축 정도는 약간 남겨 놓을 수 있습니다. 그 정도면 괜찮으시겠습니까?' 만약 모세가 그렇게 대답한다면 파라오와 협상안이 생긴다. 파라오는 체면을 세우고 모세와 그 백성은 떠나면 된다. 모든 사람들이 만족하며 집에 갈 수 있다.

그런데 실제로 어떻게 진행되었는가? 다음은 모세의 실제 대답이다.

"모세가 말했다. '우리는 어린이들, 노인들과 함께 가겠습니다. 우리의 아들들과 딸들과, 가축들과 소 떼들도 함께 가겠습니다. 왜냐하면 그것은 우리를 위한 야훼의 축일이기 때문입니다!'" (출 10:9).

ויאמר משה בנערינו ובזקנינו נלך בבנינו ובבנותנו בצאננו ובבקרנו נלך כי חג יהוה לנו

바요메르 모셰 빈느아레누 우비즈케네누 넬레크 브바네누 우비브노테누 브쪼네누 우비브카레누 넬레크 키 하그 '아도나이' 라누

상대방의 의도를 전혀 모르는 듯한 대답이다. '파라오여, 우리는 몽땅 데려갑니다. 심지어 애완용 양, 도마뱀도 데려갈

겁니다. 어떻게 하나라도 남겨 둘 수 있나요? 하나라도 빠지는 사람(이나 가축)이 있다면 그것이 어찌 축제일까요?'

모세의 말에는 파라오의 하체를 가릴 무화과 잎은 없었다.

물론 모세가 상대방의 의도를 그렇게 눈치 못 챌 사람은 아니다. 그것은 일관된 전략의 일부다. 파라오는 올리브 가지 하나도 얻지 못할 것이다. 하나님이 파라오의 체면을 세워주며 그를 놓아 줄 일은 없다. 파라오는 자신이 원하면 하나님께 항복하면 된다. 하지만 항복한다고 그가 자존심을 챙길 수는 없을 것이다.

파라오는 모세의 요구를 거절하고 모세를 궁에서 내쫓는다(출 10:11). 그 후 메뚜기 재앙이 찾아온다.

어떤 가축도 남지 않음

다음 재앙—흑암—이 찾아오자 파라오는 다시 모세와 협상하려 한다. 그는 모세를 궁으로 소환해 새로운 제안을 한다.

> "가서 YHWH(야훼)를 섬겨라. 네 가축과 소를 남기면 네 자녀들은 너희들과 함께 가도 좋다"(출 10:24).

לכו עבדו את יהוה רק צאנכם ובקרכם יוצג גם טפכם ילך עמכם

르쿠 이브두 에트 '아도나이' 라크 쫀켐 우브카르켐 유짜그 감 타프켐 파라오는 새로운 안(案)을 제시한다. '모두 가도 좋다. 가축만 약간 남겨라.' 이런 말을 하는 파라오에게서 절박함이 묻어난다. 지난번에는 체면을 유지하면서 양보할 방안을 찾고 있음을 암묵적으로 알렸지만 지금, 그의 요구는 매우 노골적이다. '내게 뭐라도 줘야 할 것 아닌가? 가축은 남겨라. 그러면 우리는 매듭을 지을 것이다.'

파라오가 제안한 새 양보 안은 자신을 위한 무화과 나뭇잎 치마—그것도 아주 짧은 치마—이다. 이에 대한 모세의 반응은 무엇인가? 모세는 파라오의 협상안을 거부했을 뿐 아니라 요구 강도를 더욱 높인다. 다음 본문에 주목하라.

> "당신[파라오]도 역시 우리에게 제사를 위한 제물을 주어야 하오. 우리가 우리 하나님 YHWH(야훼)에게 그것들을 바칠 것이오. 그리고 우리의 소들은 우리와 함께 갈 것이오. 한 마리도 남기지 않겠소. 우리 하나님 YHWH(야훼)에게 드릴 제물을 그 소들 가운데 취할 것이기 때문이오. 현장에 도착할 때까지 우리가 무슨 제물을 드리게 될지 알지 못하오"(출 10:25-26).

ויאמר משה גם אתה תתן בידנו זבחים ועלות ועשינו ליהוה אלהינו: וגם מקננו

ילך עמנו לא תשאר פרסה כי ממנו נקח לעבד את יהוה אלהינו ואנחנו לא נדע

מה נעבד את יהוה עד באנו שמה

바요메르 모셰 감 아타 티텐 브야데누 즈바힘 브올로트 브아시누

'라도나이' 엘로헤누: 브감 미크네누 옐레크 임마누 로 티샤에르

파르사 키 밈멘누 니카흐 라아보드 에트 '아도나이' 엘로헤누

바아나흐누 로 네다 마 나아보드 에트 '아도나이' 아드 보에누 샴마

모세는 의도적으로 도발적 언어를 쓰고 있다. '그런데, 파라오여, 소 문제를 제기해 주셔서 오히려 감사합니다. 우리는 소를 모두 몰고 갈 것입니다. 그리고 소 하니까 떠오르는 생각인데요, 당신도 우리에게 소를 제공해야 합니다. 우리 것만으로는 부족할 수도 있으니까요.' 모세는 파라오의 의도를 모르는 척한다. 의도적이다. 만약 파라오가 이 시점에서 파멸을 피하고 싶다면 자존심을 버려야 할 것이다. 하지만 그는 절대 그렇게 하지 않을 것이다. 자신의 완고한 마음을 요새로 만든 파라오는 절대 그 요새를 버리지 않을 것이다. 확실히 망할지라도 말이다.

파라오의 고집에 하나님이 개입한 방식을 대체로 다음과 같이 요약할 수 있다. 결국 하나님이 파라오의 마음을 굳어지게 한 것 같다. 하지만 그 과정에 어떤 초자연적 역사는 없다. 파라오는 멸망하는 마지막까지 자유 의지를 잃지 않았다. (즉

그는 돌이킬 수 있었다. 하지만) 그의 자존심이 그것을 허락하지 않았을 뿐이다.

벼랑 끝의 파라오와 모세

다시 궁에 있는 모세와 파라오에게 돌아가자. 모세는 떠나는 이스라엘인들의 원활한 제물 수급을 위해 이집트에서 가축을 제공하라고 요구했다. 난처한 입장의 파라오를 조롱하는 것 같다. 이집트 왕에게는 이 상황이 전혀 재미 없다. 화가 난 파라오는 협상 종료를 선언하고 모세에게 궁을 영원히 나가라고 명령한다. "조심하라. 내 얼굴을 다시는 보지 마라. 내 얼굴을 다시 보는 날에 너는 반드시 죽을 것이다"(출 10:28).
모세는 왕의 명령을 듣고 그를 향해 말한다.

> "당신, 말 잘했소. 내가 당신의 얼굴을 볼 일은 다시 없을 것이오"(출 10:29).

> כן דברתה לא אסף עוד ראות פניך
>
> 켄 디바르타 로 오시프 오드 르오트 파네카

모세가 걸어 나가려는 찰나 하나님이 모세에게 나타나 파라오에게 마지막으로 한 마디 더 전하게 한다. 모세는 그 전제

군주를 향해 돌아서서 하나님이 그에게 한 말을 설명한다. 마지막 재앙이 더 있을 것이다. 그날 자정에 찾아올 것이다. 이집트 땅에서 모든 처음 난 것이 죽을 것이다.

이상하게도 이번 재앙은 지금까지의 재앙과 다르다.

이전 재앙에서 이스라엘 자손들은 자동적으로 보호받았다. 예를 들어, 이집트 가축이 재앙을 당했을 때, 이스라엘인들이 소유한 동물은 영향이 없었다(출 9:4). 흑암 재앙도 이집트인들만을 공격했고 이스라엘인들은 영향이 없었다(출 10:23). 이스라엘 백성들은 유엔 번호판을 단 차량이 신호를 위반해도 딱지를 받지 않듯 재앙에 대해 외교적 면책 특권을 받았다. 하지만 열 번째 재앙이 펼쳐지자 이스라엘 자손들이 누려온 그 면책 특권이 갑자기 사라진다. 이스라엘인들이 무엇인가를 하지 않으면 그들의 처음 난 것도 함께 멸망할 것이다. 이스라엘인들은 코르반 페사흐, '유월절 제물'로 불리는 특별 제물을 드려야 한다. 그리고 이 제물의 피를 집의 문지방에 발라야 한다. 왜 이런 조치들이 필요했을까?

유월절 제물

마지막 재앙의 밤에 이스라엘의 장자들도 위험에 처하는 이유는 이 책의 서두에 제기한 몇 가지 주제와 연결된다. 재앙 이야기가 전개되면서 플랜 A, B, C의 진행을 확인했다. 이제 이 주제들을 다시 살펴보자. 서두에서 우리는 출애굽 이야기에 브코르('장자') 모티브가 매우 두드러짐을 확인했다. 그 주제는 토라가 출애굽을 기념하는 방식에서, 자유의 축일에 붙인 이름(유월절)에서, 그리고 선민 개념을 생각하는 방식에서도 나타난다.

왜 열 번째 재앙은 이스라엘도 위협하는 것일까?

18» 장자의 운명

출애굽 이야기의 시작점에서 하나님은 이스라엘 백성들을 다소 이상한 명칭으로 부른다. '브코르', 즉 장자로 부른다. 첫째 재앙이 시작되기도 전에 하나님은 파라오에게 그의 브코르(장자)를 풀어주라, 그렇게 하지 않으면 보복으로 파라오의 장자를 칠 것이라고 고지한다. 일찍이 이 책의 서두에서 우리는 그런 고지 배후에 있는 비교 논리에 몇 가지 의문을 제기했다. 어떤 의미에서 이스라엘은 하나님의 장자(브코르)로 간주되는가? 왜, 어떻게, 언제 이스라엘 백성들은 그런 명칭을 얻었는가?

여기서 가설을 제시해 보겠다. 재앙이 시작되기도 전에 하나님이 언급한 이스라엘의 브코르(장자) 됨은 이전에 존재했던 지위가 아니라 이스라엘의 운명에 대한 새 희망을 표현한다. 즉 장자 지위는 이스라엘이 앞으로 획득해야 하는 어떤 것이다. 그때가 언제인가? 출애굽 사건의 절정이 그때이다. 즉 이 순간은 하나님이 "이스라엘은 내 장자다…… 네(파라오)가 그를 자유롭게 하지 않으면 나는 네 장자를 칠 것이다"라고 말했을 때 하나님이 염두에 둔 순간이다. 하나님이 이스라엘을 자신의 '장자'로서 처음 '소유하게' 된 때는 모든 장자가 죽을 위험에 처했던 열 번째 재앙 때이다. 열 번째 재앙을 통과한 이스라엘이 비로소 하나님의 장자가 된 것이다.

하나님이 그때 파라오에게 말씀하신 것을 바꿔 말하면 이렇다. 하나님이 그의 장자를 제외한 이집트에 있는 모든 장자를 죽일 때가 올 것이다. 여러분이 그날 밤 하나님의 브코르—하늘에 계신 아버지의 장자—가 되기로 결심한다면 재앙에서 살아남을 것이다. 하지만 여러분이 땅의 부모만을 가진 브코르라면 멸망할 것이다.

만약 이스라엘이 자유를 얻은 그 밤에 장자 지위를 얻었다면 그것은 코르반 페사흐, 즉 유월절 제사를 통해서다. 그 제사에는 어떤 변화의 힘이 있었다. 물론 하나님은 꼭 문지방에 피가 있어야만 이집트 가정과 이스라엘 가정을 구분하시는 분이 아니다. 하나님에게는 최고의 위치 추적 장치(GPS)가 있다. 문지방의 피는 이집트 가정과 이스라엘 가정을 구분하는 용도가 아니다. 코르반 페사흐(유월절 제사)는 실제로 어떤 '작용'을 했다. 그것은 사람들을 한 무리의 노예에서 하나님께 특별히 헌신하는 독립된 민족으로 변화시켰다. 그리고 하나님에 대한 특별한 헌신을 가장 잘 묘사하는 말이 브코르(장자)라는 말이다.

이 명칭을 어떻게 이해해야 할까? 전능하신 하나님의 장자가 된다는 것이 무슨 의미인가? 어떻게 유월절 제사는 이런 변화의 핵심 요소가 되었을까?

전환점

이 질문을 해결할 관점을 얻기 위해 카메라 줌을 밀어서 출애굽 이야기의 큰 그림을 보자.

출애굽과 연결된 기적적 사건들을 되돌아보면 의도된 두 가지 목적이 보인다. 첫째는 이스라엘 해방이고 둘째는 창조주의 존재 증명이다. 자신에게 물어보자. '우리 민족이 그때 엄청난 사건들을 통해 출범했다면 내 자유나 민족의 자유를 그 기적적 사건들과 따로 떼어 설명할 수 있을까? 그 둘을 가르는 것이 옳은 일일까?'

하나님이 여러분을 속박에서 끌어내어 자유를 주시어 자신을 창조주로 계시하셨다면 여러분은 선물로 받은 자유로 창조주께 헌신하는 삶을 살려 하지 않겠는가? 하지만 여러분이 어떻게 창조주에게 헌신할 수 있을까? 그는 부족함이 없는 창조주다! 그럼에도 당신이 그분을 위해 할 수 있는 일이 있다면 무엇일까? 코르반 페사흐(유월절 제사)는 이런 질문에 응답하려는 이스라엘의 첫 노력이다. 유월절 제사는 이스라엘이 창조주를 위해 매우 사적인 일, 하나님의 '가족'과 관련한 특별 역할, 그 가족을 하나로 묶는 일을 기꺼이 수행하겠다는 의지를 표현한 것이다. 즉 유월절 제사는 이스라엘이 하나님의 '장자'(브코르)가 되려는 의지를 표현한 것이다.

유일신교의 가족 역학

인류가 신의 가족이라는 사실을 우리는 잘 의식하지 못한다. 하지만 하나님이 창조주이고 우리가 그의 자녀라면 '가족'

보다 그 관계를 잘 요약하는 말이 있을까? 그런데 자녀들이 가족의 일부라는 점을 모른다면 가족이 그들에게 무슨 소용 있겠는가? 앞서 부모를 한갓 힘으로만 생각하고 대하는 자녀들의 비극을 이야기했다. 그 아이에게 집안 어른들은 간식 상자 접근을 가로막는 존재—아이의 복지에 그다지 신경 쓰지 않는—일 뿐이다. 이 상황이 비극적인 이유는 아이가 부모와의 관계를 모르고, 자신이 가족의 일원인 것도 모르기 때문이다. 이 아이는 부모뿐 아니라 형제자매에게서도 소외된다.

유일신교의 대담함은 우리 인간들에게 하늘 아버지가 있다는 가르침에 있다. 따라서 인류는 모두 형제요 자매다. 우리는 거대한 '신적 가족'의 구성원들이다. 우리 인간들이 운명의 장난으로 지금 여기 존재하는 것이 아니라 창조주의 사랑 때문에 지금 여기에 존재한다는 점에서 인류가 형제자매(brotherhood of mankind)라는 개념은 참으로 옳다. 출애굽 사건은 인류에게 초월적 부모가 있음을 분명히 보여주었다. 동시에 출애굽 사건은 민족들로 구성된 신적 가족의 한 구성원—갓 태어난 한 민족—이 중요한 첫 걸음마를 떼고 스스로를 신적 가족의 일원으로 선포한 사건이다. 이스라엘은 만물의 창조자인 유일하신 하나님의 가족이라는 생각에 완전히 헌신된 채 세계무대에 출현하였다. 그런 사상으로 출범한 최초의 민족이었다.

출애굽이 원점이 되어 유일신교 사상이 세상에 퍼질 것이라는 희망이 있다.[14] 그리고 때가 되면 그렇게 될 것이다. 출애굽 후 수백 년 혹은 수천 년이 흐르면서 다른 '자녀들'—다른 백성과 민족—이 스스로를 하나님 가족의 일부로 여길 것이다. 유일신교 사상이 퍼지고 다른 이들이 수용할 것이다. 그들도 때가 되면 다신교의 거짓말을 버리고 그들이 하늘 아버지의 자녀임을 알 것이다. 이렇게 시간이 흐르고 가족은 확장된다. 하지만 가족이 커져감에 따라 무엇인가가 절실히 필요하다. 그것은 전지전능한 하늘 아버지도 대신할 수 없다.

신적 가족에 꼭 필요한 것은 바로 브코르(장자)의 역할이다.

세대 차이

자신의 가치관을 자녀들에게 전수하려는 부모들은 세대 차이라는 문제에 봉착한다. 엄밀히 말해 세대 차이 없는 가족은 없다. 아이들은 그 본성상 부모를 본받으려 한다. 그들은 엄마아빠처럼 되고 싶어 한다. 어떻게 가능할까? 부모는 자녀와 다른 세계에 산다. 부모들은 이사회에 참석하고, 가족의 예산을 정하며, 가족 구성원들을 병원에도 데려간다. 일곱 살 아이가 어떻게 이런 것을 따라할 수 있을까?

여기에 브코르(장자)의 역할이 중요해진다. 브코르—생물학적 장자 혹은 장자 역할을 수행하는 자녀[15]—는 세대들 사이의 다리가 될 수 있다.[16] 먼저 브코르는 부모의 가치관을 자녀들의 세계에서 살아낼 수 있다. 이 일에 성공적인 '자녀 리더'(Child-Leader)는 부모의 고귀한 사상을 체득하여 그것에 생명을 불어넣는다. 부모의 이상을 자녀들 세계에서 통용되는 방식으로 살아낸다. 이런 장자의 행위는 다른 자녀들에게 실천 가능하며 구체적인 모범이 된다.

예를 들어보자.

우리 엄마는 큰 병원의 최고재무관리자(CFO)이다. 엄마는 경영진과 노동조합 사이에 공정하고 원만한 근로 합의를 위해 지혜롭게 협상한다. 그 합의는 가장 연약한 노동자들—조합원이 아닌 청소 노동자들—을 관리자의 착취에서 특별히 보호한다.

엄마는 자신의 일에 관해 저녁 식사 자리에서 가족과 이야기를 나눈다. 자세한 내용은 초등학생 자녀들이 이해하기 힘들다. 하지만 어느 날 엄마가 일 때문에 늦게 올 때 내가 형제들 사이에 공정하고 원만한 설거지 당번제를 고안한다. 나는 특히 가장 어린 철수를 보호하는 내용을 첨가한다. 철수는 종종 다른 형제의 성화에 못 이겨 남의 일까지 하곤 했기 때문이다.

아이들이 엄마가 직장에서 어떤 일을 하는지 알고 싶고, 엄마를 본받고 싶어 한다면 방금 엄마의 가치관이 자신들의 세계에서 어떻게 실현되는지 직접 본 것이다. 큰아이가 다리 역할을 했다.

다른 차원의 세대 차이

세대 차이가 인간 가족의 걱정거리라면 신의 가족—하늘의 큰 부모인 하나님과 인간 자녀들의 관계—에는 얼마나 더 큰 도전이 될지 상상해 보라.

사람들은 낳아주신 부모를 닮고 싶어 한다. 그에 못지않게 그들은 하늘 부모인 하나님을 본받고도 싶어 한다. 하나님을 본받고 싶다는 욕구는 좋다. 하지만 어떻게 실현할 수 있을까? 혈육의 부모라면 그들의 가치관을 어떻게 실천할지 감은 잡을 수 있을 것이다. 적어도 여러분과 같은 인간이니까. 하지만 하나님은 궁극적인 초월 존재이다. 그는 문자적으로 이 세상 존재가 아니다. 여러분은 하나님을 만지거나 느끼거나 볼 수도 없다. 그의 광대함은 인간 지성으로 헤아릴 수 없다. 만약 여러분이 하나님이라면 여러분의 가치관을 어떻게 당신의 인간 자녀들에게 전수할 수 있겠는가?

이런 관점에서 하나님이 인류에게 자신의 참존재—창조주와 부모로서의 존재—를 계시할 때 브코르(자녀-리더)를 얻기 위해 애썼다는 사실은 자연스럽다.

"YHWH(야훼)가 이렇게 말한다. 이스라엘은 내 아들, 내 장자이다. 내가 너에게 말하노니, 너는 내 자녀를 내보내어 나를 예배하게 하라"(출 4:22-23).

כה אמר יהוה בני בכרי ישראל: ואמר אליך שלח את בני ויעבדני ותמאן לשלחו הנה אנכי הרג את בנך בכרך

코 아마르 '아도나이' 브니 브코리 이스라엘: 바오마르 엘레카 샬라흐 에트 브니 브야아브데니 바트마엔 르샬르호 힌네 아노키 호레그 에트 빈카 브코레카:

모세는 첫 대면에서 파라오에게 이 말을 전했다. 왜냐하면 출애굽 사건에서 하나님이 정말 얻으려는 것은 브코르(장자)이기 때문이다. 즉 그의 자녀가 해방되어 장자로서 그를 섬기고 하나님의 가치관이 세계무대에서 인간의 행동으로 번역되는 것, 그것이 하나님의 의도였다. 이스라엘은 토라를 받을 것이고 자기 땅으로 인도될 것이다. 그곳에서 이스라엘은 사회를 건설할 텐데 그 사회는 토라의 교훈을 따라 세워진다. 이를 통해 이스라엘은 민족과 열방, 즉 자녀들의 세상에서 하늘 부모의 뜻을 살아내는 것이 무엇인지 보여 주는 산 증인이 될 것이다.

되돌아보면 모세가 첫째 재앙이 시작되기 전 이집트 왕에게 전달한 최후통첩—내 브코르(장자)로 하여금 나를 섬기게 허락하지 않으면, 파라오여, 너도 너의 브코르를 잃게 될 것이다—에 정의 구현의 의지가 하나님께 있음을 알게 된다. 하나님의 장기적 비전은 그의 가치들을 인류에게, 모든 그의 자녀들에게 전달하는 것이었다. 그 비전을 이루기 위해 하나님은 브코르가 필요했다. 만약 파라오가 전능의 하나님에게 브코르를 내주지 않는다면, 하나님도 이집트에게서 브코르를 빼앗아갈 것이다. '파라오여, 자녀-리더(child-leader)의 활약 없이 네가 이집트의 가치를 전수할 수 있겠느냐?'

장자가 출생한 밤

이스라엘이 언제 처음으로 브코르(장자)의 운명을 짊어지기 시작했을까? 그들이 민족으로 출생한 바로 그날 밤이다. 그날 밤 그들은 유일신 사상을 세상에 구체적이고도 분명하게 표명하기 시작했다. 그날 밤, 하나님은 이스라엘에 무엇인가를 요구하신다. '너희들이 내 장자가 되겠느냐? 그렇다면 너희는 해야 할 일이 있다.' 그날 밤 이스라엘 백성들은 대담한 선택을 해야 했다. 그들은 자유와 노예 중 하나를 선택해야 할 상황에 놓인다. 이것은 하늘 아버지에게 드리는 첫 봉헌이 될 것이다. 즉 그것은 실제 삶에서 참된 유일신교도로 사는 것이 무슨 의미인지 증거하는 최초의 시간이다.

이스라엘 백성들은 이집트인들이 섬기던 신(神)인 양 혹은 염소를 취하여 이집트 이웃들이 모두 볼 수 있도록 사흘간 침대에 묶어 두었다가, 그들을 굴복시킨 파라오에 대한 저항의 의미로 그 이집트 신들을 도살하고 그 동물의 피를 문지방에 발라야 한다.[17] 그것은 노예들이 벌이는 끔찍한 반란 행위였다. 문에 피를 바름으로써 그들은 그들의 주인들에게, 파라오에게, 그리고 그들 자신에게 다음과 같이 말하는 셈이다. '이집트는 문 앞에서 멈출지어다! 이 집은 유일하신 하나님이 다스리신다!'

이런 대담한 행위가 그들을 자유롭게 했다. 이스라엘 자녀들은 하늘 아버지에게 충성하기를 선택했고 복종을 요구할 파라오의 권리를 거부했다. 그날 밤 이스라엘 백성들은 유일신 사상을 구체적 행동으로 실천하기 시작했다. 그날 밤 코르반 페사흐(유월절 제사)를 통해 이스라엘은 전능자의 브코르 (장자)가 되었다. 유월절 제사는 신은 하나뿐(oneness)임을 선언하는 것이었다. 그런 점에서 '유일신 제물'(oneness offering)로 불릴 수 있다.[18]

이스라엘인들에게 이것은 긴 여행의 첫 걸음에 불과하다. 그 민족은 그날 밤 이집트를 떠나 약속의 땅으로 가는 여정을 시작할 것이다. 일단 그곳에 가면 그들은 수여받은 율법을 신실하게 지킴으로 하늘 아버지의 비전에 합당한 사회를 건설하려 할 것이다. 그들이 건설한 사회는 다른 '자녀들', 즉 다른 민족들과 백성들이 다각적으로 본받으려는 모델이 될 것이다. 이처럼 이스라엘은 위대한 가족의 부모와 자녀들을 부드럽게 연결시키는 역할을 한다. 그들은 이렇게 그들의 존재 이유를 실현한다.

가족 모두가 중요하다

그렇다면 출애굽 사건들을 축하하는 휴일을 가리키는 가장 좋은 이름은 무엇일까? 우리가 살핀 바처럼 하나님에게 출애굽은 자신을 창조주로 계시하는 사건이다. 하지만 이스라엘에게 출애굽은 하나님이 창조주라는 진리에 자발적으로 '반응하는 사건'이었다. 출애굽을 통해 그들은 브코르(장자)로서 하늘 아버지를 섬기기로 다짐했다. 따라서 이스라엘에게는 출애굽을 축하하는 휴일의 이름으로 '유월절'이 의미가 있다. 이 이름은 이스라엘이 신적 가족의 장자로서 창조주를 섬기겠다고 헌신한 그날 밤을 상기시키기 때문이다. 따라서 이스라엘이 출애굽의 구원을 브호로트(첫 새끼들)와 관련된 의식으로 기념하는 것은 매우 적절하다. 또한 이 의식들에 대한 율법이 '작은 검정 상자'에 들어간 것도 적절하다. 왜냐하면 첫 새끼와 관련한 의식들이 이스라엘의 사명 선언과 깊은 관계가 있기 때문이다.

'유월절'이라는 명칭은 출애굽 사건들을 역사(과거)의 관점이 아니라 운명(미래)의 관점에서 중요한 것으로 만든다. 해방을 생각할 때 당신은 끔찍한 과거 속에서 현재를 본다. 하지만 브코르 됨을 생각할 때 당신은 그 성취를 도울 미래의 꿈과 관련해 현재를 생각한다. '유월절'이라는 명칭은 민족적 존재를 선사한 그 사건들에 대해 이스라엘이 보인 구체적 반응을 상징한다. 그 민족은 지금도, 앞으로도, 더 큰 가족 아니 역사상 가장 큰 가족을 위해 봉사할 것이다. 그들은 하나님과 인류로 구성된 위대한 가족 안에서 부모와 자식 사이의 연대를 강화하기 위해 존재한다. 출애굽기 19장 6절의 표현을 빌리면 그들은 '제사장 나라, 거룩한 민족'의 역할을 위해 존재할 것이다. 즉 브코르의 삶은 곧 제사장적 삶이다.

'제사장' 혹은 브코르의 삶에 주목할 점이 있다. 그것은 그 삶이 본질적으로 이타적이라는 점이다. 여러분의 사명은 위대한 봉사의 삶이다. 사명이 여러분에게 국한되는 순간—'나는 하늘 아버지와 특별한 관계에 있고, 그것이 나를 세상에서 가장 위대한 존재로 만들지!'—여러분은 사명에 실패했다. 하늘에서든 땅에서든 좋은 부모는 모든 자녀들을 사랑한다. 그리고 브코르(장자)는 그런 부모의 뜻(사랑)을 받들어야 한다. 부모와 자녀들이 더 효과적으로 소통할 수 있도록 도와야 한다. 다른 자녀들의 존재를 무시하고 부모와 배타적 관계만 즐기려 드는 브코르는 자신의 존재 이유를 배반한 실패자이다. 이스라엘의 사명은 모든 인류에 대한 하나님의 큰 관심 때문에 비로소 의미 있다. 이스라엘은 그 점을 놓쳐 자신의 사명을 배반하지 않도록 해야 한다.

갈대 바다*

출애굽 이야기는 장자 재앙 후 이스라엘인들이 이집트 땅을 나온 것으로 끝나지 않는다. 출애굽 서사는 위대한 피날레가 있다. 이집트인들이 광야까지 이스라엘을 추격하고 파라오의 군대가 갈대 바다의 파도 속에 잠겨 멸망하는 장면이다.

출애굽에 대한 우리의 이론이 옳다면 지금까지 논의해 온 핵심 주제들이 이 클라이맥스—홍해가 갈라지는 이야기—에서도 울릴 뿐 아니라 더 크게 메아리 칠 것이 기대된다. 출애굽이 이 세상에 창조주가 계시되는 사건이라면 같은 주제가 홍해에서 벌어지는 마지막 위대한 장면에서도 메아리치는 것은 당연하다.

그럼 본격적으로 들어가보자.

* 우리말 성경에서 '홍해'로 번역된 히브리 원문은 '갈대 바다'(얌 수프)로 번역된다. 여기서는 필요에 따라 홍해와 갈대 바다를 혼용해 사용하겠다.

갈대 바다와 창세기 1장

과일나무들의 신비

파멸적인 열 번째 재앙의 여파로 파라오는 이스라엘 자손들을 광야로 내보낸다. 하지만 사흘 후 그는 마음을 바꾼다. 수많은 보병, 육백 문의 전차, 기병, 전문 궁사들을 데리고 이스라엘인들을 추격한다. 갈대 바다를 등진 이스라엘 자손들은 파라오 군이 접근하는 것을 두려움 가운데 바라본다. 멸망이 임박한 듯했으나 그때 출애굽 사건 중 가장 큰 기적이 장관처럼 펼쳐진다. 바다가 갈라진 것이다.

바닷물이 양쪽으로 깎아지른 듯 절벽을 이루자 이스라엘인들은 마른 땅으로 건넌다. 이집트 군대는 그들의 뒤를 맹렬하게 뒤쫓는다. 그때 절벽을 이루던 물이 그들 위로 쏟아지고 추격자들은 완전히 파멸된다. 이로써 이스라엘을 위협하던 이집트는 최종적으로 사라졌다. 완전한 승리다.

이것이 성서 본문이 말하는 이야기의 대강이다. 그 이야기 안에는 매우 훌륭한 이야기적 요소들이 있다. 반전, 기적, 약자가 승리하는 모티브 등이다. 그러나 무슨 이유에서인지 미드라쉬의 성현들은 이 이야기를 있는 그대로 놔두지 않고 주석을 덧붙인다. 언뜻 보면 그 주석은 터무니없는 사족처럼 보인다.

성현들에 따르면, 이스라엘 자손들이 마른 땅이 된 바다를 건널 때 좌우에 물로 된 절벽만 있지 않았다. 그 벽에는 잘 가꾼 나무들이 있었는데 그 마른 길 양쪽에 과일나무가 늘어서 있었다고 한다. 즉 미드라쉬 해석에 따르면 바닷속 마른 길 양쪽에 사람들이 따 먹을 수 있는 사과나무와 석류나무가 있었다(《출애굽기 라바》 21:10).

중요한 질문은 이것이다. 왜 유대 성현들은 홍해 이야기에 그런 사족을 붙였을까? 바닷속 땅에 과일나무라고? 성서 본문에 기록된 기적들만으로 충분치 않아서 또 하나의 기적을 추가할 필요가 있다고 생각했을까? 도대체 바다를 건너는 길에 과일나무가 왜 서 있는가? 간이 상점 같은 것인가? '사과 있어요, 사과! 한 상자에 50센트!' 휴일에 교외 드라이브를 할 때 시골 길에서 만날 만한 그런 것인가? 이런 해석은 터무니없어 보인다.

유대 성현들이 본 이야기 패턴

나는 유대 성현들이 터무니없는 이야기를 한다고는 생각지 않는다. 그들은 성서 본문에서 어떤 희미한 패턴을 보았고 우리도 그것을 볼 수 있도록 여러분과 나에게 손짓한다. 내가 좋아하는 간단한 게임이 있다. 게임의 이름은 '이건 어디서 들어봤을까?'이다. 홍해가 갈라지는 이야기를 간단히 요약하면 여러분과 나는 이전의 어떤 이야기가 떠오를 것이다. 우리가 본문을 읽어가고 연상의 단서들을 모음에 따라 그 두 이야기

사이의 공통점은 더욱 분명해질 것이다.

갈대 바다가 기적적으로 갈라지기 바로 직전, 이스라엘과 이집트는 각자 진영에 자리 잡고 대치한 채 밤을 지냈다. 본문에 따르면(출 14:21), 그날 밤 하나님이 '큰 동풍'을 일으켜 바닷물 위로 '밤새도록' 불게 했다. 자, 그 이미지를 머릿속에 잡아두라. 어둡고 사방은 물이다. 그리고 하나님의 바람이 물 위에 불고 있다. 토라 어느 부분에서 이런 이미지를 본 것 같은가? 그것은 한 처음, 만물이 시작될 때였다.

> "어둠이 깊음 위에 있었고, 하나님의 바람(문자적 의미)은 물 위에 불고 있었다"[19](창 1:23).

> וחשך על פני תהום ורוח אלהים מרחפת על פני המים
>
> 브호쉐크 알 프네 트홈 브루아흐 엘로힘 므라헤페트 알 프네 하마임

이것은 토라의 두 번째 절이다. 하나님이 첫 피조물, 빛을 창조하기 전의 세계를 묘사한다. 어둡고, 사방에 물이 있는 세계다. 또한 하나님의 바람이 물 위로 불었다. 이것은 갈대 바다가 갈라지기 전의 세계를 묘사한다. 그 세계에도 세 요소들—어둠, 바람, 사방의 물—이 출현한다.

두 이야기 사이의 이런 일치는 우연에 불과할 가능성이 있

다. 우리가 본 이 연결이 실제적인지, 즉 토라 저자의 의도인지 우리의 과민한 상상력의 결과인지 어떻게 알 수 있을까?

실제적 일치임을 확인하려면 우리에게 더 많은 단서가 필요하다. 여러분은 그 두 이야기 사이에 나타나는 다른 연결점을 찾아야 한다.

분리의 발생

이제 창세기의 맨 처음으로 가보자. 성서 본문은 먼저 창조 이전의 어둡고 물로 가득한 세계, 하나님의 바람이 그 물 위에 운행하는 상태를 말한다. 그 직후 하나님은 새 우주의 제1원소, 즉 빛을 창조하신다. 빛을 창조한 전능의 신은 '빛과 어둠을 나누신다'(창 1:3-4). 이제 되감기 버튼을 눌러 우리가 논의 중인 갈대 바다 장면으로 가보자. 그 장면에서 빛과 어둠의 분리를 연상시키는 부분을 살펴보자.

살펴보면 창조 시와 아주 비슷한 일이 정말 발생했다.

토라는 이렇게 기록한다. 이스라엘 백성들이 갈대 바다를 향해 나아갈 때 하나님의 임재가 그들을 인도했다. 본문에 따르면 그 임재는 낮에는 구름 기둥 형태로 이스라엘 백성들의 갈 길을 지시했고, 밤에는 불 기둥 형태로 사람들을 비추어 주었다(출 13:21). 즉 그 기둥은 앞에서 사람들을 이끌었다. 하지만 토라에 따르면, 이집트인들이 갈대 바닷가에서 이스라엘인들을 따라잡았을 때, 이스라엘 백성들 앞에 나아가던 그 기둥이 백성들의 뒤에 자리를 잡는다(출 14:19). 그리고 그것은 이집트 군대와 이스라엘 백성들 사이에 장벽이 된다(출 14:20).

그리고 그 기둥이 마련한 장벽은 단순히 두 무리 사람들을 떼어놓는 일만 하지는 않았다. 놀랍게도 그것은 어둠과 빛을 나누기도 했다. 본문은 이렇게 기록되어 있다.

> "[그 기둥]이 이집트 진영과 이스라엘 진영 사이에 들어왔다. 그러자 구름과 어둠이 있었고, 그것이 밤을 밝혔다"(출 14:20).
>
> ויבא בין מחנה מצרים ובין מחנה ישראל ויהי הענן והחשך ויאר את הלילה ולא קרב זה אל זה כל הלילה
>
> 바야보 벤 마하네 미쯔라임 우벤 마하네 이스라엘 바예히 헤아난 브하호쉐크 바야에르 에트 하라엘라 브로 카라브 제 엘 제 콜 하라엘라

이 구절을 주의 깊게 살펴보면 여러분은 혼란스러운 점을 발견할 것이다. 본문은 먼저 '구름과 어둠이 있었다'고 말한다. 이 말의 의미는 그 신적 기둥이 구름의 형태를 취했고 그 구름은 그날 밤을 더욱 어둡게 했다는 뜻이다. 즉 구름이 달이나 별이 내는 모든 빛을 가렸음을 암시한다. 그러나 바로 이어지는 말이 혼란스럽다. '그리고 그것이 밤을 밝혔다.'

잠깐! '그것이 밤을 밝혔다'에서 '그것'은 어떤 기둥일까? 그것은 불 기둥처럼 들린다. 밤을 밝히는 것은 신적 기둥이 불의 형태를 취할 때의 통상적 기능이다. 하지만 어떻게 그 일이 가능했을까? 직전 본문에 따르면 그 기둥은 구름 형태를 취했다고 하지 않았는가? 그렇다면 그것은 평상시 밤하늘보다 훨씬 깊은 어둠을 만들어 내야 하지 않는가!

중세 유대인 학자 라쉬는 이 모순 같은 상황을 해결하는 유일한 논리를 제공한다. 라쉬에 따르면, 이집트와 이스라엘을 떼어놓은 그 기둥은 두 형태를 모두 취했다. 이집트인들이 바라보았을 때 그들이 본 것은 구름이었다. 이미 어두운 밤하늘을 더 완전히 차단시키는 구름 기둥이다. 하지만 신적 기둥의 다른 편에 있었던 이스라엘인들은 불 기둥을 보았다. 그리고 그 불 기둥은 밤을 밝히는 정상적 기능을 수행했다(출애굽기 14장 20절 라쉬 주석 참조).

오래전 창조 때에 그렇게 하신 것처럼 여기서 하나님의 임재가 아주 실제적으로 빛과 어두움을 가른 것이다.

이렇게 홍해 기적 이야기를 태초의 창조 이야기와 묶어 주는 단서를 더 발견한 것 같다. 또 다른 단서도 있을까?

또 하나의 분리

창세기의 창조 이야기로 다시 돌아가서 그다음에 어떤 일이 벌어지는지 보자.

창조 제1일에 빛과 어둠 사이의 최초의 분리를 서술한 후 토라는 또 하나의 위대한 분리를 말한다. 그것은 창조 제2일에 발생한다.

> "하나님이 말했다. 물 가운데 하늘이여 있어라. 그리고 그것이 물과 물을 나누게 하라. 이렇게 하나님이 하늘을 만들고 그것이 하늘 위의 물과 하늘 아래 물을 나누었다. 그렇게 되었다"
> (창 1:6-7).

> ויאמר אלהים יהי רקיע בתוך המים ויהי מבדיל בין מים למים: ויעש אלהים את הרקיע ויבדל בין המים אשר מתחת לרקיע ובין המים אשר מעל לרקיע ויהי כן
>
> 바요메르 엘로힘 예히 라키아 브토크 하마임 비히 마브딜 벤 마임 라마임: 바야아스 엘로힘 에트 하라키아 바야브델 벤 하마임 아쉐르 미타하트 라라키아 우벤 하마임 아쉐르 메알 라라키아 바예히 켄

이렇게 창세기에서 우리는 하늘—대기, 공기—이 물을 두 개의 거대한 수원(水源)으로 나누는 이야기를 듣는다. 하나는 하늘 위에, 다른 하나는 하늘 아래 있다. 이 구절을 이해하는 가장 단순한 방법은 '하늘 아래 물'을 바다로 이해하고, '하늘 위의 물'을 구름 형태를 띠는 수증기로 생각하는 것이다. 구름

과 바다 사이에는 하늘, 다시 말해 공기가 있다. 창조 둘째 날 이전 우리가 가진 세계는 물밖에 없었다. 하지만 이제 물들이 나뉘었다. 그리고 거대한 공기 주머니가 거대한 두 물 덩어리 사이—땅의 물과 하늘의 물 사이—에 위치했다. 이것—하늘을 사이 둔 물의 분리—은 갈대 바다 이야기에서 어떤 요소를 연상시키는가? 말할 것도 없이 그것은 홍해 드라마 전체의 본질, 즉 엄청난 규모의 물이 둘로 나뉜 것을 연상시킨다. 홍해 드라마에서 물의 두 절벽들 사이에 생긴 숨 쉴 수 있는 공간을 통해 이스라엘인들이 안전하게 지나갈 수 있었다.

> "이스라엘 자손들은 바다 가운데 마른 땅으로 진입했다. 그리고 물이 그들의 오른쪽과 왼쪽에 벽이 되었다"(출 14:22).

> ויבאו בני ישראל בתוך הים ביבשה והמים להם חמה מימינם ומשמאלם
>
> 바야보우 브네 이스라엘 브토크 하얌 바야바샤 브하마임 라헴 호마 미미남 우미스몰람

물이 나뉘는 그 두 이야기가 거의 정확히 일치한다. 그들 사이의 차이는 방향이다. 창조 때에 물이 위아래(위의 물과 아래의 물)로 나뉜 반면 출애굽 때는 물이 측면으로 갈라졌다(양쪽의 물).

땅도 보라!

유사점은 또 있다. 창세기로 돌아가자. 창조 이야기에서 어떤 일이 그다음에 발생하는가? 흑암과 바다 위로 운행하던 하나님의 바람 이후, 빛과 어둠의 분리 이후, 그리고 물이 두 거대한 수원으로 나뉜 이후 어떤 일이 벌어지는가? 창조 서사시에서 그다음에 오는 에피소드는 무엇인가? 창세기 본문은 다음과 같이 말한다.

> "하나님이 말했다. 하늘 아래 물이 한 장소로 모이게 하라, 그리고 마른 땅이 나타나게 하라. 그러자 그렇게 되었다"(창 1:9).
>
> ויאמר אלהים יקוו המים מתחת השמים אל מקום אחד ותראה היבשה ויהי כן
>
> 바요메르 엘로힘 이카부 하마임 미타하트 하샤마임 엘 마콤 에하드 브테라에 하야바샤 바예히 켄

물론 갈대 바다 이야기에서도 우리는 이 장면과 유사한 요소를 발견한다. 바다 한가운데에서 물이 빠지자 마른 땅이 드러난다. 주목할 사실은 '마른 땅'으로 번역된 히브리어 '야바샤'(יבשה)는 성서에서 흔치 않은 단어라는 점이다. 모세오경에서 창조 이야기와 출애굽 드라마에만 나타난다.[20)]

더구나 마른 땅의 목적도 동일하다. 즉 각 이야기에서 마른

땅은 동일한 기능을 수행한다. 예를 들어, 창조 이야기에서 마른 땅은 동물과 인간 생명이 번성하는 플랫폼이었다. 홍해 이야기에서 물 가운데 갑자기 출현한 마른 땅도 같은 목적에 봉사한다. 즉 그것은 인간과 동물 생명이 살아남는 통로였다. 파라오와의 협상에서 모세는 사람들은 말할 것도 없고 일관되게 한 마리의 가축도 남기기를 거부하였다. 그렇게 탈출시킨 이스라엘 백성과 그들의 가축들이 이제 바다를 뒤로하고 이집트와 대치한다. 넘실거리는 바닷물이 그들의 생존을 위협하고 있었다. 하지만 그들은 마른 땅 덕분에 모두 살아남을 것이다. 바닷물이 후퇴하여 드러난 생명의 '야바샤', 마른 땅을 성공적으로 지나게 될 것이다.

데자뷰

모든 것이 반복되고 있다.

창조 이야기의 처음 네 사건이 지금 홍해 바다에서 다시 일어났다.

이제 여러분은 이렇게 묻고 싶을 것이다. 창조 이야기의 그 다음 사건, 다섯 번째 사건은 무엇인가? 흥미롭게도 그 쌍둥이는 갈대 바다 이야기에서는 발견되지 않는 듯하다. 이것은 우리가 속았으며 그 패턴은 실제가 아님을 의미하는가? 이 문제를 같이 생각해 보자. 창조 이야기에서 그 다섯 번째 사건은 무엇이었나?

예상했듯 그것은 과일나무를 포함한 식물의 출현이다.

"하나님이 말했다. 땅이 스스로 번식하는 풀, 종류에 따라 열매를 맺는 과일 나무를 내게 하라"(창 1:11).

ויאמר אלהים תדשא הארץ דשא עשב מזריע זרע עץ פרי עשה פרי למינו

바요메르 엘로힘 타드쉐 하아레쯔 데쉐 에세브 마즈리아으 제라 에쯔 프리 오세 프리 르미노

이 시점에서 미드라쉬의 성현들이 개입하여 지금까지의 일치 패턴을 완성시키려 한다. 그들은 자신들이 본 패턴이 사실임을 확인시키기 위해 독자들에게 다음과 같이 말하는 듯하다. '창조 이야기의 모든 요소가 홍해 기적 이야기에서 나타난다고 하면, 당신은 예외가 하나 있는데 식물이라고 하겠지요. 바다가 갈라지는 본문에는 어떤 과일나무도 없다고요. 하지만 그곳에는 과일나무가 있었을 겁니다!'

창조와 해체

토라가 묘사하는 그림을 한 발자국 뒤로 물러서서 조망해 보자. 파라오와 하나님이 홍해에서 벌인 전쟁 이야기가 창조

이야기와 가진 연결점들은 실제인 듯하다. 그 연결점들의 의미는 무엇인가? 그 두 이야기를 서로 연결시켜 무슨 메시지를 전하고자 했을까?

내가 제안하고 싶은 해석은 지금까지 우리가 설명해 온 이론, 즉 출애굽의 의미에 대한 내 이론에서 나오는 것이다. 보았듯이 출애굽 사건들은 창조주 하나님의 존재를 추인한다. 출애굽 사건을 경험한 이스라엘과 이집트는 이제 선택을 해야 했다. 우주의 창조주가 계시며, 그 유일하신 창조주가 자연의 모든 힘들을 다스린다는 사실을 인정할 것인가? 그 창조주가 자녀들의 복지에 관심이 있으며 자녀들의 억압을 좌시하지 않으시는 아버지이심을 그들이 깨달을 것인가?

이스라엘은 유월절 제사를 드림으로써 이 질문들에 긍정적으로 응답하였다. 그 '유일신 제물'(oneness offering)은 창조주에게 보이는 그들의 충성의 증거였다. 그들이 그렇게 결단했을 때 새 '피조물'로 탄생한다. 이스라엘이 민족으로 태어난 것이다. 하지만 파라오와 이집트는 부정적 선택을 했다. 그들은 창조주의 존재에 등을 돌리기로 결심하고, 거짓말—세계가 끊임없이 서로 전쟁하는 혼돈의 세력들에 지배된다는 허구, 자녀들을 염려하는 하늘 아버지는 존재하지 않는다는 거짓말—을 붙들고 놓지 않았다.

출애굽 서사의 마지막 장면에서 이들 민족은 각각 자기가 선택한 세상을 경험할 것이다. 창조주의 존재를 인정했던 사람들은 창조의 축복들을 누릴 것이고, 창조주를 부정했던 사람들은 해체된 세상을 경험할 것이다.

그 바다에서 이스라엘이 경험하게 될 세계는 정립된 창조의 위대한 분리들이 기적적으로 반복되는 세계이다. 그들이 경험하는 세계에는 흑암에서 안전하게 보호된 빛이 있을 것이다. 그들이 경험하는 세계에는 기적적으로 분리된 두 물들과 그 사이에 안정적으로 마련된 숨 쉴 공기가 있다. 놀라운 일이다. 나아가 그 세계에는 물이 물러가고 마른 땅이 드러난다(이런 맥락에서 마른 땅의 양 측면에 과일나무가 있었다는 미드라쉬 해석이 발생한 것이다). 태초에 이런 놀라운 분리들을 일으킨 유일신이 다시 한 번 그의 능력으로 그 기적을 재연한다—창조의 놀라움이 다시 한 번 역사에 계시된 것이다.

그러나 이집트는 이런 창조적 '분리들'(divisions)의 혜택을 거부한다. 하나님의 짓궂은 정의 가운데 파라오와 그의 군대는 그들 자신이 선택한 세상에서 살게 된다.

'창조주를 거부한다면, 좋다. 창조주가 없는 세상에서 살아봐라!' 그 바다에서 파라오와 그의 졸개들은 해체된 세상, 즉 창조 이전의 원시적 혼돈을 경험한다. 그 세상에는 창조의 분리들이 없다. 빛은 어둠에 먹히고 물이 만물을 뒤덮어서, 숨 쉴 공기와 식물을 내는 땅은 모두 고삐 풀린 혼돈의 물에 위협받

고 침탈당한다.[21]

플랜 C가 막을 내리다

이집트 군대가 홍해 바다에서 멸망하면서 플랜 C가 종지부를 찍는다. 창조주에 대한 의식적이고도 자발적이며 참된 증인이 되기를 거부한 이집트는 그 창조주의 존재가 세상에 계시되는 수단으로 전락한다. 그런데 마지막에 역설적 반전이 있었다. 파도가 이집트의 전차들을 파괴하기 직전, 전능의 하나님은 모세에게 다음과 같이 말한다. 곧 벌어질 사건 가운데 '이집트는 내가 YHWH(야훼)임을 알게 될 것이다'(출 14:4). 이것이 역설적인 이유는 파라오가 창조주를 인정하지 않으려 온갖 노력을 다 해왔기 때문이다. 지금까지 그의 대적은 창조주였다. 하지만 막바지에 파라오는 어쩔 수 없이 그 진리를 깨닫게 될 것이다. 물 벽이 추격자들 주변으로 무너질 때, 해체된 세상의 혼돈이 그들을 집어 삼킬 때, 그 마지막 순간에 그들은 지금까지 싸워 왔던 존재가 창조주임을 알게 될 것이다. 그들의 눈에 펼쳐지는 광경은 창조 세계의 해체에 다름 아니었기 때문이다.

4부를 읽기 전: 원조 출애굽

홍해 바다에서 이집트가 패배한 이야기는 너무 완벽해 보이기 때문에 다른 출애굽 시나리오들을 정말 하나님이 계획하신 것인지 의심하게 된다. 앞서 우리는 출애굽의 다른 전개 가능성, 즉 플랜 A와 플랜 B를 논했다. 이들은 모두 파라오와 이집트가 창조주를 의식적이고도 자발적으로 인정하는 과정을 포함한다. 이 계획들에 따르면 이집트는 결국 그 노예들을 자발적으로 풀어주게 될 것이다. 이스라엘의 자유는 파라오가 이스라엘을 자기 백성으로 주장하는 창조주에게 항복할 때 나오는 자연스러운 결과였을 것이다. 하지만 출애굽이 실제 발생한 역사—이집트 군대가 하나님의 놀라운 기적을 통해 갈대 바다에서 패배한 역사—를 공부한 우리에게 이런 질문이 생기는 것은 자연스럽다. 출애굽의 다른 시나리오들이 '정말 그렇게' 진행되도록 의도된 계획이었는가? 플랜 A나 B가 플랜 C보다 나은 것이었나?

이 질문은 다음 질문으로 이어진다. 플랜 A와 플랜 B가 출애굽의 원조 계획임을 인정한다 해도 실제로 구현되지 않은 이 둘을 애써 이야기할 필요가 있는가? 이스라엘의 온 백성이 YHWH(야훼)를 인정하게 된 것으로 충분하지 않은가? 원래의 계획들이 실행되지 않았다 해서 무슨 손실이 생겼는가? 원래의 계획들이 실행되지 않아서 정말 중요한 것을 잃었다 치자.

하지만 그 손실이 영구적인가? 출애굽 사건에 아직 실현되지 않은 비전이 남았는가? 우리가 슬퍼해야 할 손실, 즉 되찾기 위해 노력해야 할 비전은 무엇인가?

이 책의 마지막 부분인 제4부에서 우리는 이 질문들을 다룰 것이다. 나는 출애굽 서사의 다른 버전에 대한 작은 단서들이 홍해의 기적 이야기에 감추어져 있음을 주장할 것이다. 그리고 그 모습을 재구성하려 할 것이다. 이렇게 재구성된 '가상 출애굽'은 우리의 차가운 현실 세계보다는 하나님의 생각 속에 존재하는 듯하지만, 그 가상의 출애굽을 공부함으로써 우리는 실제 출애굽에 대해 많은 것을 배울 수 있다. 우리는 역사적 출애굽의 의미들을 더 잘 깨닫는 동시에 원조 출애굽 계획이 성취되지 않으면서 사라진 기회들에 대한 안타까움도 느낄 수 있다. 이 '가상 출애굽'은 일어나야 했지만 아직 일어나지 않은 출애굽을 가르칠 것이다.

1)
출애굽기 5장 6-9절을 보라. “그날 파라오는 백성들의 현장 감독자들에게 명하여 말했다. 어제와 그제와 달리 사람들에게 벽돌을 만들 짚을 주지 마라. 그들은 스스로 짚을 모을 것이다. 한편 그들이 어제와 그제 만들었던 벽돌의 양, 그것은 유지해라. 그것으로부터 아무것도 빼지 마라. 게으르기 때문에 그들은 ‘우리 신에게 제사드리자’라고 말하며 불평한다. 사람들의 일을 더 고되게 만들라.”

2)
미국 35대 대통령인 존 F. 케네디 암살범으로 지목되는 인물.

3)
Emet L'Yaakov, 356쪽 참고. 랍비 야코브 카미네츠키는 바로 이것을 제안한다. 파라오가 사흘간 휴가에 동의했다면 이스라엘인들은 분명히 돌아왔을 것이다. 그리고 히브리 노예 상태가 종식되는 방식은 완전히 달라졌을 것이다. 카미네츠키에 따르면 모세는 진정으로 사흘 휴가를 요청했을 것이다. 왜냐하면 이집트 왕에게 거짓말을 하라고 하나님이 모세에게 명령했다고는 상상할 수 없기 때문이다.

4)
그 교육 과정이 어떻게 효과를 낼까? 우리가 성서를 통해 아는 그 재앙들 없이 비폭력적 교육이라는 것이 가능했을까? 표적(sign)이 하나의 대답일 수 있다. 불타는 가시나무 본문에서 모세는 그가 정말 YHWH(야훼)를 만났는지 사람들이 의심할 것을 걱정했다(출 4:1). 그래서 하나님은 모세에게 세 가지 표적을 준다. 또 후에 하나님은 모세에게 말씀하신다. 만약 파라오가 모세에게 모세가 대표한다고 주장하는 그 신의 본질을 확인하려는 표적을 달라 하면, 모세는 파라오가 보는 가운데 그 표적 중 하나를 행해야 한다. 이 말씀을 한 후 얼마 지나지 않아 하나님은 모세에게 파라오 앞에서 그 표적 가운데 하나를 행하라고 명령한다. 이 시점에 우리는 이러한 의문들을 품을 수 있다. 그 표적으로 파라오가

YHWH(야훼)에 대한 진리를 이해할 수 있을까? 또한 파라오는 그 표적이 가리키는 진리에 진정으로 자신을 열 수 있을까?

그 표적이 실제 가리킨 진리는 무엇인가? 먼저 그 표적의 내용은 이렇다. 모세는 아론에게 명하여 그의 지팡이를 던지게 한다. 그때 그 지팡이가 뱀으로 변할 것이다(출 7:9). 모세와 아론이 실제 이 표적을 행했을 때(출 7:10-12) 예상하지 못한 일이 발생했다. 파라오의 마술사들이 그 표적을 흉내 낸 것이다. 그들도 지팡이를 던졌더니 그것이 뱀이 되었다. 얼핏 보기에 파라오가 마지막으로 웃는 자처럼 보인다. 그러나 하나님이 그렇게 쉽게 따라할 수 있는 표적을 모세에게 행하라 명하신 이유를 생각할 필요가 있다. 하나님은 파괴적인 재앙들을 행하실 능력, 자연의 모든 힘들을 자기 마음대로 부리는 능력을 가지지 않았는가? 그런 분이 왜 모세에게 싸구려 마술로 쉽게 좌절될 표적 하나만을 주셨을까?

그에 대한 대답은 분명하다. 그 표적은 아직 끝나지 않았다. 나중에 다루겠지만 이집트 술사들이 지팡이를 뱀으로 만든 이후에 발생한 사건이 하나님이 의도한 표적의 핵심이었다. 아니 절정이라고 해야 정확하다. 즉 아론의 지팡이가 마술사들의 지팡이 뱀들을 남김없이 삼켜버린 것이 표적의 핵심이다.

만약 이것이 그 표적이라면 그것이 전하려는 바는 무엇인가? 세상에는 많은 힘들이 있지만, 하나의 힘이 그들 모두를 지배한다. 창조주가 계셔서 그가 창조한 우주의 모든 다른 힘들을 위에서 지배한다. 다른 힘들은 창조주 앞에 난쟁이 같다.

이제 파라오는 이 창조주 신을 가리키는 진리에 마음을 열고 그 가르침을 받아들이면 된다. 그 가르침을 담은 표적은 은 쟁반에 담겨 그 앞에 놓여 있다. 하나님이 파라오에게 행하라고 지시한 유일한 그 표적은 재앙들보다 시간적으로 앞선다. 만약 이 교육 과정이 성공했다면 뒤이은 폭력적 재앙들은 필요 없었을 것이다.

5)
이것은 우리가 11장 '완고함과 용기'에서 논의했다.

6)
이 경우 마음을 '강하게 하는' 주체가 파라오임은 본문이 분명히 가리킨다. 하나님은 이 일에 관여하지 않는다.

7)
그 미드라쉬의 본문을 인용하면 다음과 같다. "너는 에브라임에 짚을 수출하려느냐?" 에브라임은 풍성한 밀 수확으로 유명한 도시였다. 에브라임에서는 짚이 너무 흔하여 거의 가치가 없다(하메드라쉬 하메부아르).

8)
이 이중적 발전은 모든 재앙들 뒤에 있는 힘이 만물의 창조자라는 생각에 대한 증거를 만들어 낸다. 오직 창조주만이 힘을 적용할 때 완벽한 정밀도를 발휘할 수 있다. 그리고 오직 창조주만이 원시적 힘을 무한도로 발휘할 수 있다. 재앙들은 이 두 평행선의 종착점을 향해 점진적으로 발전한다.

9)
실제로 이것은 그 구절에 대한 라쉬의 해석이다. 또한 *Chizkuni*와 *Mizrachi*의 해당 부분을 보라.

10)
이 번역은 사아디아 가온(Saadiah Ga'on)의 것을 따른 것이다. 〈출애굽기 라바〉 12:4를 보라.

11)
파라오가 노예들을 붙잡아 둔 것을 후회한다며 '죄'라는 용어를 사용한 직후, 성서 저자가 파라오의 변심을 '죄'라고 부른 것(출 9:34)은 우연이 아니다. (파라오가 처음으로 자신의 행위를 죄된 것으로 부른 때가 우박의 재앙이다. 출 9:27을 보라.) 이것은 매우 합리적이다. 파라오가 자신의 행위들을 묘사하는 데 죄라는 단어를 자발적으로 사용한 이후에 성서 저자도 그 단어를 비로소 사용하기 시작한다. 왕이 자신을 도덕적으로 하나님의 뜻에 종속된 존재로 깨달은 이후에야 파라오가 변심하고 하나님을 계속 대적하는 것이 비로소 도덕적 실패가 되기 때문이다.

12)
출애굽기 11장 1절을 보라. וישימו עליו שרי מסים למען אנתו בסבלתם 바야시무 알라브 사레 미심 르마안 아노토 브시브로탐. ‘그들은 그들을 고역으로 억압하기 위해 그들 위에 현장 감독들을 세웠다.’

13)
*Targum Yonatan*과 *Kli Yakar*를 보라. *Bechor Shor and Abravane*l 참조.

14)
그런 희망이 표현된 것을 보려면, 유대인들의 기도문 알레누(Aleinu)의 후반부를 보라. 알레누 기도문은 전 세계 회당에서 드려지는 기도 모임의 마지막에 암송된다.

15)
흥미롭게도 브코르(장자)는 출생 순서가 아니다. 유대 법(신 21:15-17)에 따르면 부모는 장자의 권리를 빼앗을 수 없다. 하지만 창세기의 다양한 이야기들에 따르면 출생 순서에 관계없이 어떤 자녀라도 ‘자녀-리더’가 될 수 있다. 궁극적으로 브코르가 된다는 것은 생물학의 문제가 아니라 가족 내에서 여러분이 수행하는 역할의 문제다. 같은 논리를 민족에도 적용할 수 있다. 이스라엘은 민족들로 구성된 가족에서 브코르로 간주될 수 있다. 하지만 이스라엘의 회원권은 누구에게나 열려 있다. 그 철학들을 받아들이고 그 도를 따라 이스라엘 민족이 되기 원하는 누구나 혈통과 관계없이 그렇게 될 수 있다.

16)
히브리어 브코르(장자)의 철자 구조가 이것을 암시한다. 전통적으로 히브리

문자들은 게마트리아로 알려진 체계에서 다양한 숫자들과 연관된다. 예를 들면 이렇다. '아버지'를 의미하는 히브리어 아브(אב)는 히브리 알파벳의 첫 두 문자인 알레프(א)와 베트(ב)로 구성되었다. 알레프의 숫자 값은 1이고 베트의 숫자 값은 2다. 한편 '장자'를 뜻하는 히브리어 브코르(בכר)를 보자. 그 세 문자의 숫자 값은 각각 2, 20, 200이다. 이 두 단어들을 구성하는 숫자 값들은 그들 사이의 개념적 관계를 드러낸다. 즉 사람은 시작할 때 하나이다. 하지만 그가 아버지가 될 때 둘이 된다. 그러므로 '아버지'를 의미하는 히브리어는 1(א 알레프)에서 2(ב 베타)로 진행하는 것이다. 마찬가지로, 자녀들의 리더는 브코르이다. 그는 부모와 자녀들 사이의 간극을 다리 놓는 중보적인 인물이다. 브코르는 히브리어 '아버지'의 마지막 문자인2(ב 베트)로 시작한다. 그리고 숫자 체계에서 같은 2(아버지)를 가진 다른 숫자들로 향하는 다리가 된다—즉 20(כ 카프)과 200(ר 레쉬). Yizchak Hutner, Pachad Yizchak, Sukkot, 54: 12-13.

17)
이 해석은 람반의 것을 따른다. 람반의 출애굽기 주석 12:3을 참조하라. 거기서 람반은 〈출애굽기 라바〉 16장 2절을 인용하고 있다.

18)
마하랄(Maharal)로 알려진 중세 유대인 주석가가 바로 이 용어를 제안한다. 유월절 제물과 관련된 모든 것이 '하나'(oneness)와 관련 있는 듯하다. 유월절 제물로 도살당한 동물은 한 살 된 것이어야 했다(출 12:5). 그 고기를 먹는 사람들도 하나의 무리로 간주된다. 한 무리에 속한 자들만이 그 유월절 제물의 고기를 먹을 자격이 있다(출 12:4, 라쉬의 해석). 그 고기는 삶지 않고 불에 직접 구워야 했다. 마하랄에 따르면 그 이유는 이렇다. 고기를 물에 삶을 때 그것이 부서진다. 하지만 불에 구우면 형태가 하나로 유지되기 때문이다. 유월절 제물은 고기의 머리가 무릎에 박힌 채, 즉 하나의 덩어리로 뭉뚱그려 불에 구워야 했다. 더우기 유월절 제물의 뼈는 부러지면 안 된다(출 12:46). 모든 뼈가 통째로 보존되어야 한다. 마하랄에 따르면 제물이 소비되는 시간도 하나 됨을 가리킨다. 성서 본문에 따르면,

베히파존, '급하게' 고기를 먹어야 한다(출 12:11). 즉 그 시간은 실제로 가능한 가장 짧은 시간, 한순간에 가까운 시간을 의미한다(Gevurot HaShem, chapter 35). 코르반 페사흐는 진정한 의미에서 '유일신 제물'이다. 그것을 통해 개개인은 유일신에 대한 자신의 믿음을 상징적으로 증거하는 동시에 다른 대안, 즉 이집트 다신교의 만신전 신들을 거부했다.

19)
창조 이전 상태에 대한 묘사의 마지막은 종종 '하나님의 영이 물 위에 운행했다'로 번역된다. 하지만 '영'으로 번역된 히브리 단어는 루아흐(רוח)이다. 이것은 '바람' 혹은 '영'을 의미할 수 있다. 같은 단어 루아흐가 그날 밤 갈대 바다 물 위로 불어온 바람을 묘사하는 데 사용된다.

20)
히브리어 야바샤는 갈대 바다가 갈라지는 대목, 창조 이야기 그리고 출애굽 이야기의 다른 부분에서 나타난다. 흥미롭게 그 다른 부분은 불타는 가시나무 본문이다. 그때 모세는 신비한 표적을 하나 받는다. 하나님이 그에게 물을 담아 야바샤, 즉 마른 땅에 부으라고 명한다. 그때 그 물이 피의 형태가 된다.

종합하면 그 단어는 출애굽 기적들의 첫째 그룹(불타는 가시나무와 관련된 기적들)과 출애굽 기적들의 마지막 그룹(바다가 갈라지는 사건의 기적들)과 관련해 나타난다. 그 단어의 희귀성을 고려할 때 그리고 그것이 출애굽 사건들의 시작과 마지막에 위치함을 고려할 때 그 단어가 나타나는 두 사건 사이에 연관이 있는지 궁금해진다. 불타는 가시나무에서 야바샤와 관련된 그 표적이 갈대 바다 사건들을 예언하는 것은 아닐까? 다시 말해 아직 재앙이 이집트를 치지 않았을 때, 불타는 가시나무에서 하나님이 이집트를 타격할 최종적 무기에 대한 비전을 모세에게 주신 것은 아닐까? 이스라엘이 이집트, 즉 억압자들의 모습을 언제 마지막으로 보게 되는가? 언제 그들은 이집트가 끝났다고 알게 될까? 그들이 이집트의 모습을 마지막으로 보는 때는 바닷물이 마른 땅을 덮을 때 즉 물이 피—이집트 군대가 파도 속에 멸망한 후 해안으로 밀려온 피—로 변할 때이다.

21)
이것은 창세기의 두 번째 절이 재연된 것이다. '혼돈과 어둠이 깊음 위에 있고, 하나님의 바람이 수면 위에 떠다닌다'(창 1:2).

4부
요셉과
가상 출애굽

죽음으로 영광받는 하나님?

홍해가 갈라지는 이야기는 의심할 여지없이 크고 영광스러운 출애굽 사건의 결말이다. 하지만 신경을 갉아먹는 문제가 하나 남았다. 하나님은 파라오의 군대가 달아나는 히브리인들을 곧 추격하여 올 것이라고 모세에게 알리시면서 어떤 말씀을 덧붙이는데, 그것이 오랫동안 나를 괴롭혀 왔다.

이집트 왕은 이스라엘인들이 선택한 광야 여정에서 특이한 점을 감지한다. 그리고 그들이 공격에 취약한 상태임을 직감한다. 그때 하나님은 파라오가 그들을 추격할 것이라고 모세에게 알려 준다. 이어서 이렇게 말씀하신다. 즉 하나님이 파라오를 부추겨 이스라엘을 추격하게 할 것이다.

> "그리고 나는 파라오의 마음을 강하게 할 것이다.[1)] 그리고 그는 너를 추격할 것이다"(출 14:4).

וחזקתי את לב פרעה ורדף אחריהם ואכבדה בפרעה ובכל-חילו

브히자크티 에트 레브 파르오 브라다프 아하레헴 브이카브다
브파르오 우브콜-헬로

여기까지는 그래도 이해할 만하다. 하지만 후반부를 읽어 보라. 그 부분이 늘 나를 괴롭힌다.

"그리고 나는 파라오와 그의 군대를 통해 영광을 받을 것이다"(출 14:4).

ואכבדה בפרעה ובכל-חילו

브이카브다 브파르오 우브콜 헬로

내 말이 건방지게 들린다면 미리 용서를 구한다. 이 말씀은 너무 못됐다고 생각되지 않는가? 자, 하나님은 곧 수많은 사람들을 죽게 할 것이다. 그리고 사람들의 죽음을 통해 영광을 얻을 것이라고 자랑하고 있다. 이런 식으로 말하는 것은 전능의 하나님에게 '어울리지 않아' 보인다. 이집트인들이 이스라엘의 원수인 것은 맞다. 또한 이스라엘이 잡히고 다시 노예가 되는 것보다 이집트인들이 그곳에서 멸망당하는 것이 백 번 낫다. 하지만 적들을 죽임으로써 이스라엘을 살리는 것과 적들의 죽음에서 영광을 취하는 것, 즉 적들의 죽음을 즐거워하며 자랑하는 것은 다른 문제다.

내 피조물들은 물에 빠져 죽어가는데, 너는 그것을 노래한다고?

오랫동안 나는 이 문제가 나오면 침묵했다. 꺼내놓고 이야기하기에는 너무 불편한 주제라는 생각이 들었다. 그리고 그것을 문제로 여기는 나에게 다음과 같이 반박해 올 사람을 상상하곤 했다. '포먼, 그 구절이 자네 감수성을 조금 상하게 하는가? 자네 감수성은 중요하지 않아. 그것은 하나님의 말씀이야. 누구도 말씀에 대한 네 개인적 생각에는 관심 없어.'

하지만 이 구절과 씨름한 것은 내 감수성만은 아니다. 탈무드의 성현들도 전능의 하나님이 나와 비슷한 생각을 가진다고 설명한 적이 있다. 다음은 그들의 말이다.

> "거룩한 자(그는 찬양받을 지어다)는 악인들의 멸망을 기뻐하지 않으신다. 랍비 사무엘 바르 나흐만이 랍비 요나단의 이름으로 말했다. [이집트가 바다에서 파괴되었을] 그때에, 보필하는 천사들이 거룩한 자(그는 찬양을 받을 지어다)앞에서 기쁨의 노래를 부르기 원했다. 하지만 거룩한 자(그는 찬양을 받을지어다)는 그들에게 말했다.
>
> 내 손으로 만든 피조물들[이집트인들]이 바다에 빠져 죽어가는데, 너희들은 내 앞에서 노래하기 원한다고?"
>
> (〈메길라〉 10b).

אין הקדוש ברוך הוא שמח במפלתן של רשעים דאמר רבי שמואל בר נחמן אמר רבי יונתן: מאי דכתיב ולא קרב זה אל זה כל הלילה בותה שעה בקשו מלאכי השרת לומר שירה לפני הקדוש ברוך הוא אמר להן הקדוש ברוך הוא:

מעשה ידי טובעין בים ואתם אומרים שירה לפני?

엔 하카도쉬 바루크 후 사메아흐 브마파라탄 쉘 르샤임 드아마르 랍비 슈무엘 바르 나흐만 아마르 랍비 요나탄: 마이 디크티브 블로 카라브 제 엘 제 콜 할라옐라 브오타 샤아 비크슈 말르아케 하샤레트 로마르 쉬라 리프네 하카도쉬 바루크 후 아마르 라헨 하카도쉬 바루크 후: 마아세 야다이 토브인 바얌 브아템 오므림 시라 르파나이

탈무드의 성현들은 전능하신 하나님도 나와 똑같은 감수성을 소유했다고 한다. 즉 승자는 적들의 패망을 기뻐해서는 안 된다. 특히 승자가 하나님이고 적들이 그분의 피조물일 때는 더더욱. 자신의 피조물에 대한 승리에는 언제나 씁쓸함이 있다.

유대 성현들이 전한 하나님의 말씀은 매우 혼란스럽다. 자신을 보필하는 천사들이 이집트인들의 죽음을 기뻐하며 노래하는 것을 잘못이라고 하시는 하나님이 왜 자신은 그들의 죽음에서 존귀와 영광을 받겠다고 하는가? 이집트 패망의 직접적 수혜자인 이스라엘이 그 죽음에 즐거운 노래를 부른다면 어느 정도 적절할 수도 있다. 왜냐하면 이스라엘의 생존을 위해 이집트인들이 죽어야 했기 때문이다. 하지만 만물의 창조주가 기뻐한다면? 그가 피조물의 죽음에서 영광 얻기를 바란다면? 유대 성현들도 그것이 좋다고 생각하지 않은 것 같다.

우리는 어떻게 이해해야 할까?

탈무드의 성현들만 알고 있었던 것은 무엇인가?

더 이상한 것은 다음과 같다.

탈무드 성현들의 생각은 어디에서 유래했나? 즉 전능의 하나님은 그의 피조물의 고통을 즐거워하는 자들을 좋게 보지 않는다는 생각의 근거는 무엇인가? 성현들은 어떤 성서 본문을 근거로 드는가? 인용문에서 살핀 것처럼 그들은 갈대 바다에서 이집트인들이 죽은 사건을 근거 본문으로 사용하고 있다! 그렇다면 상황은 더욱 터무니없어진다. 하나님의 긍휼함에 대한 예로 그들은 왜 토라 전체에서 하필 그 에피소드를 뽑았을까? 그 본문은 탈무드 성현들의 생각과 반대인 듯하다. 그들은 하나님이 이집트 기병과 그 군대에게서 영광을 취하겠다고 말하는 부분을 분명 알았을 것이다. 그런데 어떻게 이 본문을 무시할 수 있을까?

나는 본문을 오해한 쪽은 그들이 아니라 우리라고 말하고 싶다. 전능의 하나님이 파라오의 모든 기병과 병사들에게서 영광을 취하겠다고 했을 때, 그분은 그들의 죽음을 기뻐한다고 한 것이 아니었다.[2)] 이 본문의 진정한 의미는 완전히 다르다.

그 다른 점은 우리가 홍해 기적 이야기—이스라엘과 이집트의 최종 담판 이야기—에서 또 다른 차원의 의미들을 분별하도록 돕는 열쇠가 될 것이다. 그것은 창문이 되어 출애굽에 대한 또 하나의 비전을 보여줄 것이다.

나머지 퍼즐 조각

파라오의 군대로부터 영광을 취하겠다는 하나님의 선언은 도무지 맞지 않을 것 같은 퍼즐 조각이다. 억지로 맞추기보다 그 조각을 당분간 한쪽으로 치워 두자. 그 대신 그림의 나머지 조각이 어떻게 조립되는지 살펴보자. 그 결과는 우리의 상상을 넘어선다.

이제 되감기 버튼을 누르자. 지금까지 우리는 출애굽 이야기를 홍해의 결말까지 살펴보았다. 그 클라이맥스는 출애굽 이야기의 한쪽 끝이다. 이제 다른 끝으로 가보자. 그것은 이집트 노예 생활이 시작되기 전, 즉 창세기에 서술되어 있다. 족장 야곱의 죽음과 장례 이야기가 출애굽 이야기의 또 다른 끝지점이다. 나는 이 끝 부분이 놀라운 방식으로 조화된다고 믿는다.

지금부터 야곱의 장례 이야기로 우리가 할 작업은 지금까지 출애굽 이야기로 해온 작업과 유사하다. 이 이야기를 정독하면서 숨겨진 뉘앙스와 드라마를 발굴해 볼 것이다. 창세기의 거의 마지막 에피소드인 이 이야기에 깊은 의미가 있음을 발견하게 될 텐데 그 의미를 잡기 위해 할 일은 정직하게 그 이야기에 접근하는 것뿐이다.

아이 돌봄 예약하기

야곱의 죽음과 장례 이야기는 겉보기에는 특별할 것이 없어 보인다. 죽음을 목전에 둔 야곱은 자신을 가나안 땅 막벨라에 있는 가족 무덤에 묻어 달라고 요셉에게 부탁한다. 야곱이 죽자 요셉의 인솔하에 가족들은 유언에 따라 그를 가나안 땅에 매장한다. 이 모든 과정에 특이한 점은 없다.

이와 같은 표면적 범상함을 볼 때 야곱의 장례를 설명하는 본문이 일반 독자들로부터 그다지 관심을 못 받는다는 사실이 놀랄 일은 아니다. 하지만 나는 종종 간과되는 이 이야기에 큰 긴장과 드라마가 들어 있다고 믿는다. 여러분이 이 에피소드에서 그 드라마를 보지 못했다면 본문을 충분히 세밀하게 읽지 않았다는 뜻이다.

그 단서는 아주 사소하고 평범한 사실—왜 언급하는지 모를 정로도 사소하고 평범한—을 말해주는 다음 구절에 있다.

> "그리고 요셉의 온 집, 그의 형제들, 아버지의 집 [모두가 야곱을 매장하기 위해 떠났다]. 하지만 그들의 자녀들, 그들의 양과 소들은 고센 땅에 남겼다"(창 50:8).

וכל בית יוסף ואחיו ובית אביו רק טפם וצאנם ובקרם עזבו בארץ גשן

브콜 베트 요셉 브에하브 아비브 우베트 아비브 라크 타팜 브쪼남

우브카람 아즈부 브에레쯔 고센

이 본문에 따르면 가나안으로 가는 장례 행렬에 자녀들과 가축들은 동행하지 않았다. 여기서 이런 가정을 해보자. 어른들이 자녀들을 장례 행렬에 데려갔는지 여부를 성서 저자가 귀찮아서 말해주지 않았다고 해보자. 또한 양과 소를 몰고 갔는지도 말해주지 않았다고 가정하자. 그리고 여러분은 야곱의 장례 이야기를 읽는다. 여러분은 어떻게 반응할까? 놀라서 무릎을 치며 성서를 덮고는 '그런데 아이들은 어찌되었지? 어른들이 데려갔을까? 아니면 아이 돌봄 서비스를 맡겼을까? 서비스는 어떻게 예약했지?' 같은 질문을 던졌을까?

아마 이렇게 반응하지 않았을 것이다.

야곱의 아들들이 아버지의 장례를 치르러 가나안에 다녀오는데 아이 돌봄 예약과 가축 돌봄 서비스를 어떻게 처리했는지 미래 세대는 전혀 관심 없다. 왜 성서는 이런 것들을 굳이 말해 주는 것일까?

두 이야기의 수렴

지금까지 나는 출애굽 이야기의 두 끝에 해당하는 에피소드에 언급된 두 특이 사항을 여러분에게 인지시켰다. 하나님이 이집트인들의 죽음에서 취하는 '영광'에 대해, 그리고 야곱의 장례식에서 아이 돌봄 서비스에 대해. 이 두 특이 사항은 각각의 이야기와 잘 조화되지 않는 것 같다. 하지만 우리의 관점을 조정해 보자. 그러면 문맥과 잘 조화될 것이다.

이어지는 논의에서 나는 이 두 내러티브가 별개의 이야기가 아니라 놀라운 방식으로 서로 수렴한다는 사실을 설명하려 한다. 이것을 잘 이해하면 그 까다로운 조각들이 전체 그림에 어떻게 들어맞는지 알 수 있을 뿐 아니라, 출애굽 이야기에 대한 더 크고 풍성한 관점도 소유하게 될 것이다. 다시 말해 소위 '발생할 수 있었던 출애굽'의 프리즘을 통해 실제로 발생한 출애굽을 보게 될 것이다.

이런 새 관점을 얻으려면 야곱의 장례 이야기를 자세하게 살필 필요가 있다. 바로 시작하자.

섬세한 협상

족장 야곱은 결국 가나안 땅에 매장되었다. 하지만 당연한 일은 아니다. 그것은 야곱과 그의 아들 요셉이 벌인 섬세한 협상의 결과였다. 그 협상 구절들을 깊이 생각하지 않고 넘어간 독자가 많을 것이다. 하지만 재미있게도 성서 저자는 그 협상을 서술하려 적지 않은 구절을 할애했고 그 협상을 중요하게 여긴다. 이 사건은 깊게 고찰할 가치가 있음이 분명하다.

성서 저자는 아버지와 아들 간 협상을 서술하며 독자들에게 시간 배경을 제공한다. 본문에 따르면 때는 야곱이 이집트 땅에 살기 시작한 지 7년이 되던 해이다(창 47:28). 죽음을 앞둔 야곱은 사랑하는 아들 요셉을 불러 조상들이 묻힌 그곳에 묻히고 싶다는 바람을 전달한다. 그리고 이어서 토라는 아버지의 요청에 대한 요셉의 대답을 기록한다.

"그[요셉]는 말했다. 요청하신 대로 행하겠습니다"(창 47:30).

ויאמר אנכי אעשה כדברך

바요메르 아노키 에에세 키드바르카

공동의 신앙

만약 창세기가 여기서 끝나고 여러분이 그 다음 장면을 추측한다면 어떻게 답하겠는가? 여러분이 침대에 누워 있던 야곱이라면, 효자 요셉에게 요구하자 요셉이 기꺼이 그러겠다고(예, 아버지. 말씀하신 대로 제가 반드시 이행하겠습니다. 저를 믿으세요. 아버지를 가족 무덤에 매장하겠습니다.)대답했다면, 그 말을 요셉에게서 직접 들었다면 여러분은 어떻게 답하겠는가?

'정말 고맙다. 아들아! 나를 실망시키지 않을 줄 알았다.' 나라면 이런 취지의 말을 했을 것이다. 하지만 야곱은 그렇게 말하지 않았다.

“내게 [그렇게 하겠다고] 맹세해라”(창 47:31).

השבעה לי

히샤브아 리

이 말이 믿어지는가? 여기에 여러분의 충성스러운 아들이 있다. 그는 부탁을 정확하게 이행할 것이라며 걱정하지 말라 한다. 그런데 당신은 그에게 ‘맹세하라고 요구한다.’ 맹세 요구는 민감한 것이다. 야곱은 지금 자신의 아들을 믿지 못하겠다는 뜻 같다.

요셉이 야곱의 요구를 어떻게 생각했는지 모르지만 요셉은 아버지의 요구대로 맹세한다. 그런데 야곱의 다음 행동도 이상하다. 그는 ‘침상의 머리를 향해 절한다’(창 47:31).

미드라쉬의 성현들은 왜 야곱이 그렇게 행동했을까 궁금히 여겼다. 그런 에두른 행동에 어떤 의미가 있을까? 다음은 미드라쉬 성현들이 제안한 해석이다.

“[그는 하나님께 경배한 것이다.] 이는 그의 유업이[3)] 온전해졌기 때문이다. 즉 [그의 자녀들 중] 악인이 하나도 없기 때문이다. [이집트] 왕족이 되었고 또한 이방인들 사이에 [사로잡혀] 살고 있었으나, 요셉이 신실하게 의로움 가운데 머물렀기 때문이다"(신명기 3:23-7:11의 랍비 주석인 〈시프레 바에트하난〉 31과 신명기 32장 랍비 주석인 〈시프레 하아지누〉 334에 인용된 라쉬의 해석).

על שהיתה מטתו שלמה שאין בה רשע שהרי יוסף מלך הוא ועוד שנשבה לבין הגוים והרי הוא עומד בצדקו

알 쉐 하예타 미타토 슐레마 세엔 바흐 레샤으 쉐하레 요셉 멜레크 후 브오드 쉐니슈바 르벤 하고임 브하레 후 오메드 브찌드코

미드라쉬의 성현들에 따르면 요셉이 기꺼이 맹세하겠다고 하자 야곱은 아들의 변치 않는 의로움을 확신했다. 오랜 세월 이집트에서 살았음에도 요셉은 이방 문화에 동화되지 않았던 것이다. 야곱은 그제야 자신의 유업이 '온전함'을 깨닫고 감사의 의미로 하나님께 경배했던 것이다.

정말 17년이나 필요했을까?

미드라쉬의 성현들에 따르면 야곱은 요셉과 장례 절차를 나누다가 마지막에 깨달음을 얻었다. 이집트 생활 17년 만에 처음으로 그는 자기 아들이 이방 문화에 동화되지 않았음을 깨달은 것이다. 문제는 이것이다. 야곱이 그것을 깨닫는 데 정말 17년이 필요했겠는가?

잠시 우리가 야곱이 되어 보자. 그리고 지금까지의 인생 여

정을 돌아보자. 17년의 세월 중 여러분의 아들 요셉이 여전히 충성스럽게 하나님을 경외하는 자(즉 이스라엘 가족의 일원)라는 사실을 느꼈을 때를 하나만 꼽는다면 언제일 것인가?

아마 17년 전일 것이다. 오래전 잃어버린 아들을 20년 만에 재회했을 때이다. 요셉은 달려가 아버지에게 절하고 그를 얼싸안고 울었다. 그리고 가족들을 고센에 정착시키고 가족의 모든 필요를 채워 주었다. 권력을 가졌다 해서 그의 뿌리를 잊은 것은 아니었다. 바로 그때 야곱은 요셉이 얼마나 좋은 아들인지 깨닫지 않았을까? 그런데 왜 미드라쉬의 성현들은 야곱이 그것을 깨달은 시점이 그로부터 17년이 지난 지금, 즉 죽기 직전이라고 하는 것일까?

미드라쉬의 성현들에 따르면 요셉이 온 가족을 돌보아 왔다는 사실에도 불구하고 야곱에게는 다른 염려가 있었다. 야곱에게는 그것이 다른 어떤 일보다 중요했다. 그리고 야곱은 지금 요셉이 그를 정말 가나안에 매장할지 확신하기 원한다. 그래서 그는 요셉에게 '맹세'를 요구한다.

가나안 땅에 매장해 달라는 요구에 요셉의 (맹세를 통한) 동의가 왜 그리 중요했을까? 이것이 야곱의 염려를 해소시켜 준 이유는 무엇일까? 왜 그것이 야곱이 요셉에게 확인해야 했던 것일까?

이 질문들에 답을 찾기 위해서 우리는 세 남자—야곱, 요셉,

요셉 시대의 파라오[4)]—사이에 일어난 일들을 되돌아보아야 한다. 이 세 남자의 관계에서 매우 흥미로운 삼각관계가 형성된다. 그리고 임종 때 야곱이 요셉에게 한 부탁은 이 불편한 삼각관계를 절체절명의 위기로 몰아간다. 이들 관계는 더 이상 이전과 같을 수 없다.

22» 삼각관계

요셉은 오랫동안 이집트의 고관으로 그리고 이집트의 2인자로 살았다. 그런데 왜 그는 한 번도 가나안의 집에 소식을 전하지 않았을까?

이것은 요셉 이야기에서 가장 당혹스러운 문제 중 하나다. 만약 요셉이 아버지를 정말 사랑했다면, 또 실제로도 사랑한 것 같은데 왜 자신이 건강하게 잘 있다는 사실을 아버지에게 기별하지 않았을까? 최소한 엽서 한 장이라도 보낼 수 있었을 것이다. '아빠, 나 여기 이집트에 있어요. 믿지 못하시겠지만, 파라오의 오른팔이 되었어요. 여기 날씨가 너무 좋아요. 아버지도 여기 계시면 좋으련만.' 내용이 어떻든 말이다. 그런데 왜 요셉은 완전히 침묵을 지켰을까?

이것은 오랜 세월에 걸쳐 많은 주석가들이 논의한 문제다. 나는 현대 사상가 요엘 빈 눈(Joel Bin Nun)이[5] 제안한 해석을 소개하려 한다. 빈 눈의 해석에 따르면 요셉은 아버지에게 끔찍한 오해를 품고 있었을지 모른다.

요셉이 어떻게 이집트에 살게 되었는지 기억해 보자. 어느 날 형들이 그를 구덩이에 던지더니 노예로 팔았다. 우리가 알다시피 야곱은 요셉이 무슨 일을 당했는지 전혀 몰랐다. 야곱의 입장에서는 아이가 허망하게 죽은 것이다. 하지만 랍비 빈 눈은 요셉도 그가 떠난 후 가족 상황을 전혀 알 수 없었다는 사실을 상기시킨다. 요셉은 그날 야곱에게 무슨 일이 일어났는지 전혀 몰랐다.

요셉의 시점에서

이것이 진실임을 보려면 요셉이 팔려가는 이야기를 다시 읽고 우리의 편견을 모두 지워야 한다. 우리는 이야기의 주인공들과 달리 때때로 높이 나는 새의 시점, 즉 전지적 시점을 가진다는 점을 기억하라. 이런 경우 이미 알고 있는 바가 이야기의 독해를 왜곡하지 않도록 주의해야 한다.

다시, 요셉이 팔려가는 이야기로 돌아오자. 이런 질문을 던져 보라. 나는 알고 있지만 요셉이 모르는 핵심 사건은 무엇인가?

내가 볼 때 그 핵심 사건은 요셉이 구덩이에서 끌려 나와 대상(隊商)에게 넘겨지고 이집트로 내려가 노예로 팔린 직후에 일어난다. 토라에 따르면 그의 형들은 요셉의 특별한 채색옷을 취하여 그것에 피를 묻히고 아버지에게 가져갔다. 비통에 찬 아버지는 형들이 보여 주는 것을 보게 된다. 즉 야곱은 사랑하는 아들이 광야 어딘가에서 죽었다고 생각한다.

"요셉은 갈기갈기 찢겼구나!"(창 37:33)

טרף טרף יוסף

물론 우리는 그 피 묻은 겉옷의 진실을 안다. 또한 야곱이 아들들에게 속았다는 사실도 안다. 그러나 '요셉'은 이것을 알리가 없다. 이 일들이 벌어질 때 그는 이미 대상과 함께 사라진 후였다. 이제 여러분이 요셉이고, 아버지가 속았다는 사실을 모른다고 생각해 보자. 그것이 그날의 사건 해석에 미칠 영향은 무엇인가? 혹 끔찍하고도 비극적인 오해를 품게 되지 않을까?

요셉의 시선에서 그가 팔려 가기까지 사건들을 재연해보자.

열일곱 살이었던 저는 형들과 양을 치고 있었습니다. 물론 가족 사이에 갈등이 조금 있었어요. 형들은 나를 그다지 좋아하지 않는 듯했습니다. 그때 이상한 꿈들을 꾸기 시작했지요. 첫 번째 꿈에서 저와 형들은 들에서 밀을 수확하고 있었는데, 갑자기 형들의 단이 나의 단에 절을 했습니다. 그다음 꿈에서는 해와 달과 열한 별이 나에게 절했습니다. 그 꿈은 아버지와도 연관된 것 같아서 아버지에게 말씀드렸는데, 제 기억상 그때 아버지는 처음으로 나에게 화를 냈습니다. 그리고 공개적으로 나를 꾸짖었습니다.

'네 어머니와 네 형들, 그리고 내가 너에게 가서 절을 할 것이란 말인가?'라고 말했습니다.

그 일 직후 갑자기 아버지는 내게 심부름을 시켰습니다. '네 형들이 세겜에서 양을 치고 있다. 너를 형들한테 심부름 보내려 한다.'

왜 아버지는 내게 그 위험한 일을 시켰을까요? 더구나 아버지는 형들이 나를 질투하고 있음을 잘 알고 계셨습니다. 나는 그곳에 가서 형들을 만나는 것이 두려웠지만 아버지의 말씀에 순종했습니다.[6)] 순조롭게 풀리기를 희망했지만…… 그렇지 못했습니다. 형들이 나에게 달려들었고, 나는 구덩이에 던져졌지요. 끝내 노예로 팔려가게 되었습니다.

그런데 그 후 나를 찾는 가족, 혹은 노력은 전혀 없었습니다.

야곱은 아들들에게 속았지만, 요셉은 그 사실을 모르고 있다. 사랑하는 아들의 죽음에 충격을 받고 깊은 슬픔 가운데 있었지만 요셉은 그 사실을 모른다. 이런 사실들을 모르는 요셉이 어떤 의심을 품었을까 생각해 보자.

랍비 요엘 빈 눈의 해석에 따르면 요셉은 자신이 집에서 쫓겨났다고 믿었을 가능성이 높다. 아버지도 처음부터 한통속이었을 가능성이 있다. 아니면 형들이 요셉과 그들 중 하나를 선택하라고, 둘 중 하나는 집을 떠나야 한다고 아버지에게 강요했을 가능성도 있다. 혹은 형들이 일을 저질러 놓은 후 아버지를 회유했을 수 있다. 그날 집에 돌아온 형들은 요셉이 이미 이집트로 떠났다고 털어 놓은 후, 그것은 불미스럽지만 가족이 유지될 수 있는 유일한 방법이라고 주장했을 수 있다. 어찌되었든 상관은 없다. 중요한 것은 자신이 쫓겨났다고 요셉이 믿는다는 사실이다.

이것은 전례 없던 일도 아니다.

이스마엘이 가족에 나쁜 영향을 끼친다고 사라가 생각하자 이스마엘은 얼마 지나지 않아 집에서 쫓겨났다. 그다음 세대에서 비슷한 일이 반복된다. 리브가는 야곱을 더 좋아했고에서는 얼마 되지 않아 집을 나간다. 요셉도 똑같은 일을 겪은 것일까?

이집트에 온 요셉은 집에서 쫓겨난 상황을 자주 곱씹었을 것이다. 그리고 그의 의심은 확신으로 바뀌어 간다. 이집트 귀족 밑에서 특권을 가진 종으로 일했지만, 요셉은 곧 무고하게 감옥에 던져진다. 그리고 그곳에서 오랜 시간 다시 고생을 겪는다. 그런데 어느 날 놀랍게도 새로운 사람이 그의 삶에 찾아왔다.

그는 파라오였다.

새아버지 파라오

어느 날 요셉은 갑자기 감옥에서 건져져 이집트 왕 앞에 선

자신을 발견한다. 듣기로는 파라오가 최근 꿈을 꾸었는데 몹시 심란하다는 것이다. 요셉의 해몽 능력을 들은 파라오는 그에게 자신의 꿈을 들려준 후 그 의미를 풀어 달라 요청한다.

성서는 파라오의 존재가 당시 요셉에게 얼마나 큰 구원이었는지 암시를 준다. 예를 들어 파라오가 요셉을 보르(בור), 즉 '구덩이'(창 41:14)에서 끄집어내었다고 성서는 기록한다. 그런데 용어 사용이 이상하다. 엄밀히 말해 요셉은 보르(구덩이)에 있지 않았다. 그는 감옥—베트 하소하르(בית הסהר, 창 39:20)—에 있었다. '보르'는 성서의 현 이야기와 오래전 이야기의 경계를 허물고 있다. 실제로 요셉은 구덩이에 있었다. 13년 전에 형들이 그를 구덩이에 던졌다. 성서는 파라오가 요셉을 감옥에서 빼내었을 때 요셉이 느꼈을 기시감을 암시하는 듯하다. 파라오에 의해 감옥에서 건짐받은 요셉은 옛 구덩이에서 마침내 빠져 나오는 느낌이었을 것이다.

머리를 말끔히 자른 요셉은 파라오가 하사한 좋은 새 옷으로 갈아입는다. 여기서도 성서는 13년 전의 기억을 끄집어내는 듯하다. 형들이 요셉을 구덩이에 던지기 직전 그들은 요셉의 특별한 옷—아버지가 그에게 준 채색옷—을 빼앗았다. 그러나 지금 요셉은 이집트 왕에게서 아름다운 새 의복을 받는다. 이 모든 옷은 파라오의 호의다.

여기서 일정한 패턴이 나타난다. 13년 전의 끔찍한 일들이 조금 다른 모양으로, 즉 정반대로 재연되고 있는 듯하다. 13년 전에 요셉은 채색옷을 빼앗긴 후에 구덩이에 던져졌지만 지금 그는 '구덩이'에서 구출되어 새 옷을 받는다. 이런 반대 패턴은 단순히 사건 발생 순서만이 아니라 내용에도 적용된다—구덩이로 던져졌지만 구출된다. 옷을 빼앗겼지만 새 옷을 받는다.

파라오의 다음 행보도 13년 전에 있었던 어떤 일의 반대가 된다. 그것은 요셉이 구덩이에 던져지기 전, 그가 새 옷을 빼앗기기 전 벌어진 일이다. 성서 본문은 그 일을 다음과 같이 묘사한다.

"그다음 파라오는 요셉을 부르러 사람을 보냈다"(창 41:14).

וישלח פרעה ויקרא את יוסף

바이슐라흐 파르오 바이크라 에트 요셉

누군가에게 가까이 오는 것의 반대는 누군가로부터 멀리 보내어지는 것이다. 옷을 빼앗기기 전 요셉에게 발생한 일이 바로 그것이다. 그는 야곱으로부터 멀리 보내어졌다. 그의 아버지는 형들의 안부를 살피라며 그를 멀리 보냈었다. 그 일—요셉을 내보내는 아버지의 결정—은 요셉이 노예로 팔리는 첫 번째 도미노였다. 첫 번째 '구덩이'로 향하는 첫걸음이었다. 이제 그 재앙의 도미노가 역전될 것이다. 요셉을 구덩이로 보내 버린 어떤 남자를 대신해, 다른 남자가 그를 구덩이에서 끌어낸 후 그를 곁에 둘 것이다.

토라는 이런 패턴을 통해 파라오가 요셉과 만들기 시작한 어떤 관계를 말해 주는지도 모른다. 이 이야기에서 파라오는 야곱의 반대 역할을 수행하고 있다. 요셉이 그의 아버지에게 느꼈을 실망—왜 나를 멀리 보내셨나요? 내가 옷을 뺏긴 채, 구덩이에서 건져 달라고 애원하고 있었을 때 어디에 계셨나요?—이 무엇이었든지 그것은 유배지의 아버지(father-in-exile)가 될 파라오의 행위로 구원받고 있다. 13년 전에 그의 아버지는 그를 멀리 보내 버렸지만 이제 새아버지는 그를 곁에 둘 것이다.

세 가지 선물

요셉을 곁으로 부른 파라오는 그의 꿈을 들려주고 요셉의 의견을 구한다. 요셉이 이상적 아버지의 모습을 마법처럼 그려낼 수 있다면 지금 파라오의 모습이 그것이다. 가나안에 있는 그의 친아버지는 자신의 꿈을 들어보라고 했을 때 꾸짖었다. 그러나 새아버지, 파라오는 요셉에게 '자신의' 꿈을 들어보라고 요청하고 요셉의 해석을 간절히 고대할 것이다.[7)]

요셉은 파라오의 꿈을 성공적으로 해석한다. 왕의 꿈들, 즉 일곱 암소와 일곱 이삭 꿈은 이집트에 7년간 풍요가 있은 뒤

7년의 파괴적 기근이 뒤따를 것임을 가리킨다. 요셉은 당장 생명줄인 곡물을 절약하고 배급을 해야 한다고 파라오에게 조언한다. 그리고 금세 새 직장이 생긴다. 파라오가 왕국 전체의 곡물 공급 관리자로 그를 임명한다. 갑자기 요셉은 온 이집트에서 두 번째로 힘 있는 사람이 된다. 파라오는 자신만이 그를 서열에서 앞설 것이라고 말한다(창 41:40).

왕은 요셉에게 새로운 직장을 주었을 뿐 아니라 아내도 주고, 심지어 새 이름—사브낫바네아—도 지어 준다. 생각해 보자. 어떤 사람이 가족 회사에 취직시켜 주고, 아내도 찾아주고, 이름까지 지어 주겠는가? 그런 사람은 아버지일 것이다.

가족 내의 친숙한 위치

파라오는 요셉에게 아버지같이 되었을 뿐 아니라 오래전 요셉이 가족 내에서 아버지에게 부여받은 지위와 거의 동일한 위치에 요셉을 위치—이 위치는 새아버지 파라오와 새가족 이집트와 관련된다—시킨다. 창세기 37장 첫 구절들은 요셉을 아버지 야곱의 오른팔로 묘사한다. 이제 요셉은 파라오의 오른팔이 된다. 파라오는 보다 큰 가족 안에서 왕의 영향력을 발휘하는 통로로 요셉을 세운다. 여러분은 요셉이 파라오의 브코르, 즉 장남으로 입양되었다고 말하고 싶을 것이다.

전에 가족 내에서 요셉의 리더 역할은 형들에게 눈엣가시와 같았다. 그럼에도 아버지는 요셉을 그의 대리자로 간주한 것 같다. 아니 장남으로 간주했는지도 모른다. 실제로 미드라쉬의 성현들은 야곱이 요셉에게 준 특별한 옷은 아버지의 편애를 드러낼 뿐 아니라 가족 내 지도자로서 요셉의 지위를 상징한다고 말한다. 다시 말해 요셉이 받은 옷은 그의 브코르 지위에 대한 징표였을 가능성이 있다.[8)]

야곱이 요셉을 그의 장남으로 간주했다는 생각은 얼핏 볼 때 터무니없어 보인다. 요셉보다 먼저 태어난 자녀들이 많이 있으니까. 하지만 어떻게 보면 요셉에게 장남의 자격이 충분할 수도 있다. 그는 라헬의 장남이다. 그리고 라헬은 야곱이 본래 결혼하기 원했었던 아내였다.

이집트에서 요셉은 제2통수권자이다. 물론 국가는 가족이 아니다. 하지만 성서 본문은 요셉의 이전 지위에 대한 독자들의 기억을 끌어내려는 듯 가족을 연상시키는 단어를 사용한다. 다음은 파라오가 묘사하는 요셉의 포괄적인 새 권력이다.

> "너는 내 집을 다스리게 될 것이다"(창 41:40).
>
> אתה תהיה על ביתי
>
> 아타 티흐예 알 베티

'국가적' 브코르로서 요셉의 지위는 다른 방식으로도 함축된다. 요셉의 제2통수권자 지위를 예증하기 위해 파라오는 그를 '미르케베트 하미슈네'(מרכבת המשנה), 즉 '제2통수권자의 전차'로 불리는 전차에 태운다(창 41:43)—"그는 제2통수권자의 전차(베미르케베트 하미슈네)에 그를 태웠다"(바야르케브 오토). 여기서 '태우다'로 번역된 히브리어에 주목하라(미르케베트, '전차'도 이 히브리어에서 파생되었다). 그 히브리 단어를 뒤집으면 '브코르'가 된다. 레쉬-카프-베트(rkb, '태우다'와 '전차'에 사용된 어근)는 베트-카프-레쉬(bkr, '장자'에 사용된 어근)를 뒤집은 것이다.

요셉의 마음은?

따라서 요셉이 이집트에서 권좌에 올랐을 때 그는 두 '아버지'를 두게 된 것이다. 이런 궁금증이 생긴다. 그 두 아버지 사이에 일종의 경쟁이 있었을까? 요셉은 이집트에서도 조상들의 하나님 신앙은 유지한 듯하다(요셉은 기회 있을 때마다 전능자의 이름을 언급함에 주저함이 없다).[9] 그렇다면 가족과의 감정적 관계는 어떤가? 그의 마음은 어느 가족에 더 가까운가? 이것이 요셉이 직면한 도전이다. 양아버지가 부어준 사랑, 환대, 권력이 실제 아버지 및 형제들과 이어진 끈을 느슨하게 하거나 궁극적으로 끊어버릴 것인가? 그 운명의 날, 그 구덩이에서 발생한 일에 대한 요셉의 오해를 고려할 때 이 질문들은 더욱 절

실해진다.

이 질문들이 가장 뼈아프게 제기되는 지점은 요셉이 파라오에게 얻은 아내 사이에서 태어난 장남—그가 이집트에서 얻은 장남—에게 이름을 지어 줄 때이다.

> "요셉은 그의 장남의 이름을 므낫세라 불렀다. 이는 하나님이 [감사하게도] 나로 하여금 내 고난과 내 아버지의 집을 잊어버리게 하셨기 때문이다"(창 41:51).
>
> ויקרא יוסף את שם הבכור מנשה כי נשניא להים את כל עמלי ואת כל בית אבי
>
> 바이크라 요셉 에트 셈 하브코르 므낫세 키 낫샤니 엘로힘 에트 콜 아말리 브에트 콜 베트 아비

요셉의 장남 이름이 '하나님이 그를 그의 고통스런 과거로부터 자유롭게 했다'는 뜻이라면, 두 번째 아들의 이름은 '최선을 다하여 새로운 미래를 만들겠다'는 결연한 의지를 표현한다.

> "둘째의 이름을 에브라임이라 불렀다. 이는 하나님이 나로 하여금 내 억압의 땅에서 번성하게 하셨기 때문이다"(창 41:52).

ואת שם השני קרא אפרים כי הפרני אלהים בארץ עניי

브에트 셈 하셰니 카라 에프라임 키 히프라니 에로힘 브에레쯔 온이

놀라운 것은 새 지위가 선사한 권력과 화려함에도 불구하고 요셉은 이집트를 여전히 '억압의 땅'으로 부른다는 사실이다. 왜 그럴까? 아마도 이집트에 노예 신분으로 왔기 때문일 것이다(이 경우 현재는 그리 억압적인 장소가 아닌 것 같다). 혹은 그의 생각에 이집트는 본질적으로 억압의 땅일 수도 있다. 요셉은 그 땅이 그를 아무리 환대해도, 아무리 화려한 부와 권력을 그에게 제공해도 여전히 유배지로 간주한다. 그는 여전히 고향을 그리워하고 있을지도 모른다. 독자들은 어느 것이 사실인지 알지 못한다. 이 모호함을 성서 저자가 의도했을 수도 있다. 즉 요셉도 자신의 마음을 잘 모르는 것이다.

현재로 침입한 과거

그런데 두 자녀가 태어난 바로 그때, 이 질문들이 예고도 없이, 이론이 아니라 실제적으로 바뀐다. 요셉이 예언한 기근이 문명 세계를 덮었을 때 요셉의 형들이 가나안의 가족들을 먹일 식량을 구하러 요셉의 눈앞에 나타난다.

갑자기 파라오의 브코르(장남)는 그의 리더십을 매우 싫어했던 형들의 얼굴과 마주한다. 묻혔던 과거가 순식간에 되살

아난다. 새로운 삶에 익숙해지고, 미래만을 바라보려 했을 때 과거가 무례하게도 현재로 불쑥 침투한 것이다. 그리고 운명이 그에게 던진 이 혼란스러운 현실 속에서 두 명의 아버지(파라오와 야곱)와 요셉을 묶는 사랑의 삼각관계는 고통스러운 시험대에 오른다.

23» 요셉의 선의

요셉은 처음에는 형들과 거리를 둔다. 형들도 그를 알아보지 못한다. 요셉도 굳이 정체를 밝히지 않는다. 정체를 알릴 생각이 있었는지도 확실하지 않다.

그러나 자기 앞에 서 있는 이집트 고관이 오랫동안 못 만난 그의 동생이라는 사실을 전혀 눈치 채지 못한 유다가 요셉에게 간절히 탄원할 때, 모든 상황이 바뀐다.

유다는 절도 혐의로 체포되어 구금된 동생을 놓아 달라고 요셉에게 탄원한다. 붙잡혀 있는 동생은 그냥 동생이 아니다. 그는 요셉의 친동생이다. 라헬과 야곱이 낳은 둘째이다. 토라가 유다의 탄원 연설에 사용한 첫 문장은 시사하는 바가 많다.

"유다가 그에게 가까이 갔다"(창 44:18).

ויגש אליו יהודה

바이가쉬 엘라브 예후다

유다는 요셉에게 정말 '가까이' 다가섰다. 그리고 이어지는 연설에서 지금까지 숨겨져 왔던 모든 개인사를 털어 놓는다. 지금까지는 무정한 이집트 관료와 협상했다면 이제부터 유다는 인간 대 인간으로 호소한다. 그 이집트 관료에게 있는 선과 자비의 모든 감각에 호소한다.

요셉은 유다의 말에서 하나의 주제가 반복적으로 울리는 것을 듣는다. 오래전 자신의 삶에서 홀연히 사라진 라헬의 아들에게 지금도 야곱이 깊은 애정이 있다는 사실을 듣게 된다. 요셉은 그때의 상실로 여전히 고통받는 야곱이 베냐민(고인이 된 사랑하는 아내 라헬과의 유일한 끈)을 잃으면 더 이상 견딜 수 없을 것이라는 사실도 듣는다(창 44:27-29).

랍비 빈 눈(Rabbi Bin Nun)에 따르면 순식간에 요셉의 세계가 완전히 뒤집어졌다. 그는 갑작스레 아버지의 진실을 알게 된 것이다. '지금까지 아버지는 내가 죽었다고 생각했구나! 이 세월 동안 아버지는 속고 사셨구나. 아버지가 나를 집에서 쫓아낸 것이 아니었어! 오히려 내가 없는 세월 내내, 나를 위해 슬퍼하고 계셨구나.'

요셉은 자신이 누구인지를 형들에게 흐느끼며 밝힌다. 그의 말이 너무 충격적이고 감당하기 힘들어서 형들은 얼어붙어 버린다.

> "요셉이 그 형제들에게 말했다. '나는 요셉입니다. 아버지가 살아 계시나요?' 하지만 그 형제들은 대답할 수 없었다. 그들은 그 앞에 너무 당황했기 때문이다"(창 45:3).

ויאמר יוסף אל אחיו אני יוסף העוד אבי חי ולא יכלו אחיו לענות אתו כי נבהלו

מפניו

바요메르 요셉 엘 에하브 아니 요셉 하오드 아비 하이 브로 야클루 에하브 라아노트 키 니브할루 미파나브

그래서 요셉이 다시 말한다. 이번에는 방금 유다가 탄원할 때 썼던 전략을 사용한다. 너무나 감동적인 장면이다. 요셉은 그가 누구인지를 다시 한 번 선언한다. 하지만 그 선언을 더 따뜻하게 만들 방법, 그의 말을 더 다정하고 친밀하게 만들 방법을 찾는다.

"요셉이 그 형제들에게 말했다. '저한테 가까이 오세요. 부탁드립니다.' 그리고 그들이 가까이 오자 그는 말했다. '나는 당신의 형제, 요셉입니다'"(창 45:4).

ויאמר יוסף אל אחיו גשו נא אלי ויגשו ויאמר אני יוסף אחיכם

바요메르 요셉 엘 에하브 그슈 나 엘라이 바이가슈 바요메르 아니 요셉 아히켐

그는 단지 요셉이라고 하지 않고, 그들의 형제 요셉이라고 말한다.

방금 전 유다가 요셉에게 '가까이 갔었다'. 유다는 경계를

풀고 인격적으로 말했다. 이제 요셉이 유다와 똑같이 한다. 그는 형들에게 '가까이 오세요'라고 부탁한 후 부드럽고 다정하게 말하기 시작한다. 그리고 조금 민감한 주제, 즉 구덩이 이야기를 꺼낸다. '맞아요, 형들은 오래전에 나를 이집트에 팔았지요'라고. 그러나 바로 이어서 아량 있게 덧붙인다.

> "하지만 나를 여기로 팔았다고 더 이상 슬퍼하거나 자책하지 마세요. 하나님이 형님들보다 먼저 나를 여기에 보내신 것은 [여러분의] 생명을 위한 것입니다"(창 45:4).

> ועתה אל תעצבו ואל יחר בעיניכם כי מכרתם ותי הנה כי למחיה שלחני אלהים לפניכם
>
> 브아타 알 테아쯔부 브 알 이하르 브에네켐 키 므카르템 오티 헨나 키 르미흐야 슐라하니 엘로힘 리프네켐

옛 꿈에 대한 새 깨달음

이 말로 말미암아 떨어져 살던 형제들 사이에 화해가 이루어진다. 물론 수년 후에 형제들은 요셉을 찾아와 보다 항구적인 관계 회복을 요구한다. 하지만 지금 당장은 요셉의 아량이 그들에게 감명을 준 것 같다. 이 일로 그들은 요셉을 달리 보기 시작한다. 가나안에 돌아간 형제들은 야곱에게 놀라운 소식을

전한다.

"요셉이 아직 살아 있습니다. 그리고 그는 온 이집트를 다스리는 자가 되었습니다"(창 45:26).

עוד יוסף חי וכי הוא משל בכל ארץ מצרים

오드 요셉 하이 브키 후 모셸 브콜 에레쯔 미쯔라임

형들의 말에는 고통스러운 과거의 메아리가 담겼다. '다스리는 자'(모셸)는 형들이 오래전에 화를 내며 요셉을 꾸짖었던 말과 유사하다. 그때 형들은 같은 동사(마샬, '다스리다')를 사용하여 요셉의 꿈에 반응했다. 형들의 단이 자신의 단에 절했다고 하자 형들은 이렇게 말했다.

"네가 정말 우리를 **다스리려느냐?**"(창 37:8)

אם משול תמשל בנו

임 마숄 팀숄 바누

세월이 흐른 지금 그들은 그 꿈의 진정한 의미를 마침내 이해하게 되었다. 요셉이 (가족 서열에서) 형들 위에 선다는 의미가 아니었다. 요셉이 열일곱 살에 불과했을 때 그 말은 분명 그렇게 들렸을 것이다. '우리 단이 네 단한테 절한다고?' 하지만 시간이 흐르고 요셉이 그들에게 보여준 따듯함으로 꿈에 대한 새로운 의미가 형들에게 명확해졌다. '요셉이 다스리는 대상은 우리가 아니라 이집트구나!' 그 꿈은 미래를 이야기하는 것이었다.

돌아보면 그때도 모든 것이 명확했다. 왜 하필 밀단이 꿈에 나왔는가? 야곱의 아들들은 농부가 아니라 목동이었다. 그 꿈은 당시 요셉의 과대망상적 야심이 아니라, 요셉이 맞이할 미래의 기회를 말했다. 미래에 야곱의 가족은 절박하게 밀을 구할 것이고 요셉은 그들이 구하는 밀을 가지고 있다. 그들의 밀단이 요셉의 밀단에 절하는 것은 바로 이런 의미다. 다시 말해 그 꿈에 숨겨진 의미는 요셉이 가족을 구원할 기회를 가진다는 뜻이다. 그리고 요셉은 지금 그 기회를 잘 살리려 한다.

가까움의 땅

가족에 대한 요셉의 선의와 애정은 또 다른 방식으로 명확해진다. 그는 형들에게 가나안으로 서둘러 돌아가 아버지를 모시고 이집트로 오라고 한다. 가족이 이집트에 도착하자 요셉은 가까운 곳에서 가족 모두의 생계를 책임질 것이라 말한다.

"형님들은 여기 고센 땅에 정착할 것입니다. 그래서 형님들, 형님들의 자녀과 손자들이 나와 가까이 살게 될 것입니다. 나는 그곳에서 형님들 모두의 생계를 책임질 것입니다"(창 45:10-11).

וישבת בארץ גשן והיית קרוב אלי אתה ובניך ובני בניך...וכלכלתי אתך שם

브야사브타 브에레쯔 고셴 브하이타 카로브 엘라이 아타 우바네카 우브네 바네카…브킬칼티 오트카 샴

요셉의 소원이 기근 때에 식량 공급, 즉 실용적 혜택 제공을 넘어선다는 점을 보라. 그런 목적이라면 가족 모두를 이집트로 데려와 고센 땅에 정착시킬 필요는 없었다. 그는 이집트에서 둘째 가는 권력자였고 가나안에 있는 가족을 쉽게 챙길 수 있었을 것이다. 예를 들어, 3개월에 한 번씩 식량과 기타 생필품을 낙타에 실어 가나안의 가족에게 보낼 수 있었을 것이다. 가족들에게 고센으로 내려오라 말했을 때 요셉은 다른 생각이 있었다. 그리고 그는 그것을 거리낌없이 말한다. '당신들과 가까이 살고 싶다.'

요셉이 형들에게 한 말을 다시 읽어 보라. '고센에 정착하세요. 그러면 형님들이…… 나와 가까이 살게 될 것입니다.' 그리고 요셉이 함께 살고 싶은 사람들은 요셉의 형들만이 아니다. 요셉은 형들의 '자녀와 손자들'과도 가까이 살면서 그들이

커가는 것을 보기 원한다. 그는 너무 오랫동안 가족과 떨어져 있었다. 이제 그들과 가까이 있고 싶은 마음이 굴뚝같다.

심지어 가족을 정착시킨 장소인 '고센'도 '가까움'을 연상시킨다. 고센이 이미 있던 지명인지, 요셉이 그 자리에서 작명했는지는 잘 모른다. 하지만 '고센'은 '구슈-나'(גשו נא), 즉 요셉이 형들에게 던진 최초의 친밀한 말(창 45:4)과 우연이라 보기에는 너무 비슷하다. '구슈-나'는 '가까이 오세요. 부탁입니다'라는 뜻이다. 요셉의 머릿속에 고센 땅은 '가까움의 땅'은 아니었을까?

권력의 감옥

요셉의 입장에 민감한 역설이 있다. 보통 가족과 가까이 살고 싶으면 가족을 이주시키거나, 아니면 가족 근처로 이사할 것이다. 그러나 요셉의 경우 후자는 선택지가 아니었던 것 같다. 요셉은 이집트를 떠날 수 없다. 심각한 국가 위기 극복에 이집트는 요셉의 단호한 지도력이 필요하다. 지금 그는 공직에서 내려올 수 없다. 또한 내려온다면 가족을 먹여살릴 수도 없게 될 것이다. 역설적이게도 요셉은 파라오에게 인정받은 신묘한 재능들 때문에 감옥에서 벗어났지만 어떤 의미에서 그 재능들의 포로가 되었다.

요셉은 그의 큰 권력이 잠재적으로 족쇄가 될 수 있음을 인지했을까? 답은 분명하지 않지만 야곱이 그 점을 어느 정도 인지하고 있었다는 사실은 확실하다. 요셉을 만나러 이집트로 내려가던 그는 브엘세바에서 하루를 보낸다. 이때 야곱은 오랫동안 못 만난 그의 아들과 이집트에서 긴 주말을 함께 보낸 후 가나안으로 돌아온다는 생각이었을지 모른다. 그런데 그곳에서 예언적 꿈을 꾼다. 하나님이 이렇게 말씀하신다.

> "이집트로 내려가는 것을 두려워 말라. 나는 그곳에서 너를 큰 민족으로 만들 것이다"(창 46:3).

> **אל תירא מרדה מצרימה כי לגוי גדול אשימך שם**
>
> 알 티라 메르다 미쯔라예마 키 르고이 가돌 아심카 샴

야곱이 두려워하고 있다고 누가 말했는가? 야곱은 기쁨으로 충만하지 않은가? 그가 두려워할 일이 무엇인가? 그럼에도 이번 여정에서 야곱이 두려워할 일이 있었음은 분명해 보인다. 야곱은 요셉을 볼 생각에 행복한 듯 보였지만 분명 두려움을 느끼고 있었다. 그와 그의 가족이 지금 이집트로 내려가고 있다. 요셉이 그곳에서 그들을 보살펴 줄 것이다. '하지만 다시 가나안에 돌아올 수 있을까? 이집트를 떠날 수 있을까?'

두려워하라 매우 두려워하라

수십 년 전에 야곱은 전능의 하나님께 두 가지 약속을 받았다. 많은 후손을 얻는 것과, 그의 후손이 가나안 땅을 선사받는 것이다(창 28:13-14). 그때 약속을 들었다면 누구나 두 약속이 동시에 실현된다고 생각했을 것이다. 다시 말해 야곱의 운명은 가나안 땅에 정착하여 자녀를 낳아 그 조국 땅에서 이스라엘 민족을 출범시키는 것이다. 이 사명을 위해 야곱은 그의 장인 라반의 집에서 오랫동안 머물다가 가족과 함께 가나안 땅으로 돌아왔던 것이다. 즉 그는 영구 정착을 희망하며 귀향한 것이다.

> "그리고 야곱은 조상들이 나그네로 살았던 그 땅 가나안 땅에 정착했다"(창 37:1).

וישב יעקב בארץ מגורי אביו בארץ כנען

바예셰브 야아코브 브에레쯔 므구레 아비브 브에레쯔 크나안

이것은 야곱의 위대한 업적이 되었을 것이다. 그의 조상들은 모두 가나안에서 살았지만 나그네였을 뿐이다. 야곱은 그곳에 정착한 최초의 이스라엘이 될 수 있었다. 적어도 그는 그렇게 소망했다. 이 구절의 동사들은 그것을 분명히 한다. 야곱

은 조상들이 나그네로 살았던 그 땅 가나안에 정착했다. 라반의 집에서 돌아온 야곱은 그의 인생 사명이 거의 성취되었다고 생각했다. 이제 그에게 남은 일은 정착하여 자녀들을 낳아 그들이 자신의 땅에서 민족을 이루는 것이다.[10] 하지만 그것은 요셉이 팔려가기 이전이었다. 시간이 흐른 지금 그 꿈은 서서히 사라지고 있다. 이집트에 있는 요셉이 좋은 의도로 차근차근, 그러나 여지없이 가족 모두를 이집트로 데려와 함께 살려 할 것이다.

야곱은 평생 가나안에 정착하려 힘썼다. 그런데 인생 말년에 지금 이집트로 내려가고 있다. 그에게 주신 하나님의 말씀은 달지만 쓰다.

> "이집트로 내려가는 것을 두려워 말라. 나는 그곳에서 너를 큰 민족으로 만들 것이다"(창 46:3).

> אל תירא מרדה מצרימה כי לגוי גדול אשימך שם
>
> 알 티라 메르다 미쯔라예마 키 르고이 가돌 아심카 샴

여기서 하나님은 아주 오래전에 야곱에게 주신 그 처음 약속을 해설해 주는 듯하다. '그래, 전에 말했듯 나는 너를 큰 민족으로 만들 거야. 하지만 너는 가나안 땅에서 큰 민족이 되지

는 않아. 대신 너의 후손은 유배지에서, 즉 이집트 땅에서 번성하게 될 거야. 큰 민족이 조상들의 땅 밖에서 건설될 거야.'

퉁명스러운 야곱

야곱의 꿈이 남긴 씁쓸한 뒷맛은 당혹스러운 성서 본문을 설명할 수 있다. 야곱이 이집트에 도착하자 요셉은 그를 파라오에게 소개한다. 야곱은 파라오를 축복했고 파라오는 야곱과 가벼운 대화를 시도한다. 즉 그는 선의로 야곱에게 나이를 묻는다. 그런데 야곱의 대답이 다소 의외이다.

> "야곱이 파라오에게 말했다. '내가 나그네로 살아온 세월은 130년입니다. 내 인생의 세월들은 적고 실망스럽습니다. 그것은 내 조상들이 나그네로 살아온 날들, 그들 인생의 세월에 견줄 수 없습니다'"(창 47:9).

ויאמר יעקב אל פרעה ימי שני מגורי שלשים ומאת שנה מעט ורעים היו ימי שני חיי ולא השיגו את ימי שני חיי אבתי בימי מגוריהם

바요메르 야아콥 엘 파르오 예메 슈네 므구라이 숄로심 우므아트 샤나 므아트 브라임 하유 슈네 하야이 브로 히시구 에트 예메 슈네 하예 아보타이 비메 므구레헴 왜 야곱은 퉁명스럽게 대답했을까? 파라오는 지금 장수한 야곱을 칭찬하려 나이를 물었다. 그런 파라오에게 왜 야곱은 까칠하게 대답했을까?[11]

파라오 앞에 선 야곱은 무엇인가 마음에 걸렸던 것 같다. 그것은 자신의 사명을 이루지 못하고 있다는 인식이다. 인생의 황혼에 와 있는데 아직도 조상들처럼 나그네로 살고 있다.[12] 그는 민족-건설의 과업을 시작하기 위해 가나안에 정착했지만, 이집트에 내려온 그는 더 이상 그것을 할 수 없다. 물론 그와 그의 가족은 이집트에서 생존할 것이다. 굶어 죽지 않을 것이다. '하지만 이집트가 정말 있어야 할 곳인가?'

특혜 뒤의 그림자

야곱이 파라오를 알현하고 퇴장한 직후, 본문은 흥미로운 장면을 전한다. 요셉의 형들은 파라오에게 그 땅에 잠시 머물려고 왔다고 했지만(창 47:4), 요셉은 그의 형들과 아버지에게 나그네나 객이 가질 수 없는 것을 선물한다.

> "요셉은 그의 아버지와 형제들을 정착시키고 그들에게 이집트 땅에 유업을 주었다"(창 47:11).

ויושב יוסף את אביו ואת אחיו ויתן להם אחזה בארץ מצרים

바요셰브 요셉 에트 아비브 브에트 에하브 바이텐 라헴 아후자 브에레쯔 미쯔라임

유업은 성서에 묘사된 토지 소유 방법 중 가장 강력한 것이다. 후에 이 특별한 단어 '아후자'(유업)는 가나안 땅에 대한 이스라엘의 소유권을 특징짓는 말로 사용된다(민 32:22). 요셉이 그의 가족에게 준 이집트 땅도 영구 소유를 위한 것이었다.

이처럼 요셉은 그의 가족이 이집트에서 나그네로 살지 않도록 힘을 쏟는다. 그들은 '여기 사람처럼' 느끼게 될 것이다(창세기 47장 11절 람반 주석). 파라오에게 야곱이 불평—인생 말년에 나그네로 사는 것—하는 소리를 들은 요셉이 가족의 이민자 지위에 이런 작은 조정을 가하는 것은 우연이 아니리라. 요셉은 그의 아버지와 형제들이 가까이 살기를 원한다. 그러나 난민으로 사는 것은 원치 않는다. 요셉은 그들이 정착하기를 바란다. 그래서 그들에게 이집트 땅을 아후자, 즉 유업으로 준다.

요셉의 의도대로 가족들은 이집트에서 땅을 '소유하고' 살면서 번성하여 많은 수를 이룬다. 창세기 47장 27절이 표현한 대로 그들은 이집트의 고센 땅을 '소유'하게 된다. '소유했다'로 번역된 히브리 동사(바예아하주, ויאחזו)는 '유업'의 의미를 포함하며, 앞서 사용된 '아후자'와 언어유희를 이룬다. 겉으로 볼 때 야곱 가족은 이제 안정되었다. 그들은 요셉과 가까운 땅에

산다. 모든 것이 잘되었다.

요셉이 볼 때도 자신의 가족을 이집트에 유업을 가진 지주로 만든 것은 큰 특혜였다. 하지만 적어도 한 사람은 이 모든 일에 드리운 그림자를 알고 있었다. 그 사람은 야곱이었다. 가족의 사명은 이집트가 아니라 가나안에 있다. '하지만 그들이 가나안에 돌아갈 수 있을까?' 야곱은 70명을 이끌고 이집트로 내려왔다. 야곱이 죽을 때쯤 그의 가족은 수백 명이 되었다. 그 가족은 부유하고 특권을 누린다. 그들은 이집트의 지주이다. 그곳에서 자란 아이들은 이집트밖에 모른다. 그들이 이집트를 떠나려 할까?

이것이 야곱과 요셉의 운명적 대화의 배경이다.[13] 이집트에 발을 들인 후 17년이 지난 지금, 야곱은 그의 아들을 불러 중요한 말을 꺼내려 한다. 그것은 야곱이 지금까지 피해왔던 주제이다. 하지만 마침내 죽음을 목전에 둔 그에게 다른 선택지는 없었다. 말해야 할 것을 그는 말할 것이다. 그리고 진정 충성할 아버지로 누구를 선택할지는 오로지 요셉의 결정이다.

24» 두 아버지 사이에서

만약 살아서 가나안 땅을 '(유업으로) 소유'할 수 없다면 야곱은 죽어서라도 그 땅에 묻히길 원한다. 이를 위해 그는 요셉을 불렀다. 그리고 그를 가나안 땅, 조상들이 묻힌 그 굴에 매장해 달라고 부탁한다. 요셉이 그렇게 하겠다고 했지만 야곱은 만족하지 않는다. 그는 맹세하라고 요구한다. 앞서 우리는 왜 이 일에 신성한 맹세가 필요한지 질문했다. 이제 그 이유가 이해된다.

요셉은 두 남자, 즉 자신을 낳은 아버지 야곱과 상징적 아버지 파라오의 아들이었다. 그 두 남자의 이익이 서로 일치하는 한 전혀 문제는 없다. 하지만 '그렇지 않은 경우' 무슨 일이 벌어질까?

야곱이 가나안에 매장되기를 원한다면 분명 파라오의 이익과 멀어진다. 이제 이 두 남자를 모두 행복하게 만드는 방법은 없다.

이집트인들의 눈에 야곱은 누구인가? 그는 이집트의 구세주 요셉의 아버지다. 즉 야곱은 이집트 왕족이다. 그가 죽으면 온 이집트가 70일 동안 그를 위해 애곡할 것이다. 그의 장례는 이집트 국장(國葬)으로 치러진다. 그런데 이집트 국장이 중동의 작고 후미진 동네인 가나안에서 개최되는 것을 파라오가 어떻게 생각할까? 엘리자베스 여왕이 죽어 영국이 아닌 조그만 섬에 묻힌다고 상상해 보라. 이집트 왕에게 그런 요구를 하는 것 자체가 '위험한' 일일 것이다.[14] '위험한 일'은 비교적 신사적인 표현이다.

요셉의 선택

그럼에도 요셉은 야곱을 가나안에 묻겠다고 맹세한다. 그때 야곱이 침대 머리를 향해 절한다. 이제 우리는 미드라쉬 성현들의 해석, 즉 야곱이 감사의 마음으로 하나님께 절했다는 의미를 이해할 수 있다.

> "요셉은 [이집트의] 왕족이었다. 더욱이 그는 이방인들 가운데 사로잡혀 [살았다]. 하지만 그는 의로움 안에 신실하게 거했다"(〈시프레 바에트하난〉 31, 〈시프레 하아지누〉 334에 인용된 라쉬의 해석).

> יוסף מלך הוא ועוד שנשבה לבין הגוים והרי הוא עומד בצדקו
>
> 요셉 멜레크 후 브오드 셰니슈바 르벤 하고임 브하레 후 오메드 브찌드코

앞서 우리는 이렇게 물었다. 야곱은 요셉이 이집트 문화에 동화되지 않은 의인임을 깨닫는 데 왜 17년이나 필요했을까? 처음 요셉과 재회했던 17년 전, 즉 요셉이 그를 얼싸안고 울며

가족의 모든 필요를 돌보겠다고 약속했을 때 왜 그것을 깨닫지 못했을까?

이제 그 답을 알 것 같다. 요셉이 야곱을 가나안에 묻겠다고 맹세하자 비로소 야곱은 요셉이 충성된 아들임을 '참으로 알게 된다.' 요셉이 가족의 생계를 책임진다면 좋은 일이며 파라오와 관계가 틀어질 일도 없다. 하지만 가나안에서 이집트 국장을 치르는 것은 전혀 다른 문제다. 요셉은 야곱의 요구를 들어주려다가 심각한 대가를 치를 수 있다. 즉 파라오의 호의를 잃을 수 있었다. 이 때문에 요셉이 '맹세했을' 때 야곱은 그것의 의미를 잘 알았다. 즉 요셉이 파라오가 아닌 야곱을 선택했다는 것이다. 경쟁하며 싸우는 두 아버지와 그들의 상반되는 이익 사이에서 요셉은 야곱과 그의 이익을 선택했다는 뜻이다.

우리 집은 어디에?

사실 가나안 매장은 그저 시신 처리에 그치지 않는다. 그것은 가족의 운명(사명)과 관련된다. 야곱이 요셉에게 정말 하고 싶었던 말은 다음과 같다. '아들아, 보거라. 이집트는 좋은 곳이다. 파라오도 매우 친절하다. 하지만 솔직히 말해 이집트는 우리가 있을 곳이 아니야. 우리 집은 하나님이 약속한 땅 가나안이다. 그곳에 우리 가족의 '아후자', 즉 유업의 땅이 기다리

고 있다.'

이집트에서 하나님을 경외하는 귀족으로 사는 것은 이스라엘인들의 사명(운명)이 아니었다. 그들의 운명은 자신들의 땅에서 나라를 이루는 것이다. 야곱이 이집트를 다스리는 그의 아들 요셉에게 던진 진짜 질문은 바로 이것이다. '너는 그 비전을 이루기 위해 헌신할 준비가 되었느냐?' 조국에 대한 우리 가족의 비전, 이집트에서 절대 이룰 수 없는 보다 큰 민족적 사명에 대한 우리 가족의 비전을 공개적으로 지지할 수 있는가?

그리고 요셉은 야곱의 도전에 긍정적으로 응답한다. 그는 가족의 운명에 공감하고 그것을 위해 나름의 역할을 수행할 것이다. 개인적 희생이 있다 해도 그 비전을 위해 노력할 것이다. 이런 관점에서 이어지는 대화를 살펴보자.

임종 대화

토라의 기록에 따르면 야곱을 가나안 땅에 매장하겠다고 맹세한 요셉은 그 후 얼마 지나지 않아 다시 야곱을 방문한다. 그 때 두 아들 에브라임과 므낫세도 데려간다. 그 자리에서 야곱은 하나님이 오래전 그에게 주신 가나안 땅에 대한 약속을 설명한다.

"주께서 가나안 땅 루스에서 나에게 나타났단다. 그분이 나를 축복하며 이렇게 말했지. '나는 너의 후손을 크게 번성하게 할 것이고, 너를 많은 백성 민족으로 만들 것이다. 그리고 이 땅을 너 뒤의 후손들에게 영원한 유업으로 줄 것이다'"(창 48:3-4).

אל שדי נראה אלי בלוז בארץ כנען ויברך אתי: ויאמר אלי הנני מפרך והרביתך ונתתיך לקהל עמים ונתתי את הארץ לזרעך אחריך אחזת עולם

엘 샤다이 니르아 엘라이 브루즈 브에레쯔 크나안 바에바레크 오티: 바요메르 엘라이 히느니 마프리카 브히르비티카 운느타티카 리크할 암밈 므나타티 에트 하아레쯔 하조트 르자르아카 아하레카 아후자트 올람

야곱은 지금 요셉과 그의 아들들에게 그가 가나안에 묻히기 원하는 숨은 이유를 알려주고 있다. '하나님이 나에게 후손과 땅, 두 가지를 약속했다. 여기 이집트에서 후손에 관한 약속이 성취되고 있다. 하지만 땅에 대한 약속은 아직 이루어지지 않고 있다. 가나안이 우리의 조국과 유업의 땅이 될 것이다. 너희들이 나를 가나안에 묻기로 동의한 의미는 바로 이것이다.'

에브라임과 므낫세

야곱은 곧이어 자기 앞에 서 있는 두 손자들에 대해 무엇인

가를 말한다. 언뜻 보기에는 방금 전 가나안에 대해 말한 것과 전혀 상관없어 보인다.

> "내가 이집트로 너에게 오기 전에 이집트에서 너에게 태어난 두 아들, 그들은 내 것이다. 에브라임과 므낫세, 그들은 르우벤과 시므온[내 아들들]처럼 내 것이 될 것이다"(창 48:5).

> **ועתה שני בניך הנולדים לך בארץ מצרים עד באי אליך מצרימה לי הם אפרים ומנשה כראובן ושמעון יהיו לי**
>
> 브아타 슈네 바네하 하놀라딤 르카 브에레쯔 미쯔라임 아드 보이 엘레카 미쯔라예마 리 헴 에프라임 우므나세 키르우벤 브시므온 이흐유 리

지금 야곱이 요셉에게 하는 말은 요셉의 두 아들인 에브라임과 므낫세를 자기 자식처럼 소중히 간주하겠다는 의미로 보인다. 물론 할아버지가 가질 수 있는 감동적인 마음이다. 하지만 그 이상의 의미가 있는 것 같다.

야곱이 에브라임과 므낫세의 출생을 어떻게 묘사하는지 보라. 그는 그들을 '내가 너에게 오기 전에 이집트에서 너에게 태어난 두 아들'로 부른다. 왜 굳이 그런 긴 사족을 붙여야 했을까? 그는 요셉이 자기 아들들의 나이를 잊어버렸다고 생각

했는가? 그래서 요셉에게 에브라임과 므낫세의 나이를 상기시켜 주는 것인가?

아니다. 야곱은 그와 완전히 다른 메시지를 전하고 있다. 죽기 전에 야곱은 요셉의 고통스러운 과거, 즉 두 자녀의 출생이 상징하는 아픔을 인정하고 사랑으로 구속하려는 것이다.

에브라임과 므낫세는 어떤 존재**였는가?** 그들의 출생은 요셉에게 어떤 의미였는가? 이들은 요셉이 이집트에서 권력의 정점에 막 도달했을 때, 가족에게 버림받았다는 결론에 도달했을 때에 태어났다. 이 아이들이 태어났을 때는 가나안에서 보냈던 삶을 회복할 가능성은 거의 없어 보였다. 선의의 파라오는 야곱을 대신했고 그에게 새 이름과 아내를 주었다. 그리고 그 아내에게서 그는 두 아들을 낳았다. 그가 아들들에게 붙인 이름은 가족에게 버림받았다는 생각이 주는 고통과 타지에서 새롭게 살겠다는 희망을 드러낸다. 므낫세—'하나님이 내 고통, 내 아버지 집의 모든 것을 잊게 하셨다.' 에브라임—'하나님이 억압의 땅에서 내게 자녀들을 주셨다.'

이 이름들이 우리 마음을 아리게 하는가? 그렇다면 야곱의 마음은 얼마나 더 아팠을까? 이런 관점에서 야곱의 이 말을 이해해야 한다—이 아들들은 참으로 '내가 이집트로 너에게 오기 전에 이집트에서 너에게 태어난 두 아들'이었다. 에브라임과 므낫세는 요셉에게 '지나간' 이집트, 야곱이 요셉의 인생에 다시 돌아오기 전의 이집트를 상징했다. 고아 요셉을 한때 노예로 삼았으나 후에는 보상이라도 하듯 요셉을 돌보아 준 이방 나라를 상징했다. 요셉이 이런 일들을 겪을 때 야곱은 아주 멀리 있었다. 이 두 자녀들은 야곱과 요셉 사이의 메꿔지지 않을 것 같던 거리를 상징한다.

요셉의 두 아들들에게 야곱이 할 수 있는 최선은 정중하게 대하고, 그들이 지날 때 상냥하게 웃어주는 것이라 생각하기 쉽다. 즉 손자들이 그들 이름이 상징하는 깊은 소외감을 느끼지 않도록 배려하는 것이라 생각하기 쉽다. 아니면 야곱은 차갑고 냉담한 태도를 취할 수도 있었을 것이다.

하지만 야곱이 실제 취한 모습은 그것이 아니었다. 야곱은 요셉에게 손자들을 온전하게 받아들이겠다고 한다. 이는 요셉의 맹세에 대한 일종의 화답이다. 요셉은 야곱을 가나안에 매장하겠다 맹세함으로써 자신을 아버지로부터 분리시켰던 간극을 메웠다. 요셉은 이미 아버지 야곱의 비전, 이집트가 사라지고 없는 미래를 수용하였다. 이제 야곱이 화답할 차례다. 이제 야곱이 그 아들이 겪은 고통, 가나안이 비극적으로 사라진 것 같았던 과거를 수용하고 구속할 차례다. 요셉이 아버지의 집에서 소외되었던 때를 상징했던 이 자녀들, 야곱은 그들을 자기 아들처럼 아낄 것이다.

또 한 번의 17년

이게 다가 아니다. 에브라임과 므낫세에 관한 야곱의 선언은 그보다 깊은 의미도 포함한다. 야곱이 손자들을 자기 자식으로 간주하겠다는 말은 그들을 한 세대 승격시키는 것이다. 그럼으로써 야곱은 그들에게 영원한 의미가 담긴 새 지위를 부여한다. 에브라임과 므낫세가 정말 르우벤과 시므온처럼 '된다면', 그들도 야곱의 아들들처럼 가나안 땅에 자기만의 땅을 가진 지파를 이룰 것이다.[15] 그리고 그대로 성취되었다. 이스라엘 지파에 르우벤, 시므온, 레위는 있지만 요셉은 없는데 이는 '한 세대 승격된' 에브라임과 므낫세가 요셉을 대신해 지파를 이루었기 때문이다.

요약하면 야곱의 다른 아들들은 이스라엘의 한 지파의 조상이 된 반면, 요셉은 에브라임과 므낫세를 통해 두 지파의 조상이 되었다. 신명기에 익숙한 독자들은 여기서 다음 의미를 읽어낼 것이다. 즉 요셉은 아버지의 유산에서 '갑절'이 되는 몫을 받은 것이다. 이것은 유산과 관련된 후대의 성경 율법과 공명한다. 토라는 '브코르', 즉 장자에게 아버지 재산의 갑절을 주도록 규정한다(신 21:16-17). 에브라임과 므낫세를 아들로 삼은 야곱은 장자의 지위를 요셉에게 부여한 것처럼 보인다. 그렇다! 요셉이 궁극적으로 진정 '브코르'로 불릴 수 있다는 사실을 확인해 준다.[16]

요셉이 생물학적으로 장자인지 여부는 더 이상 초점이 아니다. 요셉은 헌신적으로 가족의 이익에 봉사함으로써 가족의 브코르 역할을 한 것이다. 오래전에 아버지는 특별한 옷을 주며 요셉에게 이런 지위를 부여했다.[17] 요셉이 그 겉옷을 받을 자격이 있었는지는 분명하지 않다. 그래서 요셉의 형들이 분노했을 것이다. 하지만 그때는 그때이고, 지금은 지금이다. 세월이 흘렀고 요셉은 가족을 굶어죽을 위기에서 구했다. 그리고 지금, 야곱이 임종을 앞둔 상태에서 요셉은 개인적 희생을 감수하더라도 아버지의 유언을 존중하겠다고 맹세했다. 어느 면으로 보나 그는 진정한 의미에서 브코르(장자)이다. 형들의 복지와 아버지의 비전에 대승적으로 헌신한 자녀-리더(child leader)였다.

그 아버지에 그 아들

이 모든 것을 생각할 때 요셉 자신의 장례 절차를 서술하는 창세기의 마지막 구절들은 큰 안타까움을 준다.

> "요셉이 그 형제들에게 말했다. '나는 죽을 것입니다. 하지만 하나님께서 여러분들을 반드시 구원하여 이 땅으로부터 아브라함과 이삭과 야곱에게 약속하신 그 땅으로 데려가실 겁니다.' 그리고 요셉은 다음과 같이 말하며 이스라엘 자녀들로

맹세하게 했다. '하나님이 여러분들을 구원하실 [때], 여러분들은 이 [장소]에서 내 해골을 매고 올라가셔야 합니다'"(창 50:24-25).

ויאמר יוסף אל אחיו אנכי מת ואלהים פקד יפקד אתכם והעלה אתכם מן הארץ הזאת אל הארץ אשר נשבע לאברהם ליצחק וליעקב: וישבע יוסף את בני ישראל לאמר פקד יפקד אלהים אתכם והעלתם את עצמותי מזה

바요메르 요셉 엘 에하브 아노키 메트 벨로힘 파코드 이프코드 에트켐 브헤엘라 에트켐 민 하아레쯔 하조트 엘 하아레쯔 아셰르 니슈바 르아브라함 르이쯔하크 울르야아코브: 바야슈바 요셉 에트 브네 이스라엘 레모르 파코드 이프코드 엘로힘 에트켐 브하알리템 에트 아쯔모타이 미제

하나님께서 여러분들을 '구원하실 것입니다.' '구원'은 강력한 단어다. 왜 그 가족은 이런 풍요의 땅에서 구원받을 필요가 있을까? 가족을 구원하려 이집트로 데려온 요셉은 임종의 자리에서 그의 가족들이 '이집트에서 나오려면' 하나님께 구원을 받아야 한다고 이야기한다. 잘나가던 시절에 요셉은 이집트를 떠날 수 없었다. 하지만 지금 그의 가족, 민족들도 이집트를 떠날 수 없다. 온갖 달콤함을 주는 이집트의 풍요는 진정 감옥이 되었다. 그 달콤함이 언젠가 적의(敵意)로 바뀌면 이집트는 한층 더 큰 감옥이 될 것이다.

자신을 가나안에 묻으라고 아버지가 요셉에게 맹세시켰듯이, 이제 요셉도 그의 형제들에게 이렇게 맹세하라 한다. 언젠가 그들은 모두 이집트를 떠난다. 언제일지는 모르지만 이집트를 떠날 때 요셉의 뼈를 반드시 가지고 가겠다고 약속해야 한다. 그때 하나님이 조상들에게 약속한 땅은 다시 한 번 그의 집이 될 것이다. 살아서 아니된다면 적어도 죽어서는 그리 될 것이다.

요셉의 왕관

두 아버지와의 관계에서 요셉이 보여준 처신은 또 한 번 고개를 갸우뚱하게 만드는 미드라쉬 성현들의 해석 배경이 된다.

성서 본문에 따르면 야곱이 매장되기 직전 요단강 동안(西岸)의 한 장소에서 야곱을 위한 추도식이 있었다. 그 장소의 이름은 고렌 하-아타드('아닷 타작 마당', 개역개정)인데, 그 의미는 '가시나무로 울타리 처진 타작 마당'이다(창세기 50장 11절, 라쉬 주석). 미드라쉬의 성현들은 그 장소의 이름이 야곱의 장례식 도중 발생한 어떤 사건과 연관 있다고 말한다(〈소타〉 13a, 라쉬 인용).

탈무드에 따르면 야곱의 장례가 진행 중일 때 가나안의 왕들과 이스마엘의 군주들이 의기투합했다. 그리고 야곱을 추도하려 모인 이스라엘인들을 공격하려 했다. 그런데 바로 그때 그들은 무엇인가를 보고는 공격을 멈춘다.

> “요셉의 왕관이 야곱의 관에 매달려 있는 것을 그들이 보았을 때, 모든 [왕과 군주들이] 멈추어 서서, [그들의 무기를 버렸고] 자기들의 왕관들도 그곳에 걸었다. 그리고 그의 관을 왕관으로 둘렀다. 마치 가시나무 울타리로 둘러싸인 타작 마당처럼 말이다”(〈소타〉 13a. 창세기 50장 10절 라쉬 주석에 인용).

> כיון שראו כתרו של יוסף תלוי בארונו של יעקב, עמדו כולן ותלו בו כתריהם, והקיפוהו כתרים כגורן המוקף סייג של קוצים
>
> 케반 셰라우 키트로 셸 요셉 탈루이 브아로토 셸 야아코브, 아므두 쿨란 브탈루 보 키트레헴, 브히키푸후 크타림 크고렌 하무카프 스야그 셸 코찜

미드라쉬의 성현들은 이 수수께끼 같은 이야기로 무엇을 말하려는 것일까? 왜 가나안과 이스마엘의 왕들은 야곱의 후손들을 공격했을까? 그리고 요셉의 왕관을 보자 공격을 멈추고 그들의 왕관을 야곱의 관(棺)에 걸어 놓은 이유는 무엇일까?

미드라쉬의 성현들이 그 공격자들을 무엇이라 칭했는지 생각해 보라. 그들은 이른바 ‘묻지 마’ 공격자들이 아니었다. 그들은 가나안과 이스마엘의 왕들과 군주들이었다.

이 민족들의 창시자인 가나안과 이스마엘을 회고해 보자. 이 둘은 어떤 공통점이 있는가?
그들은 모두 유업을 박탈당한 자녀들이었다.

가족으로부터 쫓겨남

가나안은 노아의 저주를 받고 가문에서 쫓겨났다. 이스마엘 역시 아브라함이 쫓아낸 아들이었다. 유업을 박탈당한 이 두 자녀들이 이제 다른 자녀들—아버지가 사랑하여 유업을 상속해 준 자녀들—을 공격하기 위해 온 것이다.

셈은 노아에게 인정받은 아들이다. 셈의 후손인 이삭도 그의 아버지 아브라함에게 인정받은 아들이다. 그리고 이제 세대가 흘러, 모든 인정받은 자녀의 후손들이 야곱의 장례를 위해 모였을 때, 가나안과 이스마엘의 왕들이 그들을 공격하기 위해 온 것이다. 그런데 그때 무엇인가를 보고 그들이 공격을 멈춘다. 그것은 야곱의 관 위에 달린 요셉의 왕관이었다.

요셉도 한때 유업을 박탈당했다고 생각했다. 하지만 요셉은 복수를 택하지 않았다. 그는 그의 가족에게 돌아왔다. 오랜 세월이 걸렸지만 그는 결국 돌아왔다. 요셉이 선택해야 할 운명의 순간—'온갖 부와 권세, 위엄을 가진 너는 파라오의 아들이냐 야곱의 아들이냐? 너는 누구의 가족을 가족이라 부를 것인가?'—이 찾아왔을 때 그는 그의 민족, 즉 이스라엘을 가족으로 선택했다. 그 선택이 가져올 온갖 어려움을 기꺼이 감수했다.

요셉은 야곱을 가나안에 묻어 주었다. 그는 어떤 의미에서 자신의 왕관을 벗어 아버지의 관에 올려 놓은 것이다. 즉 요셉은 아버지를 위해 자신의 지위가 흔들릴 위험을 기꺼이 감수했다. 미드라쉬 해석에 따르면, 가나안과 이스마엘의 왕들은 요셉의 왕관이 놓인 관을 보고 공격을 멈추었고 겸손히 자신들의 왕관을 요셉의 왕관 곁에 두었다.

오직 요셉만이 유업을 박탈당한 자녀들의 공격에서 독소를 제거할 도덕적 힘을 가진다. 그가 이 왕들의 공격을 막았을 뿐 아니라, 그들을 자기 편으로 만들었다는 것을 기억하자. 그들은 자신들의 왕관을 요셉의 왕관 곁에 두었다. 여기서 우리는 이런 가능성을 생각해야 한다. 탈무드는 단순히 과거를 그리고 있는 것이 아니다. 그것은 이스라엘의 확대 가족 안에서 발생할 화해의 희망, 그 희망이 서린 미래를 제시하고 있는지도 모른다. 과거의 모든 고통, 가족에 대한 분노, 아버지에 대한 오해에도 불구하고 요셉이 마침내 야곱의 뜻을 받들 수 있었다면, 즉 그 모든 것에도 불구하고 요셉이 그의 가족과 다시 운명을 함께할 수 있었다면, 유업을 박탈당한 다른 가족 구성원들도 요셉 안에서 희망을 발견할 수 있을 것이다. 요셉이 돌아올 수 있었다면 분명히 그들도 돌아올 희망을 가진다.

의외의 영웅들

요셉, 파라오, 야곱 이 셋의 삼각 관계를 들여다본 우리는 가나안에 묻히려는 아버지의 뜻을 존중하겠다는 약속이 요셉에게 어떤 의미인지 알게 되었다. 그러나 약속은 약속이고 실천은 또 다른 문제다. 요셉은 가나안에서 진행될 국장에 대해 어떻게 파라오와 의논했을까? 그리고 파라오는 천인공노할 요셉의 요구에 어떻게 반응했을까? 이 질문에 대한 답을 찾아가다 보면 요셉이 야곱의 장례 문제에서 영웅적으로 행동한 유일한 의인은 아님을 알 수 있다.

대화를 미루는 요셉

야곱이 죽었다.

시신을 놓고 요셉이 곡을 한 후 일어난다(창 50:1). 아버지의 장례에 대해 아직 파라오에게 말하지 않았다면 지금 말하는 것이 적절해 보인다. 하지만 요셉은 그렇게 하지 않고 이렇게 움직인다.

> "요셉은 그의 신하 의사들에게 그의 아버지를 방부처리하라 명령했다. 의사들은 이스라엘을 방부처리했다"(창 50:12).

> ויצו יוסף את עבדיו את הרפאים לחנט את אביו ויחנטו הרפאים את ישראל:
>
> 바예짜브 요셉 에트 아바다브 에트 하로프임 라하토느 에트 아비브 바야한느투 하로프임 에트 이스라엘

아버지의 장례를 파라오와 의논하는 대신, 요셉은 왕족의 표준 시신 처리 절차에 따라 야곱의 시신을 방부 처리하라고 지시한다. 방부 처리 과정은 시간이 오래 걸린다. 그동안 요셉은 계속 침묵을 지킨다. 그 불가피한 논의를 최대한 미루려는 듯하다. 논의가 잘못되면 후폭풍은 실로 끔찍할 것이다.

신세계로의 여행

방부 처리를 누가 맡았는지 토라는 명확히 말해주고 있다.

그 일은 '로프임'이 맡았다. 로프임은 '치료자들'을 뜻한다. 언뜻 생각하면 이상하다. 의사 혹은 치료자는 죽은 사람이 아니라 산 사람을 돌보기 때문이다. 생각해 보라. 시신에 무슨 '치료'가 필요한가? 하지만 이집트에서는 그것이 핵심이다. 죽은 자도 치료받을 수 있다. 이집트인들은 시신이 썩지 않도록 조치한다. 사람에게는 몸이 여전히 필요하다고 믿었기 때문이다. 죽은 후에도 몸이 필요한 이유는 토라가 명시한 방부 처리 기간에 암시되어 있다.

"그리고 그에게 40일이 채워졌다. 이렇게 방부 처리의 날들이 채워졌다"(창 50:3).

וימלאו לו ארבעים יום כי כן ימלאו ימי החנטים

바임플레우 로 아르바임 욤 키 켄 임플레우 여메 하하누팀

성서 독자들에게 40일은 친숙한 기간이다. 창세기 앞부분을 보면 비가 40일 동안 내려 큰 홍수가 되었다. 모세는 시내산 정상에서 40일을 보낸다. 이 성서 구절들에서 40일은 무엇을 상징하는가? 그것은 변환, 즉 신세계로의 이동을 의미하는 듯하다.

40일 동안 밤낮으로 비가 내리자 한 세상에서 다른 세상으

로 가는 다리가 생겼다. 옛 세상은 마무리되고 새 세상이 만들어졌다. 시내 산 정상에서 40일을 보낸 모세도 새 세상으로 여행한 것이다. 그는 지상의 영역을 떠나 초월적 영역에 들어갔다. 그리고 이집트인들에 따르면, 시신 방부 처리의 핵심도 바로 이것이다. 저 세상 여행에 죽은 자를 준비시키는 것이다. 이를 위해 시신이 썩지 않고 보존되도록 죽은 자가 '치료'를 받는다. 영혼이 저 세상까지 이동할 때 그 몸을 타고 갈 것이기 때문이다.

온 나라가 울다

40일이 흐르고 야곱의 시신 방부 처리도 끝났다. 하지만 야곱의 죽음에 대한 이집트의 반응은 그후에도 계속된다. 이집트 대중의 존중을 단적으로 보여주는 척도는 이집트인들이 야곱의 죽음을 70일 동안이나 슬퍼했다는 사실이다(창 50:3). 70일은 아주 긴 시간으로 생각될 것이다. 실제 성서의 기준으로도 70일은 매우 긴 애통의 기간이다. 이것과 비교해 보라. 이스라엘 자손들은 아론이 죽었을 때는 물론, 모세가 죽었을 때에도 30일 동안 슬퍼했다(민 20:29; 신 34:8). 그런데 야곱을 잃은 이집트인들은 그 두 배가 넘는 기간 동안 울었다.

이처럼 야곱을 위해 운 것은 야곱의 가족들만이 아니었다. 다른 민족도 그의 죽음을 애통해했다. 왜 그랬을까? 그럴 만한 이유가 있다. 요셉이 파라오를 양아버지로 인정했듯이 놀랍게도 이집트인들도 요셉의 아버지를 양아버지로 간주한 듯 보인다. 자신들을 아사의 위기에서 구원한 요셉의 아버지 야곱을 그들의 '양아버지'로 받아들인 것이다. 그의 죽음은 그들에게 중요한 사건이었다.

관습의 충돌

마침내 40일간의 방부 처리 기간이 끝나고 70일간의 애도 시간도 지나갔다(창 50:4). 이집트인들은 먼지를 털고 일어나 일상으로 돌아갈 채비를 한다. 위대한 인물을 합당한 영예로 예우한 그들은 마침내 야곱을 과거로 보낼 준비가 된 것이다.

그러나 이집트인들이 아직 모르는 것이 있었다. 야곱의 장례가 끝나지 않았다는 사실이다. 이스라엘인들의 관점에서 장례는 아직 시작되지 않았다. 그 70일 동안 요셉은 궁중의 누구에게도 야곱이 한 부탁에 대해 입도 뻥긋하지 않았다. 지난 110일의 기간이 이집트식 장례였다는 사실과 아직 이스라엘식 장례가 남아 있다는 사실을 요셉은 그들에게 말할 용기가 없었다. 이스라엘인들은 난처하게도 야곱의 시신을 고인이 원했던 방식으로 아직 예우하지 못했다. 그들은 그를 가나안 땅에 묻겠다는 약속을 아직 지키지 못했다. 그것은 장례에 관해 고인이 요청한 유일한 내용이었다.

사태를 더욱 난감하게 만드는 것은 야곱이 원했던 시신 처리 방식이다. 야곱이 땅에 묻히길 원했음을 기억하라. 그의 소원을 이집트의 시신 방부 처리와 비교해 보라. 이집트인들이 시신을 처리할 때 매장은 선택 사항이 아니다. 매장은 방부 처리와 정반대에 놓여 있다.

고대 이집트 종교에서는 사람들이 육체를 가지고 다음 세상에 들어간다. 시체에 방부 처리를 하는 중요한 목적은 몸이 썩어 흙으로 돌아가는 것을 막는 것이다. 하지만 매장은 시체가 흙으로 돌아가는 것을 돕는다. '너는 흙이니 흙으로 돌아갈지니라'(창 3:19). 따라서 이집트인들은 왕족의 시신을 매장한다는 생각에 혐오를 느꼈을 것이다. '왜 그런 짓을 하지? 당신은 왕이 내세에 타고 가는 운송 수단을 파괴하고 있어!'

파라오의 관료들

요셉은 지금 스스로를 곤경에 몰아넣고 있다. 비밀을 털어놓지 않고 시간을 끌다가 사태가 악화되고 있는지 모른다. 그가 파라오의 관료들에게라도 알렸다면 그들은 여론을 수습할 조치들을 간구할 수 있었을 것이다. 그 소식을 이집트 대중들에게 터뜨릴 묘안도 생각해 낼 수 있었을 것이다. 하지만 시신 방부 처리와 애통의 기간이 끝난 지금은 그럴 때가 아니다. 이집트인들의 관점에서 사랑하는 왕족을 매장하는 것은 혐오스럽다. 그런데 그보다 더 혐오스러운 것은 왕족의 시신을 방부 처리 후에 땅에 매장하는 일이다. 왜냐하면 그것은 시신 방부 처리 뒤에 있는 이집트의 내세관을 조롱하기 때문이다.

그렇다면 시신의 방부 처리와 애통 기간이 끝난 지금, 요셉은 가나안에 매장해 달라는 아버지의 요구를 파라오에게 어떻게 전달했을까?

> "이집트의 애통의 날들이 지났다. 그리고 요셉은 파라오 궁전 관료들에게 말했다. '내가 여러분들의 눈에 은혜를 얻는다면, 제발 [나를 대신해] 파라오의 귀에 [다음의 메시지를] 말해 주시오'"(창 50:4).

> **ויעברו ימי בכיתו וידבר יוסף אל בית פרעה לאמר אם נא מצאתי חן בעיניכם דברו נא באזני פרעה לאמר**
>
> 바야아브루 예메 브키토 바예다베르 요셉 엘 베트 파르오 레모르 임 나 마짜티 헨 브에네켐 다브루 나 브오즈네 파르오 레모르:

이 구절에서 요셉이 누구에게 말을 걸고 있는지 주목하라. 파라오의 궁전 관료들이다. 요셉은 그의 신하들이 자신의 요구를 왕에게 대신 전해 주길 원한다. 요셉이 사용하는 언어에 주목하라. '내가 여러분들의 눈에 은혜를 얻는다면, 제발.' 파라오의 궁전에서 요셉보다 높은 관료는 없다. 하지만 그는 그의 아래 사람들에게 애원의 언어를 쓰고 있다. 부통령이 농림부 차관에게 자신의 개인적 요구를 대통령에게 대신 전해 달라 부탁하는 것과 같다. 우스꽝스러워 보인다.

요셉은 파라오와 직접 대화하는 데 아무 문제가 없었다. 예를 들어 그가 가족을 고센에 정착시키기 원했을 때 주저 없이 왕과 논의했다. 그런데 갑자기 요셉은 파라오와 대면하기를 두려워하는 듯하다. 우리는 그 까닭을 이해할 수 있다.

40일의 방부 처리 기간과 70일의 애도 기간이 지난 후에 야곱을 땅에 묻게 해달라고 부탁하면 왜 이 훌륭한 생각을 70일 전에 제시하지 않았느냐고 파라오는 빈정대며 물을 것이다. '이제 우리 어쩌지? 방부 처리한 것은 어쩔 수 없다 치자. 70일간의 애통도 없었던 것으로 할 수 있다. 하지만 우리가 너의 아버지에게 드렸던 예우와 영광도 너에게는 아무 의미가 없느냐?' 운이 좋으면 파라오가 어이없어 하는 선에서 그치겠지만, 운이 나쁘면 매우 화를 낼 것이다. 요셉은 파라오가 그런 반응을 보일 때 곁에 있고 싶지 않았을 것이다. 다른 사람들에게 부탁하여 대신 전하는 것이 나을 수 있다고 판단했을 것이다.

메시지

다음은 요셉이 하위 관료들을 통해 파라오에게 전달한 메시지다.

“아버지가 다음과 같이 말하며 저에게 맹세하게 하였습니다. ‘나는 곧 죽을 것이다. 가나안 땅에 내가 손수 마련한 무덤에 나를 묻어 달라.’ 그러므로 이제 제발 저를 올라가게 하사 제 아버지를 매장하게 해주소서. 저는 반드시 돌아올 것입니다” (창 50:5).

אבי השביעני לאמר הנה אנכי את בקברי אשר כריתי לי בארץ כנען שמה תקברני ועתה אעלה נא ואקברה את אבי ואשובה

아비 히슈비아니 레모르 히네 아노키 메트 브키브리 아셰르 카리티 리 브에레쯔 크나안 샴마 히크브레니 브아타 에엘레 나 브에크브라 에트 아비 브아슈바

요셉이 가장 먼저 언급한 것은 맹세이다. 그 의도는 분명하다. ‘제가 맹세하지 않았다면 우리는 이 문제로 지금 이야기하지 않을 것입니다. 저는 아버지께 한 맹세를 깰 수 없습니다. 분명 왕께서도 이해하시리라 사료됩니다.’ 요셉은 이것이 파라오를 조금 진정시키리라 기대한다. 야곱이 미리 예상했는지 모르지만, 아이러니하게도 야곱이 시킨 맹세가 요셉을 그 약속에 묶어 놓았을 뿐 아니라 결국 그 맹세 때문에 아버지와 한

약속을 지킬 수 있게 되었다.[18] 아버지에게 한 맹세를 깰 수 없다고 말할 때 요셉은 맹세의 엄청난 내용에서 약간 거리를 두는 것이다. 그 요구의 내용이 요셉의 마음에서 기원했다면('이것이 아버지를 위해 해드리고 싶은 일입니다'라고 했다면) 그것은 파라오의 분을 폭발시켰을 것이다.

요셉의 마지막 말 '나는 반드시 돌아올 것입니다'에도 탄원의 느낌이 있다. 즉 가나안 출장 허락을 얻어내려는 말이다. 요셉이 파라오의 허락을 받으려 이런 말까지 하는 것은 이상하다. 요셉 같은 충신이 이집트로 돌아오리라는 것은 자명해 보이기 때문이다. 왜 그것을 굳이 확신시킬 필요가 있었을까? 하지만 수백 년 후(출애굽 사건)의 관점에서 이 말을 되돌아 보는 독자들이라면 소름 돋지 않을 수 없다. '아, 그렇게 그들이 이집트로 다시 돌아가는구나!' 그리고 이때가 요셉과 이스라엘 자손들이 이집트 밖으로 나가 보는 마지막 여행이 될 것이다. 그 후 수백 년간 이런 여행은 다시 없다. 곧 착한 파라오는 죽고 새로운 파라오가 그를 대신할 것이다. 이스라엘 자손들은 이집트를 떠날 선택권마저 빼앗길 것이다. 노예 생활의 끔찍한 유령이 그들을 집어 삼킬 것이다.

이로써 요셉은 왕에게 할 말을 했다. 주사위는 던져졌다. 이제 공은 파라오에게 넘어갔다.

파라오는 긍정적으로 답한다.

언뜻 보기에 파라오의 허락은 이를 악물고 마지 못해 내뱉는 말처럼 들린다.

"파라오가 말했다. '그가 너에게 맹세하게 한 대로, 가서 네 아버지를 매장하라'"(창 50:6).

ויאמר פרעה עלה וקבר את אביך כאשר השביעך

바요메르 파르오 알레 우크보르 에트 아비카 카아셰르 히슈비에카

'그가 너에게 맹세하게 한 대로'라는 말이 파라오의 대답의 성격을 결정한다. 라쉬가 설명하는 것처럼 파라오는 이렇게 말하는 듯하다. '물론 아버지에게 한 맹세를 어겨서는 안 되지. 하지만 네가 맹세하지 않았다면 나는 절대 그런 끔찍한 일을 허락하지 않았을 것이다.'[19)]

여러분이 요셉의 입장이었더라도 '줄 때 받자'라는 심정이었을 것이다. 파라오가 마지못해 허락했다 할지라도 '예스'가 '노'보다는 낫다고 스스로에게 말했을 것이다.

야곱의 매장에 관한 요셉과 파라오의 갈등은 이렇게 일단락되는 듯하다. 마지못한 허락이지만 파라오가 허락한 이상 이스라엘 자손들은 가능한 조용하고 요란하지 않게 그들이 해

야 할 일을 하면 된다. 파라오의 경우 이 모든 난감한 상황에서 손을 떼고 보다 시급한 나랏일에 관심을 옮길 것이다. 드라마는 이렇게 끝나는 듯하다. 하지만 정말 그런가? 바로 다음에 오는 성서 구절에서 놀라운 반전이 일어난다.

의장대 파견

"요셉은 그의 아버지를 매장하기 위해 올라갔다—그리고 그와 함께 파라오의 모든 종들, 그의 궁전 장로들, 그리고 이집트의 모든 장로들도 올라갔다"(창 50:7).

ויעל יוסף לקבר את אביו ויעלו אתו כל עבדי פרעה זקני ביתו וכל זקני ארץ מצרים

바야알 요셉 리크보르 에트 아비브 바야알루 이토 콜 아브데 파르오 지크네 베토 브콜 지크네 에레쯔 미쯔라임

야곱의 장례 행렬이 행진할 때 분명해진다. 그것이 조용하고 눈에 띄지 않는 행사가 아니었다는 것이. 가족들만 가나안 땅에 다녀오는 것이 아니었다. 이집트의 사절단이 동행한다. 그리고 사절단의 위상으로 볼 때 왕이 직접 보냈음이 틀림없다. 모든 왕의 신하들과 원로들이 야곱의 가족들을 수행했다.

그것이 다가 아니다. '이집트의 원로들'—왕의 원로와 대비

되는 일반 이집트인들의 대표—도 왕의 관료들과 함께 간다. 그 모든 이집트인들이 요셉의 아버지가 가는 마지막 길에 동참한다.

그리고 마지막으로 매우 특별한 무리가 동행한다.

> "그리고 [그 가족과 그 사절단]과 함께 전차와 궁사도 올라갔다. 그 군대가 매우 많았다"(창 50:9).

> ויעל עמו גם רכב גם פרשים ויהי המחנה כבד מאד
>
> 바야알 임모 감 레케브 감 파라심 바예히 하마하네 카베드 메오드

장례 행렬에 전차와 궁사라고? '전차와 궁사'가 그곳에서 무슨 일을 할까? 장례식에서 그들이 진행할 군사 작전은 없다. 그것은 출정이 아닌 장례일 뿐이다. 하지만 생각해 보면 그 이유가 짐작된다. 그들은 의장대였다. 파라오가 의장대를 보내어 요셉의 아버지가 가는 마지막 길을 예우했던 것이다.

파라오의 선택

야곱의 장례 행렬이 출발할 때 분명해졌지만 파라오의 허락이 애초에 그리 무성의하지 않았다. 그는 이집트의 위풍당당한 최고위직들을 동행하게 했다. 그것도 히브리인들이 가나

안 땅에서 사명을 수행하는 일에. 이것은 영광스러운 이집트의 국장이다. 화려한 이집트가 가나안이라 불리는 메소포타미아의 작은 벽지까지 야곱의 가족들을 따라간다. 얼마나 특이한 풍경이었을까! 그 행렬이 야곱을 추모하려 멈추었을 때 성서 본문은 놀란 가나안 원주민들이 믿을 수 없다는 듯 그 광경을 지켜보았다고 기록한다.

"그리고 그 땅의 가나안 주민들은 '고렌 하아타드'에서 우는 무리를 보고 말했다. '이는 이집트의 엄숙한 장례의 모습이구나!'"(창 50:11)

וירא יושב הארץ הכנעני את האבל בגרן האטד ויאמרו אבל כבד זה למצרים

바야르 요셰브 하아레쯔 하크나아니 에트 하에벨 브고렌 하아타드 바요므루 에벨 카베드 제 르미쯔라임

이 광경은 이집트 경계 밖에서 치러진 이집트 국장이다. 이집트 왕족의 위대한 인물이 이집트 관습이 아닌 히브리 관습에 따라 매장된다. 다른 민족들이 무엇이라 말할 것인가? 파라오에게 그것은 중요하지 않았다. 파라오에게 중요한 것은 요셉 가족이 자신들의 방식으로 아버지를 예우하게 돕고 이집트도 그 일에 동참하는 것이다. 이집트의 대외 이미지는 그리 중

요하지 않다. 그의 양아버지(=야곱)에 대한 이집트의 충심은 이집트 안에 국한되지 않을 것이다.

왕궁 관료들과 의장대가 문화적 위화감을 느꼈을 가능성은 없는가? 물론 가능성이 있다. 이스라엘의 장례식과 관습은 이집트인들의 눈에 낯설다. 예를 들어 방부 처리한 시신을 매장하는 일은 도저히 익숙해지기 어려웠을 것이다. 하지만 히브리인들이 앞으로 나갈 때 이집트인들이 그들을 따랐다. 이집트 관료들은 히브리인들의 신호를 살피며 함께 일을 해나갔다. '어차피 아버지가 이렇게 영광을 받기 원해. 우리가 주인공이 아니라, 아버지가 주인공이야.'

두 명의 영웅

결국 야곱의 장례 이야기는 두 영웅의 이야기다. 첫째 영웅은 요셉이다. 그는 모든 것을 걸고 아버지의 뜻대로 그의 시신을 가나안 땅에 매장해 주었다. 권력, 특권, 심지어 파라오의 호의까지 잃을 위험을 감수했다. 두 번째 영웅은 다소 의외의 인물인데 다름 아닌 파라오이다. 그는 족장 야곱에게 이집트의 정체성을 배타적으로 강요하는 유혹을 거부했다. 그는 야곱이 '야곱'—즉 이집트인이 아닌 이스라엘인—되는 것을 허락했고, 파라오와 그의 백성은 그를 소중히 대했다. 심지어 그를 이집트 왕족으로 간주했다. 또한 야곱이 자신의 진정한 조국은 가나안 땅에 있다고 공개 선언했음에도 파라오는 그에게 이집트 왕으로서 모든 예우를 다했다. 이런 자세에 드러난 겸손은 매우 놀랍다.

위엄 있는 야곱의 장례 행렬 설명과 함께 요셉, 야곱, 파라오의 삼각 관계 이야기는 일단락된다. 하지만 어떤 의미에서 그 이야기는 아직 시작도 하지 않았다. 토라가 우리에게 전하는 보다 큰 내러티브에서 야곱의 장례 이야기에는 영광스러운 장면이 하나 더 있다. 그 배경은 수백 년 후이다. 지금까지 우리가 살핀 것은 가장 큰 무대에서 펼쳐질 드라마의 그림자이다.

27» 돌고 돌아 집으로

돌아가는 여행

야곱의 매장에 대한 성서 본문에서 전혀 주목받지 못하는 단서가 있다. 사소해 보여 쉽게 간과되는 이것은 야곱의 매장 본문이 그 겉보기 내용보다 더 큰 의미와 연결되어 있음을 암시한다. 그 단서는 고렌 하아타드('아닷 타작마당', 개역개정)의 위치이다.

기억하겠지만 고렌 하아타드는 장례 행렬이 최종 목적지에 도달하기 전 추도식을 위해 잠시 멈춘 곳이다. 그 광경을 본 가나안인들이 이집트의 성대한 장례 의식에 놀랐다는 곳이다. 흥미롭게도 토라 본문은 고렌 하아타드의 위치를 이렇게 콕 집어준다.

"그들이 고렌 하아타드에 도착했다. 그곳은 요르단 강의 건너편에 있다"(창 50:10).

ויבאו עד גרן האטד אשר בעבר הירדן

바야보우 아드 고렌 하아타드 아쉐르 브에베르 하야르덴

그럴 필요가 없어 보이지만 성서 본문은 굳이 고렌 하아타드가 에베르 하야르덴(עבר הירדן), 즉 요르단 강 동안(東岸)에 있음을 알린다. 여기서 잠시 사실 관계를 확인해 보자. 매장 행렬이 어떻게 요르단 동안에 있게 되었을까? 그들의 출발지는 이집트였다. 그들의 목적지인 막벨라 무덤은 헤브론에 있다. 이 두 지점은 모두 요르단 강 서안(西岸)에 있다. 그렇다면 그들은 요르단 강 동안에 어떻게 도달했는가?

이집트에서 헤브론까지 최단 경로는 북동 방향 직선 길로 행군하는 것이다. 장례 행렬이 고렌 하아타드를 경유하여 가나안으로 왔다면, 그들이 그 직선 경로를 한참 벗어났음을 의미한다. 즉 이집트를 떠난 후 그들은 가나안 남쪽으로 내려가서 시나이 광야를 건넌 후 북쪽으로 방향을 바꾸어 사해 바다를 왼쪽으로 돌아 올라가다가, 여리고를 향해 왼쪽으로 틀어 요단 강을 건너 왔을 것이다. 그것은 정말 멀리 돌아가는 길이다.

나는 그들이 왜 우회로를 선택했는지 설명할 수 없다. 하지만 그 사실 자체는 매우 흥미롭다. 왜냐하면 바로 그 경로는 또 하나의 위대한 여행을 상기시키기 때문이다. 이 질문을 생각해 보자. 성경 역사에서 큰 무리의 사람들이 이집트에서 이와 유사한 길을 따라 요단 강을 건너 가나안 땅에 도착한 적은 언제인가?

알다시피 그 길은 이스라엘 자손들이 수백 년 후 출애굽, 즉 이집트 탈출 사건에서 택한 경로였다.

출애굽 때에 하나님은 이스라엘 백성들에게 그 직선 경로를 콕 집어서 피하라 명령했다(출 13:17-18). 대신 그는 그의 백성들을 가나안 남쪽 광야로 이끌었고 그곳에서 그들은 시나이 사막을 횡단했다. 그후 이스라엘인들은 북쪽으로 방향을 틀어 사해 바다를 돌아 올라가다가 여리고 근처에서 요르단 강을 건너 그 땅에 들어갔다.

아이 돌봄 예약

이렇게 야곱의 장례 행렬 경로가 출애굽 경로를 예견한다는 사실은 매우 흥미롭다. 이것을 어떻게 이해해야 할까?

좀 더 단서를 모아보자. 다행히 출애굽과 야곱의 장례 행렬을 연결하는 단서는 우회로만이 아니다. 21장에서 확인했듯 토라는 야곱의 아들들이 아버지 장례를 위해 가나안으로 올라갈 때 그들의 어린 자녀들과 가축들을 고센 땅에 남겼다고 굳이 알려 준다. 그때 우리는 이런 시시콜콜한 사항을 굳이 말해 주는 이유를 궁금히 여겼다. 이런 정보에 중요한 의미가 있을 리가?

하지만 잘 생각해 보면, 유아와 가축에 대한 그 잉여 정보를 통해 우리는 미래 사건에 대한 흥미로운 징조를 얻게 된다. 이집트를 떠나려는 이스라엘 백성들에게 그들의 자녀들과 가축의 동반 여부가 핵심 문제로 떠오르는 성경 본문은 어디인가? 바로 출애굽 이야기이다.

앞서 살핀 출애굽 이야기를 기억해 보자. 모세가 이스라엘의 사막 축제 조건을 파라오와 최종 협상할 때 자녀와 가축 문제—어디서 누가 이들을 돌볼지—도 의제에 포함되었다. 아이들도 함께 가야 한다는 모세의 요구를 거부하려 파라오는 이런 취지로 말했는지 모른다. '지난번 당신들이 야곱의 장례를 위해 잠시 이집트를 떠났을 때 아이들과 가축들은 데려가지 않았다. 그런데 이번에는 왜 그들을 데려가겠다고 하는가?'

전차와 가나안 사람들

야곱의 장례 이야기와 출애굽 이야기에 연결점은 더 있다. 파라오가 전차들과 궁사들을 보내어 이집트에서 출발하는 장례 행렬을 호위하게 한 것도 흥미롭지 않은가? 파라오의 전차들과 궁사들이 다시 나오는 성경 본문은 어디인가? 파라오가 자신의 히브리 노예들을 추격하는 이야기, 절정의 순간에 홍해 바다가 갈라지는 에피소드가 유일하다.[20)]

이런 맥락에서 가나안의 구경꾼도 생각해 보자. 장례 행렬을 바라본 가나안인들은 놀라서 소리친다. '이집트의 장례식은 굉장하구나!' 그런데 출애굽 이야기에서도 가나안 구경꾼들이 등장한다. 그들이 등장하는 맥락은 홍해 바다에서 승리한 히브리인들이 열광적으로 감사하며 찬양을 부를 때이다.

"민족들이 [이집트인들에게 발생한 일]을 들었다. 가나안

주민들은 두려움에 움츠러 들었다"(출 15:14-15).

שמעו עמים ירגזון...נמגו כל ישבי כנען

샤므우 암밈 이르가준…나모구 콜 요스베 크나안

장례 행렬과 출애굽

야곱의 장례 행렬과 출애굽 사건 사이의 연결점들은 우연의 일치 같지는 않다. 이집트에서 출발하는 이 두 여정을 비교한다는 것에 어떤 의미가 있을까?

이 질문에는 두 가지 측면이 있다. 첫째 측면은 이런 질문으로 표현된다. '두 이야기를 연결시키는 토라는 무엇을 말하려 하는가?' 무엇을 배워야 한다는 말인가?

하지만 이 질문에 답하기 전 반드시 대답해야 하는 더 근본적 질문이 있다. 토라는 왜 두 사건이 서로 연결되어 있다고 주장하는가? 이 질문을 바꿔 말하면 이렇다. '그래, 알겠어. 그 두 이야기는 모두 이집트에서 출발하는 여정이지. 하지만 그것 때문에 성경 저자가 두 이야기를 그렇게 정교한 고리들로 연결시킨 것 같지는 않아. 두 이야기 모두 이집트에서 출발하는 여행이라는 것만으로 둘 사이의 광범위한 문학적 고리를 설명하기에는 근거가 다소 부족하다고. 솔직히 말하면 그런 설명은 설득력이 없어 보여. 사실, 두 이야기의 메시지를 정확히 그

려보면 두 이야기는 서로 관계가 없잖아. 하나는 돌아가신 아버지의 장례 행렬이고, 하나는 수십만이 되는 노예들의 탈출 이야기인데. 이게 무슨 관계가 있다는 거지?'

하지만 핵심은 이 지점에 있다.

우리는 두 이야기의 핵심 메시지를 너무 성급하게 결론 내렸는지도 모른다. 물론 하나는 장례 행렬 이야기이고, 다른 하나는 노예들의 이집트 탈출 이야기이다. 하지만 성경 저자가 보는 관점은 그게 아니다. '장례 행렬' 혹은 '노예 해방'의 측면은 성경 저자들이 사용한 포장지일 뿐 두 이야기는 본질적으로 메시지가 같다.

우리는 모르지만 성서 저자는 알고 있는 그것은 무엇인가?

28» 수렴하는 두 이야기

출애굽 이야기와 야곱의 장례 이야기가 공유하는 본질적 메시지는 무엇인가? 이 두 이야기는 어떻게 서로에게 수렴하는가?

존경받는 족장의 장례 행렬과 민족 전체가 노예 생활에서 일제히 벗어나는 일은 완전히 다른 사건처럼 보인다. 하지만 그것은 우리가 실제로 일어난 출애굽을 연상하기 때문이다. 열 가지 재앙이나 이집트 군대가 홍해에서 전멸한 압도적인 사건들만 떠올리기 때문이다. 오히려 이런 사건들은 출애굽의 본질을 흐리는 것인지도 모른다. 왜냐하면 그 극적인 사건들 때문에 출애굽 이야기의 시작에 등장하는, 평범하지만 매우 중요한 사건을 지나치기 때문이다. 그 첫 번째 사건을 제대로 이해하기 위해서는 실제 일어난 출애굽은 잠시 잊고, 일어날 수 있었던 출애굽(Exodus that Might Have Been)에 대해 고찰할 필요가 있다.

이 책의 앞부분에서 우리는 출애굽 가설들을 논의한 바 있다. 출애굽 플랜 A, 플랜 B, 플랜 C가 그것이다. 실제로 일어났던 출애굽은 플랜 C이다. 그것은 반항하는 이집트가 파멸하고, 황소처럼 완고한 파라오가 완전히 패하는 시나리오이다. 하지만 플랜 C는 필연은 아니었다. 그것은 파라오가 끝까지 선의로 행동하지 않았기 때문에 불가피했다. 파라오는 분명 다른 선택을 할 수 있었다. 예를 들어 그는 재앙이 가르치는 창조주-하나님에 대한 교훈을 내면화할 수도 있었다. 그랬다면 플랜 B는 성공했을 것이고 창조주-하나님의 존재를 인정한 파라오는 그분의 뜻에 따라 노예들을 자유롭게 놓아 주었을 것이다.

하지만 플랜 B와 플랜 C보다 앞서는 또 하나의 출애굽 시나리오가 있다. 일어날 수 있었을 뿐 아니라, 그렇게 전개되어야 마땅했던 시나리오이다. 그것은 하나님의 가장 이상적 계획이었던 플랜 A다. 즉 내가 '발생할 수 있었던 출애굽'(the Exodus that Might Have Been)이라고 부른 것이다.

플랜 A

출애굽의 이상적 계획은 모세의 첫 번째 연설에 나온다. 모세는 파라오에게 이렇게 말했다.

> "이스라엘의 하나님 YHWH(야훼)가 이렇게 말한다. 내 백성을 보내어 사막에서 나를 위해 축제하게 하라"(출 5:1).
>
> כה אמר יהוה אלהי ישראל שלח את עמי ויחגו לי במדבר
>
> 코 아마르 '아도나이' 엘로헤 이스라엘 샬라흐 에트 암미 브야호구 리 바미드바르

YHWH(야훼)는 하나님이 창조주임을 나타내는 이름이다. '창조주는 네가 노예로 삼은 민족과 특별한 관계에 있다. 그들

은 그의 백성이다.' 그들은 이스라엘, 즉 창조주 하나님이 그 조상들에게 특별히 준 언약의 이름으로 불리운다. 창조주는 지금 이집트의 왕에게 직접 말씀하고 있다. 그 백성을 속박한 파라오가 그들을 잠시 풀어 주어 사막에서 그분과 축제를 즐기도록 허락하기를 기대하신다.

그러나 우리는 파라오가 '노'라고 대답했을 뿐 아니라 분노와 짜증을 노골적으로 드러냈음을 안다. 그는 자신에게 말하고 있는 YHWH(야훼)가 어떤 신인지 모르며 듣지 않겠다고 잘라 말한다. 그리고 파라오는 자신의 입장을 한층 더 확고히 하여 모세의 두 번째 탄원도 거절한다. 즉 짧은 휴가만이라도 허락하여 그의 노예들에게 종교적 관용을 베풀어 달라는 요구까지.

그것이 실제 일어난 출애굽 사건이다. 하지만 파라오가 그렇게 반응하지 않았다면 어떻게 되었을까? 우리는 파라오가 모세의 탄원에 선의로 반응했다면 발생했을 상황은 이미 논의했다.

파라오가 사흘간의 휴가에 동의했다면 이스라엘 백성들은 잠시 사막에 갔다가 다시 돌아왔을 것이다. 중요한 질문은 이것이다. 그런데 왜 그들은 사막에 나가려 했을까? 모세는 그 목적을 파라오에게 어떻게 설명했는가?

백성들은 그들의 하나님을 섬기기 위해 사막에 가려 했다.

그 하나님은 누구였는가? 그분은 다신교의 만신전에 모셔진 힘들 중 하나가 아니었다. 모세는 그분이 새로운 신, 즉 창조주 YHWH(야훼)임을 파라오에게 가르쳤다. 즉 이스라엘 백성들은 잠시 이집트 밖에서 하늘의 위대한 아버지를 섬기기 원했던 것이다.

그분은 그들의 아버지였다.

플랜 A가 성공했다면 그 순간, 즉 출애굽 이야기의 출발점에서 이스라엘 백성들은 성대한 행렬을 이루어 사막에 나가 아버지가 원하는 방식으로 아버지를 영화롭게 했을 것이다. 이제 야곱의 장례식과 출애굽 사이의 연관이 보이는가?

소우주와 대우주

야곱의 장례 이야기와 이스라엘의 출애굽 이야기는 분명 서로에게 수렴한다. 그 두 이야기의 본질적 메시지는 완전 동일하다. 두 이야기 모두 성대한 행렬이 있으며, 아버지가 원하는 방식대로 아버지가 존중받을 것이다. 그 두 이야기의 유일한 차이는 '어느 아버지를' 이야기하는가에 있다. 야곱 이야기에서 우리는 땅의 아버지를 예우하는 행렬을 말한다. 반면 출애굽 이야기에서 그 행렬의 인파는 하늘 아버지를 영화롭게 한다.

일단 이 본질적 유사점을 인식하면 출애굽 이야기가 야곱의 장례 이야기와 공명하는 범위를 비로소 이해할 수 있다. 이것은 지난 장에서 언급한 너덧 가지의 유사점(여행 경로, 아이 돌봄 문제, 전차와 궁사들 등)을 넘어서는 것이다. 긴장 요소들, 핵심 인물들이 운명적 선택을 하는 천차만별의 이유, 이 모든 것이 한 이야기에서 다른 이야기로 메아리 친다. 이 모든 울림이 모여 그 온전한 서사들을 창조하는데, 각 서사는 다음 질문을 축으로 전개된다. 핵심 인물들은 아버지가 원하는 방식으로 아버지를 영광스럽게 할 의지력과 겸손을 보여줄 것인가?

소우주

옛날에 야곱과 그 아들들이 살았다. 새로 임명된 브코르 요셉이 그 가족을 이집트에서 이끌어 내어 그의 아버지 야곱이 원하는 방식으로 그를 섬기려 한다. 요셉의 아버지는 가나안 땅에 묻히기 원한다. 그 가족의 사명이 그 땅에 있다고 확신하기 때문이다.

하지만 그 브코르는 실행 과정에서 많은 장애물을 만난다. 먼저 야곱은 요셉의 유일한 아버지가 아니었다. 야곱 이외에도 요셉을 아들로 생각하는 사람이 또 하나 있다. 파라오다. 그 이집트 왕은 양아들이 곁을 떠난다면 좋게 보지 않을 것이다. 그 양아버지는 친아버지에게 최우선으로 충성하려는 요셉을 좋게 보지 않을 것이다. 무엇보다도 그는 요셉이 친아버지를 위해 하려는 일을 전혀 이해하지 못한다. 매장은 이집트 왕에게 너무나 이상한 관습이다.

따라서 이 브코르는 어느 아버지를 섬길지 선택해야 한다. 즉 그에게 '진리의 순간'(Moment of Truth)이 다가온다. 그것은 절대 쉬운 선택이 아니다. 양아버지를 화나게 하면 심각한 결과를 맞을 수도 있다. 더욱이 요셉의 불운한 과거가 선택을 더 어렵게 한다. 그는 학대당했고 노예로 팔려 갔다. 그런데 그는 그 이유도 알지 못한다. 그는 아버지가 자신을 버렸다고 의심한다. 어릴 적 가나안에서 아버지가 자신을 사랑했다고 생각한 적이 있지만 지금은 그마저 확신이 없다. 아버지에게서 버림받은 아이가 된 느낌이다. 아버지는 그를 더 이상 사랑하거나 관심 갖지 않는 듯하다.

이 브코르가 양아버지의 뜻 대신 친아버지의 뜻을 선택하려면, 그의 친아버지가 참으로 그를 사랑하는지 확인할 필요가 있다. 그가 가족으로부터 쫓겨난 것이 아님을 확신해야 할 것이다. 그리고 마침내 그는 그런 인식에 도달한다. 그것은 어떤 전령을 통해서였다.

어느 날, 어떤 전령이 그 브코르에게 찾아와 진실을 전해주었다. 그 전령은 요셉의 형 중 하나인 유다였다. 그 전령은 그가 얼마 전 아버지와 나누었던 북받치는 대화—아들을 향한 아버지의 애틋함을 언급한—를 전해주었다.

이 전령은 아버지가 언제나 그를 사랑했다고 했다. 요셉이 믿기 힘든 일이었지만, 아버지는 그가 사라진 후 오랜 세월 동안 매일 그를 위해 울었다고 한다. 아버지가 경험한 슬픔은 상상을 넘어서는 것이었다.

이 말을 들은 브코르는 그 진정성을 직감했다. 전령이 전한 내용이 모든 의문점들을 해소해 주지는 않았다. 그는 오래전에 그런 비극으로 끝날 심부름을 시킨 아버지의 마음을 여전히 잘 알지 못했다. 그것은 풀리지 않는 숙제로 남을 것이다. 하지만 한 가지는 확신했다. 그는 집에서 쫓겨난 것이 아니었다. 아버지는 그를 여전히 사랑하며 그와 함께하기를 원한다.

그리고 그것이 모든 것을 바꾸었다.

아버지의 사랑에 대한 확신으로 무장한 브코르는 이제 자기 앞에 놓인 매우 어려운 선택에 임할 용기와 힘을 낼 수 있었다. 그는 공개적으로, 그리고 이집트 왕이 이해할 수 있는 방식으로 야곱이 그의 참아버지임을 선언할 것이다. 이집트인들이 아버지의 뜻을 아무리 이질적으로 느껴도, 참아버지의 뜻에 순종할 것이다. 그는 자신의 결심을 파라오에게 명확히 알렸다.

그가 참아버지를 섬기기로 결정하자 중요한 일이 발생했다. 아버지가 사랑의 선물에 사랑의 선물로 화답한 것이다.

아버지는 형제들 사이의 리더로서 요셉의 위치를 확증했다. 이전에 종종 그렇게 대우받기는 했지만 그의 지위가 정말 합당한 적은 없었다. 하지만 이제 그는 그 지위에 합당한 사람이 되었다. 아버지가 그것을 인정했고 요셉을 형제들의 리더로 지명했다. 더욱이 아버지는 이집트에서 요셉이 낳은 두 아들을 자신의 아들로 삼았다. 요셉이 아버지로부터 가장 소외되었다고 느낄 때 얻은 아들이자, 그들의 이름도 그런 소외감을 반영하지만 아버지는 그들을 자기 자식으로 받아들였다. 아버지의 이 행위는 브코르가 오랜 이집트 생활에서 경험했던 친아버지와의 거리감을 온전히 치유해 주었다.

이제 야곱의 장례 이야기에 대한 설명을 멈추고 그것의 '쌍둥이' 이야기—우리가 출애굽 이야기로 부르는 사건들—로 여러분을 안내하겠다. 두 이야기의 연관성은 놓치기 어려워 보인다.

대우주

요셉과 그의 아버지에 관한 일이 발생한 지 수백 년 후 비슷한 문제로 분투한 또 하나의 브코르(장자)가 있었다. 그 브코르는 개인이 아니라 민족이다. 그는 이스라엘이라 불리운 가족에서 발전한 신생 민족이다.

이 브코르 민족도 선택에 직면했다. 그는 하늘에 아버지를 두었고, 그 아버지는 자녀에게 이집트를 떠나 그가 원하는 방식으로 그를 예배하라고 요구한다. 단기적으로는 며칠 동안 사막에서 함께 축제하는 것이었다. 하지만 하늘 아버지의 궁극적 뜻은 브코르가 가나안으로 여행을 떠나는 것이다. 하늘 아버지는 그곳이 민족의 운명이 실현될 현장이라고 단언한다.

그러나 여행을 실행하는 과정에서 브코르는 많은 장애물을 만난다. 먼저 하나님은 이스라엘의 유일한 아버지가 아니었다. 하나님 이외에도 이스라엘을 아들로 생각하는 또 하나의 아버지가 있었다. 그는 파라오이다. 그도 이 백성의 충성을 받을 자격이 있다고 느낀다. 우리가 살핀 바처럼 요셉 시대의 착한 파라오는 요셉을 양아들처럼 대했었다. 그 후에도 그런 관계의 흔적들이 남아 있었는지, 어느 정도 그 이집트 왕은 계속해서 이스라엘을 그의 자녀로 간주했다. 하지만 그 관계는 나쁘게 변했다. 마치 사랑 많았던 양아버지가 자녀를 학대하는 아버지로 변한 듯하다. 그는 자녀에게 충성을 요구했지만 아버지가 자녀에게 주어야 할 사랑은 전혀 보여 주지 않았다. 그 이집트 왕은 자녀를 학대하고 노예로 삼았으며 자비를 바라는 자녀들의 외침에 잔인하게도 무감각하였다.

그 이집트 왕은 그의 양아들이 곁을 떠나는 것을 좋아하지 않는다. 그는 아들이 '참'아버지에 대한 충성을 최우선으로 여기는 것을 좋아하지 않는다. 파라오의 관점에서 하늘 아버지는 실재하는 분이 아니었다. 그에게는 아버지라는 칭호조차 합당하지 않다. 무엇보다 파라오는 이스라엘이 참아버지를 위해 하려는 그 일을 전혀 이해하지 못한다. 사막에서 신과 함께 축제하는 것은 파라오에게 너무 이상한 관습이다. 신에 대한 예배의 동기가 기쁨과 친밀이라고? 이집트에서는 누구도 신들을 그런 식으로 섬기지 않을 것이다.[21)]

따라서 브코르는 어느 아버지를 섬길지 선택해야 한다. 즉 '진리의 순간'이 다가온다. 학대하는 양아버지의 분노를 감수할 것인가 양아버지에게 등을 돌리고 하늘 아버지를 섬길 것인가? 이것이 유월절에 브코르가 직면한 선택이었다. 그는 이집트 신들을 죽이고 그 피를 문에 바를 것인가? 이것은 절대 쉬운 선택이 아니었다. 그들의 양아버지를 화나게 하면 심각한 결과를 맞을 수도 있다. 더욱이 이스라엘의 불운한 과거가 그 선택을 더 어렵게 한다. 그들은 이유도 알지 못한 채 학대당했고 수백 년간 노예 노동에 희생되었다. 그들은 하늘 아버지가 자신들을 버렸다고 의심한다. 물론 아버지가 그들을 사랑한다고 생각했던 때도 있다. 특히 그들이 훨씬 '어렸을 때', 즉 아브라함, 이삭, 야곱 족장들의 시절에 그들은 가나안에서 하나님과 친밀한 관계를 가졌다고 기억한다. 하지만 지금은 그마저 확신이 없다. 노예로 사는 삶은 고통스럽고 혹독하다. 그들은 아버지에게 버림받은 자녀가 된 것 같다. 아버지가 그들을 더 이상 사랑하지도, 관심을 갖지도 않는 듯하다.

그래서 이 브코르가 양아버지의 뜻 대신 친아버지의 뜻을 선택할 수 있으려면 무엇인가를 확신할 수 있어야 한다. 그들의 하늘 아버지가 참으로 그를 사랑하는지 확인할 필요가 있다. 그들이 '합당한' 자녀들의 가족에게서 쫓겨난 것이 아님을 확신해야 할 것이다. 그리고 마침내 그들은 그런 인식에 도달한다. 그것은 어떤 전령을 통해서였다.

모세와 유다

어느 날, 어떤 전령이 그 브코르에게 찾아와서 하늘 아버지에 대한 진실을 전해 주었다. 그 전령은 모세였다. 그 전령은 하늘 아버지와 얼마 전에 나누었던 북받치는 대화를 전해주었다(출 4:28-30). 전령은 아버지와 직접 대화했고 그 대화에서 아버지가 제일 먼저 말한 것은 노예 생활하는 그의 자녀들에 대한 변함없는 사랑이었다.

> "그리고 [하나님이] [모세에게] 말했다. 나는 너의 조상들의 하나님, 아브라함, 이삭 야곱의 하나님이다… 그리고 YHWH(야훼)가 말했다. 나는 이집트에 있는 내 백성들의 고난을 보았고, 억압자들로 인한 그들의 외침을 들었다. 나는 그들의 고통을 안다"(출 3:6-7).

ויאמר אנכי אלהי אביך אלהי אברהם אלהי יצחק ואלהי יעקב...ויאמר יהוה ראה

ראיתי את עני עמי אשר במצרים ואת צעקתם שמעתי מפני נגשיו כי ידעתי את מכאביו

바요메르 아노키 엘로헤 아비카 엘로헤 아브라함 엘로헤 이쯔하크 벨로헤 야아코브… 바요메르 '아도나이' 라오 라이티 에트 오니 아셰르 브미쯔라임 브에트 짜아카탐 샤마으티 미프네 노그사브 키 야다으티 에트 마크오바브

그 전령은 아버지가 '늘' 그들을 사랑했다고 전해주었다.[22)] 브코르 민족이 믿기 힘든 일이었지만, 하늘 아버지는 줄곧 슬퍼하고 계셨다. 자녀들의 고난에 대해 아버지가 경험하는 아픔은 진실되고 선명한 것이었다. 브코르는 그 말을 들었을 때 그것이 진실임을 믿었다. 그 진정성을 직감했다.

"모세와 아론이 가서 이스라엘 자손들의 모든 장로들을 모았다. 그리고 모세는 YHWH(야훼)가 모세에게 한 모든 말씀을 반복했다. 그리고 백성들이 그것을 믿었다. 그들은 야훼가 이스라엘 자손들을 다시 받아들이기 위해 오셨다는 사실과 그가 그들의 아픔을 보았음을 이해했다"(출 4:29-31).[23)]

וילך משה ואהרן ויאספו את כל זקני בני ישראל: וידבר אהרן את כל הדברים אשר דבר יהוה אל משה ויעש האתת לעיני העם: ויאמן העם וישמעו כי פקד יהוה

את בני ישראל וכי ראה את ענים

바옐레크 모셰 브아하론 바야아스푸 에트 콜 지크네 브네 이스라엘:

바예다베르 아하론 에트 콜 하드바림 아셰르 디베르 아도나이 엘 모셰

바야아스 하오토트 르에네 하암: 바야아멘 하암 바이스메우 키 파카드

'아도나이' 에트 브네 이스라엘 브키 라아 에트 오느얌

모세가 이스라엘의 장로들에게 말한 내용은 그들을 지금까지 괴롭히던 모든 의문점을 해소해 주지는 않았다. 그들은 여전히 하늘 아버지가 그렇게 나쁜 결과로 이어질 이집트로의 이주를 허락한 이유를 알지 못한다. 그것은 풀리지 않는 숙제로 남을 것이다. 하지만 그들이 이제 확신하는 것이 한 가지 있다. 이 신생 민족 이스라엘은 아버지의 가족에서 쫓겨나지 않았다는 사실이다. 이스라엘은 '버려진' 민족이 아니었다. 아버지가 그들을 여전히 사랑하시고 그와 함께하기를 원한다. 그리고 그것은 이스라엘의 모든 것을 바꾸어 놓았다.

유월절 제사

하늘 아버지의 사랑에 대한 확신으로 무장한 이 브코르 민족—이스라엘 자손들—은 이제 자기 앞에 놓인 매우 어려운 선택에 임할 용기와 힘을 낼 수 있었다. 결국 그들은 공개적으로, 그리고 이집트 왕이 이해할 수 있는 방식으로 그들의 하늘 아

버지가 참으로 그의 아버지임을 선언하려 할 것이다. 그들은 '유일신 제사'—즉 유월절 제사—에 참여함으로써 그들의 하늘 아버지인 창조주에게 충성을 선언할 것이다. 그들은 이집트인들이 하늘 아버지의 뜻을 아무리 이질적으로 느껴도, 하늘 아버지의 뜻에 순종할 것이다. 그들은 사막에서 아버지와 함께 '축제할' 것이다. 그들은 아버지를 따라 가나안 땅으로 가서 그곳에서 그분을 위한 집을 지을 것이다. 그리고 각자의 세계에서 아버지의 가치들을 수용하고 살아내려는 다른 형제들의 본이 되기 위해 노력할 것이다. 그 브코르 민족은 무슨 일이 있어도 그런 삶을 살겠다고 다짐했다. 그러자 하늘 아버지도 그들의 다짐에 선물로 화답해 주었다.

하나님의 장자

하늘 아버지는 유월절 제사를 통해 그분에 대한 헌신을 엄숙히 선언한 이스라엘에 화답했다. 즉 아버지는 장자 민족으로서 이스라엘의 지위를 확정했다. 이스라엘이 훨씬 어렸을 때, 하늘 아버지가 아브라함, 이삭, 야곱에게 언약들을 쏟아 부으셨을 때에 그런 은혜를 받았지만, (후에 이스라엘 민족이 될) 그 사람들은 아직 그 은혜를 받을 자격을 갖추지 못했다. 이제 그들은 유월절 제사를 통해 집단적으로 그 자격을 얻었다. 그리고 감사하게도 아버지가 그들에게 장자 민족의 지위를 부여함으로써 그들의 헌신에 화답했다. 그들이 유월절 제물을 바친 그날, 하늘 아버지의 장자(브코르)를 제외한 모든 이집트 장자들(브코로트)이 죽었다. 이스라엘만이 살아남았다.

그날 밤 이스라엘의 헌신은 하늘 아버지로부터 또 하나의 감동적인 응답을 이끌어내었다. 그것은 창조주가 이집트에서 태어난 이스라엘 자녀들을 자신의 자녀로 받아들인 것이다. 하나님이 이스라엘을 브코르로 기름 부으실 때, 즉 열방 자녀들 가운데 하늘 아버지의 가치들을 대표할 자로 이스라엘을 받아들이셨을 때, 그것은 심오한 방식으로 야곱이 에브라임과 므낫세를 자기 자식으로 받아들인 일과 공명했다.

잘 생각해 보라. 두 브코르들—요셉과 수백 년 후의 이스라엘 민족—은 이집트에서 그 수가 많아졌다.[24] 요셉이 이집트에 살면서 개인에서 가족으로 성장했듯이, 이스라엘 백성들은 가족에서 민족으로 성장했다. 그들을 단순한 가족에서 진정한 민족으로 도약시킨 폭발적 인구 증가는 그들이 이집트에서 파라오와 연결되어 살았을 때 발생했다. 기억할지 모르지만, 이스라엘인들은 이집트에서 땅을 소유한 지주층이 되었다. 그들은 자신들의 나라가 아닌 곳에서 아후자—유업의 땅—를 받았다. 그리고 파라오는 땅뿐 아니라 많은 인구도 이스라엘에 선물로 주었다. 성서 본문의 언어를 빌리면, '그들은 그 땅을 유업으로 받았고, 그들은 매우 번성하였다'(창 47:27). 다시 말해 그들이 가나안 땅 밖에서 그들의 언약적 운명과 동떨어져 살아간 세월의 산물이 출애굽 당시의 이스라엘이었다. 그럼에도 야곱이 에브라임과 므낫세에게 그랬듯, 하늘 아버지는 이집트에서 태어난 무수한 이스라엘 자녀들을 자신의 자녀로 받아들이셨다. 유배의 세월 동안 이스라엘이 느꼈을 아버지와의 거리감은—그것이 아무리 큰 것일지라도—이런 아버지의 사랑을 통해 완전히 치유될 것이다.

차이

지금까지의 논의를 통해 야곱의 장례 이야기와 이스라엘의 출애굽 이야기는 어느 정도 서로 수렴되었다. 하지만 지금부터 그 이야기들은 극적으로 발산될 것이다. 야곱의 장례 이야기는 영웅적 행위의 또 다른 높이를 보여주겠지만 출애굽 이야기는 그것의 그림자—빈 껍질만 남은 불발된 영웅—만을 포함할 것이다. 왜 이 지점에서 출애굽 이야기는 야곱의 장례 이야기와 다른 길을 가는가? 그 대답은 잠재적 영웅이 실제 영웅이 되지 못한 이유를 찾을 때마다 발견되는 어떤 것, 즉 기복이 심한 인간의 자유 의지에 있다.

슬프게도 자유로운 선택은 변덕스럽다. 자녀들의 결정이 언제나 아버지의 희망이나 꿈과 일치하는 것은 아니다. 이것은 요셉의 파라오와 모세의 파라오의 선택들을 가르는 극적인

간극에서 가장 분명히 드러난다. 그 선택들의 간극 속에 실제 일어난 출애굽과 일어날 수 있었던 출애굽의 차이가 있다.

29» 발산하는 두 이야기

지난 장에서 우리는 야곱의 장례 이야기와 출애굽 이야기를 '자녀들'의 관점에서 풀어 설명했다. 즉 요셉이 큰 선택의 상황에서 어떻게 자신의 의로움을 증명했는지, 그리고 수백 년 후 이스라엘 자손들은 선택의 상황에서 어떤 선택을 했는지를 살폈다.

하지만 지금부터는 그 이야기들을 또 다른 인물, 각 이야기의 양아버지의 관점에서 살펴보자. 요셉 시대 파라오의 선택은 모세 시대 파라오의 선택과 어떻게 비교될 수 있을까?

전환적 순간

요셉 시대 파라오의 선택은 실제적 기회를 창출했다. 즉 이러한 도전에 이집트 왕이 응답하는 방식에 선례를 남겼다. '당신 자녀라 생각했던 녀석이 다른 아버지에게 더 깊은 충성심을 표현할 때 당신은 어떻게 행동할까?'

이 도전에 직면했을 때 요셉의 파라오는 영웅적으로 행동했다. 모세의 파라오가 비슷한 용기와 진심으로 반응했다면 무슨 일이 벌어졌을까? 그 결과는 어떤 모습이었을까?

그 모습은 출애굽 플랜 A와 같았을 것이다.

사흘 동안 사막으로 나가게 허락해 달라고 히브리인들이 파라오에게 요청한 시점으로 돌아가보자. 그들은 사막에서 그들의 하나님 YHWH(야훼)와 함께 축제하기를 원했다. 이 신은 그들의 하늘 아버지다. 그때 벌어질 수 있었던 가장 이상적인 상황 전개는 어떤 모습이었을까?

먼저 야훼, 즉 창조주 하나님이라는 개념은 파라오에게 생소했기 때문에 파라오가 모세에게 어떤 표적—모세가 말하는 것이 진리임을 증명해 줄 표적, 또한 그가 만물을 창조하신 하나님의 참된 전령임을 증명하는 표적—을 요구했을 것이라 상상할 수 있다. 흥미롭게도 성서의 출애굽 이야기에서는 하나님이 실제로 모세에게 그런 표적을 제공했다고 기록되어 있다.

> "파라오가 '[너의 말을 증명할] 표적을 제공하라'고 너에게 말한다면, 너는 아론에게 다음과 같이 말하여라. '네 지팡이를 취해 파라오 앞으로 던져라. 그러면 그것이 뱀이 될 것이다'" (출 7:9).

> כי ידבר פרעה לאמר תנו לכם מופת ואמרת אל אהרן קח את מטך והשלך לפני פרעה יהי לתנין
>
> 키 예다베르 알레켐 파르오 레모르 트누 라켐 모페트 브아마르타 엘 아하론 카흐 에트 마트카 브하슬레크 리프네 파르오 예히 르탄닌

이 본문이 암시하는 바에 따르면 그 표적을 통해 파라오는 출애굽 과정이 시작되자마자, 재앙이 아직 발생하기 전 유일

신의 진리를 이해할 수도 있었다. 실제 출애굽 사건에서 그 표적이 발생했다. 파라오의 점성술사, 마술사, 궁중 신하들이 모두 보는 가운데 아론이 그의 지팡이를 던졌고 그것은 뱀으로 변한다(그러나 이것은 아직 표적이 아니다). 그때 이집트 술사들도 아무 일 아니라는 듯 지팡이를 던졌고 그것들도 뱀으로 변했다. 그리고 다음에 표적이 일어난다. 아론의 지팡이가 가서 그 방에 있던 다른 뱀들을 삼켜 버린다. 이것이 표적이었다.[25)]

용기가 있었다면 파라오는 그 표적—파라오 앞에서 모세의 말이 진실임을 확증하기 위해 하나님이 모세에게 주신 유일한 표적—으로부터 다음과 같은 자명하고도 논리적인 결론을 도출할 수 있었을 것이다. '뱀 하나가 다른 뱀들을 다 삼켜 버렸어! 이제 알겠어. 세상에는 많은 힘들이 있지만 그들 모두를 지배하는 하나의 힘이 있어!' 파라오가 이 진리를 이해하게 되었다면 하늘 아버지를 섬기도록 이스라엘을 내보내라는 모세의 요구에 어떻게 반응했을까?

만약 파라오가 창조주 하나님의 참 존재를 깨닫고, 이스라엘이 충심으로 섬기려는 신이 바로 그 신이라는 사실을 인정했다면 모든 것이 바뀌었을 것이다. 그는 사막에서 하늘 아버지를 섬기게 해 달라는 모세의 단기적 요구에 동의했을 것이다. 또한 혹독하게 노예로 부리던 백성들에 대한 소유권도 포기했을 것이다. '나보다 더 높은 부모가 있다. 이 히브리인들은 그에게 충성해야 한다. 그 부모는 그의 뜻을 이루기 위해 그의 자녀들을 되찾기 원한다. 내가 어떻게 그 일을 막을 수 있겠는가?'

그리고 이 하늘의 부모는 단순히 이스라엘의 부모만은 아니다. 그분은 이집트인들을 포함한 모든 인류의 부모이다. '여기에 파라오도 포함된다.' 그리고 이런 깨달음은 파라오의 모든 것을 바꾸었을 것이다. 다시 종합해서 말하자면, 만약 파라오가 창조주 개념과 그에 따른 함의들을 진심으로 받아들였다면, 하늘 아버지를 예배하러 사막으로 나가기 원하는 모세의 뜻을 존중했을 뿐 아니라 이집트도 그 예배 행렬에 동참하기 원했을 것이다. 그는 요셉의 파라오가 그랬던 것처럼 이스라엘의 예배 행차를 호위할 고관들과 도울 사람들을 보냈을 것이다. 의장대도 보냈을 것이다. 전차, 기병, 궁사들도 보냈을 것이다. 어차피 그것은 하늘 아버지를 예우하는 행차이고 그 아버지는 땅의 모든 자녀들의 아버지가 아닌가? '그분은 우리 아버지이기도 하다.'[26)]

두 명의 파라오

예우해야 할 보다 깊은 아버지가 존재한다는 사실을 파라오가 깨닫기는 어려웠을 것이다. 하지만 불가능했던 것은 아니다. 신과 관계하는 완전히 새로운 방식—그와 함께 축제하는 것—을 받아들이는 것도 파라오에게 매우 어려웠을지 모른다. 하지만 그것도 불가능한 일은 아니다. 이에 대한 증거는 요셉의 파라오가 수백 년 전에 남긴 선례이다. 요셉의 파라오가 그 일에 성공했다는 사실은 그러지 못한 모세의 파라오에 대한 호된 질책이 된다.

요셉의 파라오는 이스라엘의 낯설고 터무니없어 보이는 관습(이집트에게 충격적인 매장 방식)을 멸시하고 싶은 욕구를 잘 참아냈다. 그리고 그는 이스라엘인들이 합당하다고 여기는 방식으로 그들의 아버지를 예우할 수 있도록 배려했다. 또한 보다 깊은 측면에서 그것보다 훨씬 위협적인 진실도 받아들였다. '요셉에게 또 다른 아버지가 있으며 그는 나보다 더 깊은 아버지이다. 내가 도대체 무엇인데 요셉이 그분에게 드리는 합당한 예우를 조금이라도 방해할 수 있을까?'

궁극적으로 요셉의 파라오는 매장 행렬을 그저 허락만 한 것이 아니라, 이집트도 그 매장 행렬에 동참하기 원했다. 그는 귀빈들과 많은 이집트인들, 전차, 궁사들로 구성된 의장대를 보내 그 매장 행렬을 호위하게 했다. 이스라엘이 이집트 식으로 장사 지내지 않은 것은 그다지 중요하지 않다. 야곱은 이집트인들의 아버지도 되기 때문에, 이집트인들이 그 아버지의 뜻을 따르는 것은 당연하다.

매우 오래된 그 꿈

모세의 파라오도 그렇게 할 수 있었다. 하지만 그는 그렇게 하지 않았다. 그의 선배와 달리 그는 자신의 견해를 급격히, 근본적으로 바꿀 수 있는 정직함과 겸손함, 그리고 용기가 없었다. 그는 자신보다 더 깊은 아버지가 계시다는 개념을 도무지 받아들일 수 없었다.

이스라엘인들이 마침내 이집트를 떠나게 되었을 때, 그들은 파라오의 진심 어린 동의 아래 떠난 것이 아니다. 파라오의 뜻을 거역하고 이집트를 탈출했다. 출애굽에 동참했던 이집트 대신 출애굽을 반대한 이집트가 있었다. 실제로 일어난 출애굽은 일어날 수 있었던 출애굽—혹은 일어났어야 했던 출애굽—의 그림자였다. 이집트가 출애굽 행렬에 동참했더라면 다시 한 번 가나안인들이 아버지를 예우하는 그 성대한 행렬을 경이롭게 구경하였을 것이다. 다시 한 번 그들은 이집트가 최근 그 존재를 알게 된 아버지에게 큰 예우를 표하는 모습을 충격적으로 바라보았을 것이다. 다시 한 번 그들은 다음과 같이 외쳤을 것이다. '이집트가 동참하는 영광스러운 특별 행차다!'[27)]

일어날 수 있었던 가상의 출애굽 이야기에서 자녀-리더(child-leader)로서 이스라엘의 역할은 매우 중요했지만 그것이 전혀 눈에 띄지 않는다는 사실은 매우 흥미롭다. 외부의 관찰자들은 그런 이스라엘의 역할을 전혀 인지하지 못할 수 있다. 다른 민족들이 인지하는 것은 야곱의 장례 행렬에서 가나안인들이 인지한 것과 같을 것이다. 즉 그들은 이집트인들이 아버지에게 보인 큰 예우를 인지하고 감탄할 것이다. 여기서 주목할 것은 장례 행렬에서 가나안인들이 이스라엘인들에 대해 어떤 말도 하지 않았다는 것이다. 그들은 이스라엘인들을 전혀 보지 못했을 수도 있다. 눈에 보이는 것은 모두 이집트의 성대한 장례 행렬과 그 의미이다. 이집트는 위대한 제국이었다. 그런데 이집트인들이 남의 땅에서 같은 민족도 아닌 사람에게 왕의 예우를 베풀고 있다. 그들은 지금 무엇을 하고 있는 것인가? 이집트는 그들이 다른 민족들과 아버지를 공유한다는 사실을 인정하고 있는 것이다. 모든 민족의 아버지가 계심을 인정한 이집트 민족은 그분에게 왕의 예우를 베풀고 있는 것이다. 이것은 참으로 놀라운 일이다.

이 모든 것이 다시 반복될 수 있었다. 아니 반복되어야 했다. 결국 그것이 장자 민족의 역할이었다. 티 내지 않으면서 변화를 만드는 일. 아버지가 받으실 큰 영광은 이스라엘만 드리는 것이 아니다. 일어났어야 하는 출애굽의 이상적 비전에서 이스라엘은 모든 하나님의 자녀들이 모여 아버지께 영광을 돌리는 여정의 윤활유 역할을 맡는다. 현대 예언자의 말을 빌리면, 그것은 다음과 같은 위대한 꿈이 실현되는 일이다. "모든 하나님의 자녀들…… 유대인이나 이방인들"이 손에 손을 잡고 "마침내 자유다, 마침내 자유다. 전능하신 하나님께 감사하라. 우리는 마침내 자유다"라고 외치며 노래할 것이다.

이 예언을 한 마틴 루터 킹이 염두에 둔 것은 무엇인가? 그것은 그가 만든 새꿈이 아니라 매우 오래 된 꿈이었다. 그것은 원조 출애굽의 꿈이었다.

전차들과 궁사들

슬프게도 이스라엘이 실제 이집트를 떠날 때 그들은 홀로 떠나게 되었다. 즐거운 환송 퍼레이드도 없었고 이스라엘인들을 호위하는 이집트인들도 없었다. 성대한 의식도 없었다. 의장대도 없다. 이집트 기병과 전차가 영광스럽게 이스라엘을 요르단 강가까지 호위하지도 않았다. 이 모든 광경에 놀라며 감탄해 줄 가나안인들도 없었다.

하지만 정말 없었는가? 우주의 주권자는 그 모든 것을 실제 출애굽 사건에 숨겨 놓으셨다. 야곱의 장례 행렬에 모습을 드러냈던 이집트의 전차들과 기병들이 수백 년 후에 다시 모습을 드러냈다. 그들은 하나님께 영광을 돌리기 위해 나온다. 우리가 쉽게 오해하듯이 하나님께 영광을 돌린 것은 그들의 죽음이 아니다. 전차와 기병들은 전처럼 다시 한 번 살아서 의장대로 기능한다. 마치 이스라엘이 홀로 외로이 이집트를 떠나는 모습을 보시고 '이 장면에 무언가 빠졌어. 지난 번 때에는 성대한 의식이 있었는데 말이야. 아버지를 예우하는 의장 부대의 호위가 있었지. 그런데 내 의장대는 어디 있는 거야?' 하고 말하는 듯하다. 그리고 하나님은 의장대가 나오도록 섭리하신다.

> "그리고 나는 이렇게 이집트의 마음을 강하게 하여 그들이 너희들을 추격하게 할 것이다. 나는 참으로 파라오와 모든 그의 군대를 통해 영광을 받을 것이다. 그의 전차와 그의 궁사들을 통해 [영광을 받을 것이다]"(출 14:17).
>
> ואני הנני מחזק את לב מצרים ויבאו אחריהם ואכבדה בפרעה ובכל חילו ברכבו ובפרשיו
>
> 바아니 히느니 메카제크 에트 레브 미쯔라임 브야보우 아하레헴 브이카브다 브파르오 우브콜 헬로 브리크보 우브파라샤브

파라오는 완고하여 플랜 A가 실현되지 못하게 했다. 하지만 하나님은 파라오의 완고함을 이용하신다. 그리고 그것을 자신의 영광으로 바꾸신다. 파라오의 완고함에 대한 히브리어 카베드(כבד)는 하나님이 파라오의 추격 군대로부터 취할 영광에 대한 히브리어인 이카브다(אכבדה)와 동일한 히브리 어근[카

프-베트-달레트(כבד)]에서 파생되었다. 말 그대로 카베드(완고함)가 이카브다(영광)로 변한 것이다. 하나님이 바로의 마음을 '강하게' 하여 하늘 아버지를 계속 끝까지 완고하게 부정할 용기를 준 것이다.[28] 그다음 하나님은 이집트를 마치 장남감처럼 가지고 노신다.[29] 추격하는 이집트 군대를 파라오의 목적이 아니라 하나님의 목적을 위해 사용하신다.

"나는 파라오와 그의 모든 군대, 즉 그의 전차와 그의 궁사들을 통해 영광을 받을 것이다"(출 14:17).

ואכבדה בפרעה ובכל חילו ברכבו ובפרשיו

브이카브다 브파르오 우브콜 헬로 브리크보 우브파라사브

파라오의 의도는 전차와 궁사들을 시켜 달아나는 노예들을 추격하는 것이었다. 완고한 파라오는 그 군대를 통해 그의 자녀들을 붙잡아 다시 한 번 학대하려 했다. 그러나 그런 파라오의 뜻이 이집트 군대들이 출애굽 장면에 출현한 '참된' 목적이 아니었다. 하나님은 그 전차들과 궁사들을 다른 목적들, 즉 하나님 자신의 목적을 위해 등장시키신 것이다.

하나님은 그들을 영광의 의장대로 사용하셨다. 이스라엘인들이 이집트를 떠날 때 환송 퍼레이드가 있을 것인데, 그 환송 퍼레이드를 위해서 의장대는 반드시 필요하다. 파라오가 자진해서 의장대를 제공하지 않는다면 하나님은 그로부터 강제로 받아낼 수 있다. 어찌되었든 이집트 최고의 군대가 요셉 때 그랬듯 물가까지 이스라엘을 호위하게 되었다. 어찌되었건 옛날처럼 다시 한 번 아버지는 '파라오와 그의 모든 군대를 통해' 영광을 받을 것이다.

그리고 가나안 구경꾼들도 다시 등장한다. 수백 년 전에 그들은 이집트가 모든 민족의 아버지에게 베푼 예우에 놀라 감탄했다. 이제 그들은 뻔뻔히 저항하는 이집트로부터 아버지가 강제로 빼앗은 영광을 보고 소스라치게 두려워할 것이다.

> "민족들이 [이집트에게 발생한 일]을 들었다. 가나안 주민들은 두려움에 움츠려 들었다"(출 15:14-15).

> שמעו עמים ירגזון...נמגו כל ישבי כנען:
>
> 샤므우 암밈 이르가준…나모구 콜 요스베 크나안

이 구절은 이집트 추격자들이 패배한 후 바다에서 이스라엘이 부른 찬송 가사이다. 어찌되었든 가나안인들은 이집트를 보고 놀라워할 것이다. 남은 질문은 이것이다. '그들이 보는 것이 정확히 이집트의 무엇인가?' 그들은 이집트의 높은 덕을 볼 것인가 아니면 이집트의 멸망을 볼 것인가?

이집트의 역할: 이상과 그림자

앞서 우리는 일곱째 재앙 후 하나님이 하신 말씀에 대해 이야기했다. 그때 출애굽 플랜 C가 생겨났다. 일곱째 재앙을 통해 하나님이 창조주라는 진리를 확실하게 의식하고도 파라오는 그 진리에 등을 돌렸다. 그후 하나님은 모세에게 새로운 계획이 실행될 것임을 알렸다. 하나님이 앞으로 보낼 재앙들은 이전과 다른 목적을 가진다.

> "[재앙들의 목적은 다음과 같다.] 네 자녀들과 네 자녀들의 자녀들에게 내가 이집트를 어떻게 가지고 놀았는지 너희가 말할 수 있도록 하기 위함이다. 그리고 내가 그들 가운데 둔 표적들을 너희가 말할 수 있도록 하고, 너희들이 내가 YHWH(야훼)임을 알도록 하기 위함이다"(출 10:2).

למען תספר באזני בנך ובן בנך את אשר התעללתי במצרים ואת אתתי אשר שמתי בם וידעתם כי אני יהוה

르마안 테사페르 브오즈네 빈카 우벤 빈카 에트 아셰르 히트알랄르티 브미쯔라임 브에트 오토타이 아셰르 삼므티 밤 비다으템 키 아니 '아도나이'

원조 출애굽 계획에 따르면 이집트는 재앙을 통해 창조주 하나님 YHWH(야훼)가 실제 존재하며 그들에게도 그분께 순종할 의무가 있음을 이해하게 된다. 하지만 실제로 파라오와 이집트는 스스로 완고하게 되어 그 진리를 받아들이지 않았다. 일곱째 재앙 이후로는 이스라엘이 그 진리를 인정하면 충분하다. '이제 발생하는 기적들은 내가 YHWH(야훼)임을 너희들이 알도록 하는 것이다. 너희들이 자손들과 손자들에게 너희의 경험에 대해 말하도록 하기 위함이다.'

원래의 큰 계획은 이집트가 창조주를 인정하고 그로 인해 유일신교의 진리가 세상에 증거되는 것이었다. '하지만 이제 이스라엘아 너희가 이 진리를 알지니라. 너희가 네 자녀들과 손자들에게 너희가 본 것을 말하거라. 궁극적으로 네 후손들이 그 진리를 더 많은 사람들에게 전하게 될 것이다.'

어찌되었든 이 일에 이집트의 역할은 있다. 이상적인 역할은 이집트가 역사의 큰 무대에서 출애굽의 주인공으로 참여하는 것이었다. 그 이상적 계획에서 그들은 이스라엘인들과 (오래전 그랬던 것처럼) 하나의 즐거운 진영을 이루어 아버지에게 영광을 돌리는 일에 열정적으로 동참할 것이었다.

> "전차와 궁사들이 그와 함께 올라갔다. 그리고 그 진영은 매우 컸다"(창 50:9).

ויעל עמו גם רכב גם פרשים ויהי המחנה כבד מאד

바야라 임모 감 레케브 감 파라심 바예히 하마하네 카베드 므오드

누가 보든지 야곱의 장례 행렬에는 하나의 진영만이 있었다. 이스라엘인들과 이집트인들은 한 가지 목표로 연합하였다. 그것이 원래 그랬어야 하는 출애굽의 방법이다. 실제 발생한 출애굽의 비극은 그곳에 하나가 아닌 두 진영이 있었다는 사실이다.

"그러고 [신의 구름이] 이집트 진영과 이스라엘 진영 사이에 들어왔다"(출 14:20).

ויבא בין מחנה מצרים ובין מחנה ישראל

바야보 벤 마하네 미쯔라임 우벤 마하네 이스라엘

이집트인들은 기쁨이 아니라 악의를 가지고 이스라엘인들을 따라오기로 결심했다. 그래서 이집트와 이스라엘이 분리되어야 했다. 하나님의 구름 기둥이 하나의 진영 가운데 있는 모양이 아니라, 하나님의 구름 기둥이 두 진영 사이를 가르고 있었다. 이런 비극은 파라오의 완고함이 초래한 것이다. 하나님의 위대한 드라마가 전개될 때 분명 의장대 퍼레이드는 발생

할 것이다. 어찌되었든 이집트의 기병들과 전차들은 그것에 동참할 것이다. 해결되어야 할 유일한 문제는 다음과 같다. 이집트의 전차들과 기병들은 그 드라마에 기쁨으로 참여할 것인가 마지못해 참여할 것인가?

30 » 아직도 가야 할 길

일어날 수 있었던 출애굽(The Exodus That Might Have Been)이 실제로 일어나지 않았다면, 그 가상의 출애굽이 우리에게 무슨 의미가 있을까? 일반적으로 역사가들은 가정적 역사—일어날 수 있었으나 일어나지 않은 역사—를 논의하는 데 시간을 많이 쓰지 않는다. 그런데 왜 우리는 일어나지 않은 출애굽을 논의하고 있는가?

우리는 역사가가 아니기 때문이다.

유대교는 토라가 단순한 역사책이 아님을 늘 주장해 왔다. 토라의 본질은 안내서(교훈서)로 의도된 것이다. 그것이 '토라'라는 이름이 암시하는 바이다. 그것의 의미는 '가르치다, 안내하다'이다.[30] 그 토라는 때때로 법을 알려줌으로 우리를 안내한다. 또한 과거를 들려줌으로 우리를 안내한다. 그 이야기는 역사적 사건이기 때문에 우리에게 의미 있는 것이 아니다. 과거 이야기가 우리에게 의미 있는 이유는 법처럼 그것이 우리를 최선의 모습으로 도야(陶冶)해 주기 때문이다.

'일어날 수 있었던 출애굽'이 우리를 안내한다면 그것도 토라의 일부이다. 그것도 토라 이야기다. 다시 한 번 강조한다. 가상 출애굽 이야기는 토라에 기록된 두 이야기들(야곱의 장례 행렬과 이스라엘의 출애굽)을 정독할 때 간과되는 이야기다. 토라의 다른 이야기들처럼 그것은 우리에게 이미 발생한 일의 의미는 물론, 아직 발생하지 않은(하지만 앞으로 발생해야 하는) 일의 의미를 말해 주려 존재한다.

과거

이미 발생한 일—다시 말해 실제로 일어난 출애굽—과 관련하여, 발생할 수 있었던 출애굽은 그 역사적 사건들을 평가할 수 있는 척도를 제공한다. 그것은 출애굽 사건이 히브리 노예들의 해방만을 이야기하지는 않는다는 우리의 의심을 확인해 준다. 물론 이스라엘의 해방은 분명 하늘 아버지의 계획 중에 있었다. 하지만 '일어날 수 있었던 출애굽'의 관점에서 보면 거기에는 다른 의미들도 있다. 그것은 오래전 야곱처럼 자신의 존재를 자녀에게 알릴 필요가 있었던 한 아버지 이야기였다. 또한 출애굽은 큰 용기를 발휘해 그 아버지를 자신의 하늘 아버지로 인정해야 했던 (요셉과 같은) 잠재적 브코르(장남) 이야기였다. 또한 그것은 요셉 때의 파라오처럼 그 아버지를 그들의 아버지로 인정하고 그에 맞게 행동해야 했던 한 민족(이집트) 이야기였다. 또한 그것은 이집트에서 가나안으로의 여행이 어떤 모습을 가질지, 그리고 누가 그 여행에 참여할지에 대한 것이었다.

미래

'일어날 수 있었던 출애굽'은 이 모든 질문에 답을 준다. 아울러 미래도 가르쳐 준다. 그것에 따르면 역사에서 실제로 발생한 출애굽이 모든 비전을 성취한 것은 아니다. 아직 실현되지 않은 비전을 완수하기 위해 할 일이 남아 있다. 과거 이스라엘이 이집트를 탈출했던 것은 이상적 출애굽의 그림자였다. 일어났어야 하는 출애굽의 이상을 실현하는 것은 유대인과 이방인의 공동 사명이다. 그들은 손을 잡고 발을 맞추어 한 목소리로 모두의 아버지 되시는 하나님의 유일성을 선포할 사명을 가진다.

그 사명은 이스라엘의 선지자들이 종종 언급한 것이다. 그 선지자들의 말씀을 읽으면 미완의 출애굽 여행을 완수하려는 그들의 열망을 보지 않을 수 없다.

> "이스라엘의 흩어진 모든 백성들을 모으는 YHWH(야훼)가 말한다. 나는 모인 사람들[이스라엘] 이외에 다른 자들도 그에게 모을 것이다"(사 56:8).

> נאם אדני יהוה מקבץ נדחי ישראל לעוד אקבץ עליו לנקבציו
>
> 느움 아도나이 '엘로힘' 므카베쯔 니드헤 이스라엘 오드 아카베쯔 알라브 르니크바짜브

이사야 선지자는 언젠가 하나님이 이스라엘의 흩어졌던

백성들을 모두 가나안 땅으로 모을 것임을 말한다. 그러나 그 때 하나님은 다른 사람들도 함께 모을 것이다. 이스라엘과 이방인들이 한 무리로 나아올 것이다.

> "또한 YHWH(야훼)에 연결되어 그를 섬기고, YHWH(야훼)의 이름을 사랑하는 이방인들도…… 나는 그들 모두를 내 거룩한 산으로 데려와서 내 기도의 집에서 축제하게 할 것이다" (사 56:5-6).

> **ובני הנכר הנלוים על יהוה לשרתו ולאהבה את שם יהוה…והביאותים אלהר קדשי ושמחתים בבית תפלתי**
>
> 우브네 하네카르 하닐빔 알 '아도나이' 르샤르토 울르아하바 에트 '아도나이'…… 바하비오팀 엘 하르 코드쉬 브시마흐팀 브베트 트필라티

지난 번 이런 행차가 있었던 때에 이스라엘인들은 홀로 행진했다. 하나님의 구름이 이스라엘과 추격자들을 분리시켰다. 하지만 미래의 행차에서 더 이상 그런 분리는 없을 것이다.

> "YHWH(야훼)와 함께 [있는 자들과] 동행하기 원하는 이방인의 자녀는 다음과 같이 말하지 못할 것이다. YHWH(야훼)가 나를

그의 백성으로부터 분리시켰다"(사 56:3).[31]

ואל ליאמר בן הנכר הנלוה אל יהוה לאמר הבדל יבדילני יהוה מעל עמו

브알 요마르 벤 하네카르 하닐바 엘 '아도나이' 레모르 하브델

야브딜라니 '아도나이' 메알 암모

아버지를 섬기겠다고 헌신한 사람들이 압도적으로 큰 하나의 진영을 이루며 가는 위대한 여행이 다시 한 번 있을 것이다.[32] 그것은 이스라엘의 첫 번째 여행(출애굽)에서 잃어버린 기회들을 살리는 일일 것이다.[33] 이스라엘은 장자 민족으로 그 미래의 여행을 이끌지만 그렇게 티 나는 역할은 아닐 것이다. 이스라엘의 수는 그의 사명을 기꺼이 공유하는 다른 민족들보다 월등히 작을 것이기 때문이다. 그들 모두가 연합하여 모두의 아버지를 영화롭게 할 것이다.

그날을 이제 속히 보리라.

1)
앞에서와 같이 여기서도 우리는 히브리어 숙어 히주크 할레브, '마음이 강해짐'을 용기와 동의어로 이해한다. 이스라엘을 떠나도록 허락한 일을 후회하는 파라오는 사막에서 그 백성이 취약한 상태임을 인지할 것이다. 따라서 그는 그들을 죽이거나 다시 잡을 기회를 볼 것이다. 하나님은 '그의 마음을 강하게 할 것이다'. 다시 말해 파라오에게 그 욕구를 실천에 옮길 용기를 줄 것이다. 이렇게 파라오는 재앙들을 보낸 신에게 항복했음에도 다시 이집트 군대를 보내어 달아나는 노예들을 추격할 것이다.

2)
실제로 '죽음'이나 '멸망'이라는 단어는 그 본문에 사용되지 않는다. 본문은 하나님이 파라오의 군대(출 14:4), 혹은 그 기병들과 궁사들(출 14:17)로부터 '영광'을 얻을 것이라고 말할 뿐이다. 하나님은 이 사람들의 죽음을 언급하지 않는다. 본문을 있는 그대로 읽으면 하나님은 군대, 기병, 궁사들에게서 영광을 취하는 것이지 그들의 죽음에서 영광을 취하는 것은 아니라 할 수 있다. 하지만 이 말의 정확한 의미는 그렇게 분명하지는 않다. 이 군인들은 적의 도구이지 하나님의 도구가 아니다. 이 주제들은 우리가 《출애굽 게임》 마지막에서 다시 다루었다.

3)
여기서 유업으로 번역된 히브리어 미타(מטה)는 여러 의미를 가진다. 가장 기본적 의미는 '침상'이다. 다음의 성서 구절에서 그 의미로 쓰인다—'야곱은 침상의 머리를 향해 경배했다.' 또한 이 단어는 '유업'이나 '자녀들'이라는 함의(침상의 산물)도 가질 수 있다. 그리고 미드라쉬 지혜자들은 후자의 의미로 그 성서 구절을 해석한다—야곱은 감사의 의미로 하나님께 절했다. 그의 침대, 즉 그의 '유업'이 온전했기 때문이다.

4)
그는 몇 세대 후, 즉 모세 시대를 살았던 파라오와 다른 사람이다. 이어지는 논의에서 나는 요셉의 파라오를 그냥 '파라오'라고 부르겠지만 내 의도는

'요셉의' 파라오를 지칭하는 것이다.

5)
Yoel Bin Nun, *Megadim*, Volume 1, pp. 20-31.

6)
성서 본문에 따르면 그의 아버지가 그에게 세겜의 형들을 만나라고 요청했을 때 요셉은 힌넨니(הנני), '내가 여기 있습니다'라고 말한다(창 37:13). 창세기에서 힌네니는 오싹한 뉘앙스가 있다. 하늘에 계신 아버지가 아브라함에게 그의 아들을 제물로 바치라고 했을 때, 아브라함이 그 일에 순종하겠다는 의지를 표현하기 위해 사용한 말이 힌넨니다. 요셉이 힌넨니라고 대답한 것은, 형들을 만나러 가는 길을 출발하기 전부터 그 여행이 위험함을 감지하고 있었다는 토라만의 암시일 수 있다.

7)
이와 같이 반대의 패턴이 계속된다. 이는 두 구절들의 구문들을 통해서도 확인된다. 파라오가 요셉에게 그의 꿈을 말할 때 사용한 히브리어가 할롬 할람티(חלום חלמתי), '어떤 꿈을, 나는 꾸었다'(창 41:15)이다. 13년 전 요셉이 그의 꿈을 형들과 아버지에게 말했을 때 사용한 히브리어는 할람티 할롬(חלמתי חלום), '나는 꾸었다, 어떤 꿈을'이다. 동사의 위치가 반대이다.

8)
〈창세기 라바〉 84:16을 보라. 브코르 지위와 관련해 이 의복의 상징성에 대한 더 자세한 설명과 그에 대한 흥미로운 함의들은 이 책의 부록 B '겉옷 한 벌, 두 벌'을 보라.

9)
창 41:16, 41:51 등.

10)
이것은 미드라쉬의 지혜자들이 '야곱이 정착했다'는 구절을 해설하면서 염두에 둔 것 같다. 그들은 다음과 같이 말했다—"야곱은 조용히 정착하려 시도했다…… 그러나 [실패했다], 왜냐하면 그때 요셉과 [그의 실종]에 대한 문제들이 그에게 닥쳤기 때문이다'(창세기 37장 1절에 대한 라쉬의 주석 참조).

11)
람반도 똑같은 질문을 했다. 창세기 47장 9절에 대한 람반의 주석 참고.

12)
창세기 47장 9절에 대한 라쉬와 세포르노의 주석을 보라.

13)
야곱이 요셉을 소환해 그의 장례 절차를 논했다고 기록되기 전(창 47:29) 그 가족은 그 땅을 '소유'했고, '매우 번성했'으며 그 땅에 확실이 자리잡았다는 기록이 나온다(창 47:27). 성서 본문이 순서를 이렇게 묘사하는 것은 시사하는 바가 크다. 본문이 제시하는 바처럼 가족들의 이집트 적응은 야곱의 요셉 소환을 촉진시키는 마지막 촉매제였다.

14)
창세기 50장 6절에 대한 람반 주석을 보라.

15)
창세기 48장 5절에 대한 라쉬의 주석을 보라. 람반의 주석도 참조하라.

16)
유산에 관한 이 신명기 구절에 대한 자세한 토론과 그 구절이 요셉 이야기의 초반부에 대해 가지는 함의는 부록 B '겉옷 한 벌, 두 벌'을 참조하라.

17)
미드라쉬의 성현들에 따르면 요셉의 겉옷은 그런 상징성을 띤다. 그가 받은 '갑절의 겉옷'은 신명기(21:16-17)가 브코르에게 약속하는 아버지 재산의 갑절을 연상시킨다(〈창세기 라바〉 84:16).

18)
창세기 47장 31절에 대한 람반의 주석을 보라.

19)
창세기 50장 6절에 대한 라쉬의 주석을 보라. 람반의 주석도 참고하라.

20)
또한 흥미로운 것은 전차들과 기병들이 장례단을 따라 요단 강변까지 간다는 것이다. 후에 출애굽 사건에도 이스라엘이 요단 강변에 도착할 때 그 물이 갈라지고 이스라엘이 건너게 된다(수 3:16). 야곱의 장례 이야기와 출애굽 이야기 모두에서 전차들과 기병들은 물이 갈라지는 곳에 도착한다.

21)
이집트인들이 야곱의 매장 요구를 터무니없는 것(매장은 시체 방부 처리와 정반대된다)으로 간주했듯 그들에게는 이스라엘의 하늘 아버지가 한 요구도 터무니없는 것으로 보였다. 이것은 사막에서 '축제하게' 해 달라는 요구에 해당하는 것만은 아니다. 그것은 가나안 여행과 관련된 장기 계획(그 백성들이 자신들의 땅에서 하나님을 위한 집을 만드는 것)에도 적용된다. 육체적 인간들이 초월적 신과 함께 산다는 개념은 인간이 참으로 이해하기 어려운 것이다. 그럼에도 아버지는 개의치 않았다. 그는 그 백성에게 그를 위한 처소를 만들라고 요구했고, 그분은 초월적임에도 그 백성과 함께 사는 방법을 찾아낸다(출 25:8을 보라).

22)
아버지가 브코르에게 그의 사랑을 확신시키는 방법은 두 경우 비슷하다.

요셉이 붙들어야 했던 마지막 확신은 가나안에서 그를 분명 사랑했던 그 아버지에 대한 기억이다. 어렸을 적 아버지의 사랑은 부정할 수 없었다. 하지만 그 후 내가 경험했던 이 모든 고통은 무엇인가? 내게 일어난 그 모든 일들은 아버지의 마음이 바뀌었다는 말인가? 유다가 (그가 요셉인 줄 모르고) 요셉에게 접근했을 때, 그는 아버지가 언제나 그를 위해 슬퍼했음을 분명히 밝힌다. 요셉이 죽었음을 인지한 순간부터 아버지는 쉬지 않고 슬픔 가운데 있었다. 이렇게 유다는 요셉의 과거와 현재를 빈틈 없이 연결시킬 수 있었다—내가 어릴 적 기억하는 그 아버지, 그는 내게 한번도 등을 돌린 적이 없어! 그때 나를 사랑하신 그분이 지금도 나를 사랑하신다.

이와 비슷한 일이 불타는 가시나무에서 하나님이 모세에게 나타났을 때에도 발생한다. 하나님은 처음에 자신을 아브라함, 이삭, 야곱의 하나님('아이' 민족의 하나님, 그 민족이 아직 어렸을 적 기억하는 하나님—으로 소개한다. 그때 하나님이 그 아이를 사랑하셨음을 쉽게 알 수 있다. 그는 정기적으로 조상들과 대화했고 그들에게 큰 약속을 주셨다. 이렇게 과거를 일종의 지지대로 언급하신 하나님은 이제 현재로 화제를 옮긴다) 하나님은 이렇게 말씀한다. '나는 지금 노예의 삶을 사는 백성들의 고통을 보고 있다.'

유다는 아버지 사랑에 대한 요셉의 오랜, 하지만 확실한 기억들로 돌아가 그 사랑이 여전이 유효함을 확신시켰다. 이제 모세는 그 백성들, 민족 브코르를 위해 동일한 일을 한다. 그는 아버지 사랑에 대한 민족의 옛 기억(아버지가 아브라함과 이삭과 야곱과 나누었던 친밀한 유대감)으로 돌아간다. 그리고 그 옛 사랑이 아직도 유효함을 확신시킨다.

23)
본문이 정확히 사람들의 이해를 강조하고 있음을 주목하라. 하나님이 그들을 고통에서 구원하기로 다짐했음을 그들이 이해한다면 그것으로 충분하다 생각할 수 있다. 물론 그것이 그들의 당면한 필요이다. 하지만 본문은 하나님이 '그들의 아픔을 보셨음'을 믿었다고 애써 첨가하고 있다. 그 의미는 분명해 보인다. 그들이 하나님이 그들의 처지에 대해 가슴으로 공감했다는, 즉 그들의 고통에 의해 하나님의 마음이 동했다는 이해에 도달하지 못했다면, 사람들은 이스라엘을 위해 일하겠다는 하나님의 보증을 받아들이지 않았을 것이다.

24)
요셉은 그의 아들을 '에브라임'이라 이름 짓는다. 그 이유는 히프라니 엘로힘 브에레쯔 온이(הפרני אלהים בארץ עניי), '하나님이 내 고통의 땅에서 나를 번성하게 만들었'기 때문이다(창 41:52). 개인이 번성하게 된다는 것은 둘 이상의 자녀를 낳음을 의미한다—즉 나는 한 사람이었다. 하지만 한 세대 후에는 둘 이상이 된다. 개인은 하나이다. 많은 자녀들은 질적인 약진(그 성격이 바뀔 정도로 큰 변화)과 관계한다. 가족에게 어지러울 정도로 많은 후손이 생기면 그 가족은 질적인 약진을 이룬다. 즉 많은 후손들은 더 이상 '가족'이 아니라 '민족'이다. 이것이 이스라엘은 '그 땅을 유업으로 얻어 매우 번성하게 되었다'는 성경 구절의 의미다.

25)
내가 앞서 제안한 바대로 이때 처음으로 파라오는 이 세상에 창조주 하나님이 존재한다는 사실, 또한 모세와 아론이 그 힘을 대표하는 자임을 보이는 냉철하고 부정할 수 없는 증거를 제시받았다. 자연 세계는 많은 힘의 원천으로 가득한 것처럼 보이지만 그들 모두를 다스리는 하나의 힘이 있다. 하지만 출애굽 이야기에서 파라오는 그 표적을 거부한다. 본문이 말하는 것처럼, 그는 그의 마음을 굳어지게 하고, 완고하게 만들어 그에게 방금 제시된 증거에 설득되지 않는다. 하지만 그가 마음을 굳어지게 만들지 않았다면 어떻게 되었을까? 그가 마음을 열었다면 무슨 일이 벌어졌을까?

26)
그 두 이야기가 서로 연결되는 지점에 대해 추가적인 통찰을 얻을 수 있다. 예를 들어 이런 계획을 실제로 수행할 때 파라오가 직면할 장애물들을 상상해 보자. 이 일은 매우 낯설다. 행차를 호위하는 이집트 고관들은 이렇게 불평할 수도 있었을 것이다. '히브리인들, 그들이 그들 신과 함께 축제하기 원한다고? 신과 함께 축제하는 것은 있을 수 없어. 그것은 신을 섬기는 방법이 절대 아니야!' 그러나 요셉의 파라오가 오래전에 그리했듯이 이 파라오도 이런 말로 사람들을 진정시킬 수 있었을 것이다. '맞아. 이것은 낯설어. 창조주 하나님이라는 개념은 우리 모두에게 너무 새로워. 하지만 우리의 노예였던 이스라엘, 그들이 우리에게 길을 보여 줄 거야. 그리고 이것이 이스라엘이 말한 대로 아버지가 예배받기 원하는 방식이라면 우리도 그것에 참여하는 것이 좋아.'

27)
요셉의 파라오 때에 가나안인들은 에벨 카베드 제 르미쯔라임(אבל כבד זה למצרים), 즉 '이집트인들의 장례가 참으로 무겁구나!'라고 말했다. 여기서 카베드(כבד), '무겁다'는 '예우'를 의미하기도 한다. 가나안인들이 놀라서 말한 그 문장은 두 가지 의미가 있다. 장례 행렬을 수행하는 수많은 이집트인들을 가리킬 수도 있고, 또는 이집트가 아버지에게 하는 엄청난 예우(그 행렬에 참여함으로 아버지를 예우함)를 가리킬 수도 있다.

28)
위에 인용된 본문(하나님이 파라오에게 이스라엘을 추격할 충동을 줄 것임을 설명하는)에서 하나님의 개입을 가리키는 단어는 히브리 어근 ch-z-k(חזק)에서 유래한다—바아니 히느니 메하제크 에트 레브 미쯔라임(ואני הנני מחזק את לב מצרים). 독자들은 이 책 앞부분에서 설명한 이 어근의 의미를 기억할 것이다. 그것은 자유 의지를 추구하도록 '용기를 부여함'이라는 의미 같다.

29)
출애굽기 10장 1-2절 참고.

30)
히브리어 토라는 르호로트(להורות), '이끌다, 안내하다, 길을 보이다'(잠 1:8, 3:1) 혹은 야라(ירה), '화살 길을 안내하다'에서 유래한 것이다.

31)
'분리시켰다'로 번역된 히브리어에 의미가 있다. 실제 출애굽에서 이집트인들과 이스라엘인들은 분리되었다. 하나님 임재의 기둥이 이스라엘 진영과 이집트 진영 사이에 위치해 둘을 분리시켰다. 앞서 살핀 바처럼, 창조의 첫 붓질의 메아리가 갈대 바다가 갈라지는 사건에서 분명히 울려 퍼진다. 그 메아리 중 하나는 이집트와 이스라엘 사이에서 이스라엘에는 빛을, 이집트에는 어둠을 제공한 신적 구름이었다. 이것은 창조 사건에서 빛과 어둠의 원시적 분리와 공명한다. 위대한 분리적 창조 사건들에 사용된 단어 바야브델(ויבדל)이 여기 기록된 이방인들의 두려움 속에서 다시 공명한다—하브델 야브딜라니(הבדל יבדילני). 이방인들이 그런 분리를 두려워하는 이유가 있다. 이스라엘과 이방인들 사이의 큰 분리, 이것은 이집트에서 실제 일어났다. 하지만 그 분리는 '발생할 수 있었던 출애굽' 비전의 타락일 뿐이다. 야곱의 매장 이야기에는 그런 분리가 없으며 오직 하나의 진영만이 있다.

32)
'동행하다'로 번역된 이사야 말씀은 하닐바(הנלוה)이다. 같은 단어가 장례 행렬을 수행하는 자를 묘사하는 데 사용되었다는 점에 소름 끼친다.

33)
이사야의 비전이 스가랴와 같은 후대 선지자들에 의해 더욱 커진다. 스가랴서 말미에서 우리는 비슷한 비전을 듣는다. 하지만 그것은 모든 민족 중 이집트를 콕 집어 그 행렬에 동참할 필요를 언급한다. 스가랴의 환상 중에 하나는 갈대 바다가 갈라지는 사건을 선명하게 회고한다—바욤 하후 이흐예 알 믈찔로트 하수스 코데쉬 라도나이(ביום ההוא יהיה על מצלות הסוס קדש ליהוה), '그날에 모든 말들의 종 위에 새겨질 것은 주께 거룩하다[는 말씀이다]'(스 14:20). 바다가 갈라지는 출애굽 사건에서 이집트 전차들과 기병들은 하나님의 도구로 사용되었다. 이제 미래에 이집트 전차들이 돌아올 때, 전차들과 기병들은 자원하여 참석할 것이다. 말들을 장식한 종들은 대제사장의 모자를 장식한 바로 그 말씀으로 장식될 것이다—주께 거룩하다. 마지막으로 스가랴가 사용한 단어 므찔로트(מצלות), '종들'은 바다가 갈라지는 이야기에 등장하는 그 운명적 단어 므쫄로트(מצולת),

'깊은 바다'와 동일한 철자이다. 바다가 갈라지는 이야기에서 이스라엘인들은 파라오의 말들이 돌처럼 깊은 바다 속으로 가라앉았다고 노래했다—트호모트 예카스유무 야르두 비므쫄로트 크모 아벤(תהמת יכסימו ירדו במכולת כמו אבן) (출 15:5). 이제 파괴되어 '깊은 바다'(므쫄로트) 속에 가라앉는 대신, 그 말의 '종들'(므찔로트)은 하나님 축제에서 울리게 될 것이다.

부록

A» 최악의 시나리오 경고

나는 결말을 미리 내놓고 성서를 읽는 잘못에 빠지지 말라고 이야기했다. 여러분과 나는 출애굽 이야기의 결말을 알지만 그렇게 되도록 미리 '예정된 것은 아니었다.' 출애굽은 다른 방식들로 '전개될 수 있었다.' 아니, 다른 방식으로 흘러갔어야 한다. 이 책에서 논의한 것처럼 출애굽 과정에 적어도 두 개의 중요한 갈림길이 있었다. 그 갈림길에서 출애굽은 다른 방식으로 발전해 갈 수 있었다.

일반적으로 말해 성서의 사건들이 묘사된 대로 발생할 필요가 없었다는 개념은 자명하다. 이스라엘 백성들은 금송아지를 만들어 죄를 지을 필요가 없었다. 그들이 죄를 짓지 않았다면 더 좋았을 것이다. 하나님이 모세에게 바위를 향해 선포하라 명령했을 때 모세가 바위를 칠 필요는 없었다. 이런 예에서 주인공이 그의 잘못된 행위 때문에 벌을 받았다는 단순한 사실은 그 사건이 다른 방식으로 흘러갔어야 한다는 사실에 대한 충분한 증거이다. 하지만 출애굽 사건은 여러 구절들에서 그 사건들이 미리 예정된 듯한 강한 인상을 받는다.

모세와 파라오가 아직 만나기 전 불타는 가시나무에서 하나님이 모세에게 말한다.

> "이집트의 왕은 나의 강력한 팔이 아니면 너를 내보내지 않을 것이다. 나는 손을 펴서 모든 기적들로 이집트를 칠 것이다……

그때 그가 너를 내보낼 것이다"(출 3:19-20).

ואני ידעתי כי לא יתן אתכם מלך מצרים להלך ולא ביד חזקה: ושלחתי את ידי והכיתי את מצרים בכל נפלאתי אשר אעשה בקרבו ואחרי כן ישלח אתכם

바아니 야다으티 키 로 이텐 에트켐 멜레크 미쯔라임 라할로크 브로 브야드 하자카: 브샬라흐티 에트 야디 브히케티 에트 미쯔라임 브콜 니플르오타이 아셰르 에에세 브키르보 브아하레 켄 예샬라흐 에트켐

후에(역시 재앙이 시작되기도 전에) 다시 모세에게 말씀하신 하나님은 그가 파라오의 마음을 '강하게'(출 4:21), '굳어지게'(출 7:3-4) 할 것이며 강한 손으로, 즉 강제로 이스라엘을 이집트 왕에게서 빼앗을 것임을 알리신다.

이 구절들은 플랜 C가 예정된 결과였음을 암시한다. 그러나 이 책에서 우리는 그것이 예정되지 않았음을 보여주는 여러 단서들을 검토했다. 예를 들어 하나님은 파라오로부터 '정직한' 고백을 듣기 원했다. 더욱이 제4부에서 주장한 것처럼 야곱의 장례 이야기와 비교해 출애굽 이야기를 읽으면 플랜 A는 일어났어야 했던 출애굽이고, 실제 일어난 출애굽인 플랜 C는 안타까운 사건 전개의 결과였음을 알 수 있다. 하지만 이런 내용의 증거들과 앞서 인용한 구절들—즉 하나님이 불타는 가시나무에서 파라오가 끝까지 고집을 부릴 것이라고 예언하고 또한

결국에는 하나님이 그의 힘으로 이스라엘을 이집트로부터 자유롭게 할 것이라고 말씀한—을 어떻게 조화시킬 수 있을까?

최악의 시나리오 예언

그 대답을 나는 이렇게 하고 싶다. 비록 이상해 보여도, 전능자가 한두 사람에게 미래의 일을 알렸다는 사실만으로 그 사건들이 필연적으로 일어나야 했다는 결론을 얻을 수는 없다. 요나의 예언을 예로 들어 보자. 거의 떠밀리다시피 니느웨로 간 요나는 하나님의 명령을 따라 예언한다.

"40일이 지나면, 니느웨는 멸망할 것이다"(욘 3:4).

עוד ארבעים יום ונינוה נהפכת

오드 아르바임 욤 브니느베 네흐파케트

하지만 예언대로 되지 않았다. 니느웨 사람들이 그들의 악한 행위를 회개하자 하나님이 그들의 생명을 살리기로 결정한 것이다(욘 3:8-10). 이것을 어떻게 이해해야 할까? 요나가 전한 하나님의 예언에는 어떤 조건도 없었다. '니느웨는 멸망할 것이다.' 하지만 멸망은 실제로 일어나지 않았다.

예언이 성취되지 않았다고 해서 요나를 거짓 선지자로 간주하는 주석가는 없다. 어째서일까?

그 이유는 람반이 명확히 밝힌 원리에서 찾을 수 있다. 그의 책 《미슈네 토라》('토라의 토대', 10:4)에서 람반은 예언을 받았다 주장하는 사람이 참선지자인지 확인하는 지침들을 밝힌다. 람반에 따르면 미래에 성취될 하나님의 긍휼, 자비, 혹은 축복을 예언하고, 그것이 현실로 이루어지지 않았다면 그 선지자는 분명 사기꾼이다. 왜냐하면 하나님은 복음(좋은 소식)의 약속을 절대 저버리지 않을 것이기 때문이다. 하지만 그 예언이 기근이나 파괴 같은 나쁜 일이라면 현실에서 이루어지지 않았다 해도 그것은 예언자가 거짓말쟁이라는 증거가 되지 않는다. 나쁜 소식이 무조건적 예언으로 주어진다 해도 마찬가지다. 람반에 따르면 나쁜 일에 대한 절대적 예언은 존재하지 않는다. 선지자가 명시적으로 밝히지 않아도 예언이 뒤집힐 가능성은 언제나 존재한다.

람반 주장의 핵심은 이렇다. 나쁜 일 예언은 조치를 취하지 않는다면 일어날 최악의 시나리오를 경고하는 것으로 간주해야 한다. 예를 들어 요나가 40일 만에 니느웨가 멸망할 것이라고 예언했을 때, 그의 예언은 니느웨게 주어진 경고—즉 자유의지의 힘으로 그 재앙을 피하려 노력하지 않으면 재앙이 틀림없이 찾아올 것이라는—로 간주되어야 한다. 그리고 실제로 니느웨 사람들은 나쁜 행실을 고치겠다고 결심함으로써 그 재앙을 피할 수 있었다.

람반의 주장과 그것을 실증하는 요나의 예는 이와 비슷한 일이 출애굽 때—하나님이 출애굽 사건의 결말을 모세에게 예언했을 때—도 벌어졌을 가능성을 열어 준다. 모세에게 하신 하나님의 말씀은 반드시 발생할 출애굽의 결말을 예언하는 듯하다. 즉 파라오의 고집에 맞서 하나님이 하실 일을 미리 보여주신 것이다. 하지만 이런 예언은 절대적으로 간주되어서는 안 된다. 따라서 여기서도 하나님은 최악의 시나리오를 모세에게 밝히고 있다고 보아야 한다. 그것은 파라오가 끝까지 완고하게 행동할 때 일어날 결과이다. '그때 나는 강한 힘으로 이스라엘을 구원할 것이다.'

하나님이 직접 파라오의 마음을 '강하게' 할 때가 올 것임을 예언하는 하나님의 말씀에도 같은 논리를 적용할 수 있다. 이 책에서 우리는 하나님이 '파라오에게 용기를 빌려주려'는 일(그의 마음을 '강하게 하는' 일)에 이유가 있다고 주장했다. 예를 들어, 파라오가 마음속으로는 여전히 창조주를 부정하면서도 귀찮아서 항복하려 한다면 하나님은 그에게 용기를 빌려주어 그의 다신교적 비전을 계속 붙들 것이다. 하지만 재앙이 시작되기 전에 전능자가 파라오의 마음을 완고하게 할 것이라고 예언한 부분(출 4:21; 7:3-4)은 최악의 시나리오에 대한 하나님의 경고로 간주될 수 있다. 파라오가 오판하여 계속 고집을 피울 경우, 모든 증거를 거부하고 창조주에 대한 그의 의무를 거부하는 경우의 시나리오이다. '모세여! 그때 나는 파라오에게 이런 조치를 취할 것이다. 그에게 용기를 줄 것이다. 그에게 힘을 주어 싸움을 계속하게 할 것이다.'

왜 모세에게 예언할까?

람반의 원리는 우리에게 유익한 사고 틀을 제공한다. 즉 하나님의 재앙 예언은 무조건적인 것으로 간주될 수 없으며, 인간은 스스로 올바른 선택을 함으로써 신의 정의가 실현되는 방식을 바꿀 수 있다. 하지만 마지막 문제가 남았다. 왜 하나님은 모세에게 가정적 미래를 굳이 알려주려는 것일까? 파라오가 잘못된 선택을 할 경우 하나님이 어떻게 행동할지 모세에게 미리 말씀하는 이유는 무엇일까?(출 3:19-20; 4:21; 7:3-4)

하나님이 최악의 경우 일어날 일을 굳이 예언하는 까닭을 알려면 불타는 가시나무 본문 전체를 주의 깊게 읽어야 한다.

하나님은 불타는 가시나무에서 처음으로 모세에게 나타나신다. 그곳에서 하나님과 모세는 긴 대화를 나눈다. 여러 가지 주제가 대화에 등장하나 핵심 목적은 하나이다. 노예 생활에서 이스라엘을 해방시키려는 하나님의 뜻을 알리는 것, 그 하나님의 뜻을 사명으로 받아들이도록 모세를 설득하는 것이다. 모세는 하나님의 제안을 마뜩잖게 여긴다. 이것은 모세의 반응을 젊잖게 표현한 것이다. 하나님이 그에게 어떤 말을 해도 모세는 하나님의 제안을 거절할 이유들을 찾는다. 자기가 그 일에 적격자가 아니라는 핑계를 찾다가 마침내, 핑계거리가 떨어지자 모세는 이렇게 말한다.

"주여, 제발 [다른 사람을] 보내소서"(출 4:13).[1)]

בי אדני שלח נא ביד תשלח

비 아도나이 슐라흐 나 브야드 티슬라흐

이때 하나님은 화를 내며 그를 파라오에게 보낸다. 하나님이 모세에게 허락한 유일한 양보안은 그의 형 아론의 동행이다. 아론이 모세와 동행할 것이며 필요할 때 그의 대변인이 되어 줄 것이다(출 4:14).

이것은 매우 특별한 대화이다. 어느 날 당신에게 하나님이 나타나 무엇인가를 부탁하면 사람 잘못 보셨다며 시간을 보낼 것인가? 하나님과 첫 번째 대화 내내 모세가 하나님의 계획을 거부할 기세였다는 것은 매우 놀랍다.

하지만 그 소극성에도 불구하고 하나님은 모세가 적임자라고 판단했다. 전능의 하나님은 모세의 모든 핑계들을 능숙히 처리하고 그의 팔을 '부드럽게' 비틀어 사명의 길을 가게 한다. 하나님이 관심을 두는 유일한 후보가 왜 모세이며 다른 사람은 왜 안 되는지 논쟁의 여지는 있지만 문맥은 모세가 유일한 후보임을 분명히 한다.[2)]

이런 관점에서 불타는 가시나무에서 하나님이 출애굽의 가능한 미래 가운데 최악의 경우를 미리 알려주고자 했던 사실은 놀랄 일이 아니다. '파라오는 너무 완고해서 창조주를 절대 인정하지 않고 사사건건 나에게 도전할지 모른다. 그런 일이 일어나더라도 걱정하지 마라. 나는 실패하지 않는다. 필요하다면, 나는 강력한 팔로 노예들을 해방시킬 것이다. 나는 파괴적 힘을 쓰는 일에 주저하지 않을 것이다.' 하나님은 모세가 출애굽의 사명을 받아들이도록 파라오가 끝까지 고집 피우는 최악의 상황을 말하고 있다.

반대 상황을 상상해 보자. 파라오가 끝까지 완고하게 고집을 부릴 경우 발동되는 하나님의 대안, 즉 플랜 C를 모세가 몰랐다고 가정해 보자는 것이다. 그가 이미 표현한 것처럼 모세는 파라오 앞에 서는 일이 매우 불편하다. 창조주 하나님의 실존을 파라오에게 설득할 수 있다고 믿지 않는다. 그런데 하나님이 그런 실패의 가능성을 인정하지 않고 모세를 억지로 떠밀며, 무슨 일이 있어도 파라오에게 진리를 전해야 한다고 요구했다면 어떻게 되었을까? 물론 마지못해 순종했겠지만 파라오가 하나님의 말씀을 악하게 거부할 때, 모세의 출애굽 의지는 거기서 꺾였을 것이다. 실제 파라오는 하나님의 뜻을 악하게 거부하지 않았는가? 이 때문에 하나님은 불타는 가시나무에서 모세에게 최악의 상황을 말해 주었던 것이다. 그러지 않으셨다면 모세는 하나님의 계획에 자발적으로 참여하지 않았을 것이다.[3)]

이렇게 앞서 말한 모순이 해결되었다. 하나님은 노예 해방에 파라오의 동의를 구하라고 곧 모세에게 요구한다. 창조주의 존재를 선언하는 언어와 그 언어를 뒷받침하는 표적을 모세에게 준다. 처음에는 종교적 관용을 베푸는 명분으로 백성들에게 단기 휴가를 허락하라고 파라오에게 요구할 것이다. 이 모든 것은 플랜 A 실현을 위한 희망과 관계있다. 이 플랜 A가 실패하면 하나님은 자연의 힘들을 완전히 통제한다는 것을 증명할 재앙들을 일으킬 것이다. 이 재앙들 가운데 어느 때라도 파라오가 창조주 하나님을 인정하고 순종한다면 출애굽은 깔끔하고 깨끗한 결말에 도달할 것이다. 이것이 플랜 B이다. 그러나 불타는 가시나무에서 하나님은 모세에게 굳이 모든 것이 실패할 경우 일어날 일을 말씀한다. 이렇게 하여 모세가 듣게 된 것이 플랜 C이다. 하나님이 모세에게 애써 전하려 했던 메시지는 다음과 같다. '걱정하지 마라. 무슨 일이 있어도 내가 해결할 것이다. 우리가 시도하는 모든 일이 실패해도 나는 홀로 이룰 능력이 있다. 너는 하나도 두려워할 필요가 없다.'

확증 사건 1: 아브라함이 받은 어두운 예언

비슷한 역학이 작용하는 다른 본문이 오경에 있는가? 우주의 주권자가 인간 실패로 초래될 최악의 시나리오를 애써 계시하는 다른 이야기들이 오경에 있는가? 우리가 살핀 불타는 가시나무 본문을 제외하면 두 군데 정도에서 그런 이야기들이 발견되는 듯하다.

브리트 벤 하베타림*으로 불리는 첫 번째 본문(창세기 15장)은 하나님이 아브라함과 맺은 언약이다. 이 본문에서 하나님은 아브라함에게 미래에 대해 악몽 같은 환상을 보여주신다. 그것은 아브라함의 후손이 '400년 동안 타지에서 억압받으며 노예 노동하며 나그네로 살게 될' 운명(창 15:13)이라는 내용이다. 여기서도 하나님은 최악의 시나리오—인간 실패로 초래될 상황—를 계시하는 듯하다. 요셉을 노예로 판 형들의 결정이 궁극적으로 그 가족을 이집트로 끌고 가는 연쇄 도미노를 촉발시킨다. 그리고 그것은 참으로 최악의 시나리오였다. (출애굽기 12장 40절에 대한 라쉬의 주석에 따르면) 아브라함의 후손들이 400년이 아니라 210년 동안만 노예로 살았다는 점에서, 그 결과가 아브라함이 '예언한' 것처럼 그렇게 나쁜 것은 아니었지

* 브리트 벤 하베타림은 직역하면 '조각들 사이의 언약'으로 창세기 15장에서 하나님이 아브라함과 언약하실 때 동물을 둘로 쪼개시고 그 조각들 사이로 지난 것에서 유래한 이름이다.

만, 여전히 답해야 하는 질문은 하나님이 아브라함에게 그것을 굳이 예언한 이유이다. 왜 하나님은 아브라함이 통제할 수 없는 최악의 시나리오로 그를 괴롭히시는 걸까?

하나님이 그 어두운 미래를 아브라함과 그 후손들에게 미리 알게 한 이유를 이전과 비슷한 방식으로 생각해 볼 수 있다. 만약 그들이 노예 생활의 가능성을 미리 경고받지 못했다면 무슨 일이 일어났을까?

하나님은 아브라함의 후손이 민족으로 성장하고 가나안 땅에 대한 주권을 누리게 될 것이라고 약속했었다. 그런데 가족 중 누구도 그런 주권적 삶으로 가는 여정이 길고 굽은 것임을 전혀 알지 못했다면 어떻게 되었을까? 실제로 야곱이 라반의 집에서 돌아왔을 때 그는 자신의 사명이 가나안 땅에 머물며 자식들을 낳아 민족-건설의 과정을 시작하는 것이라 생각했을 가능성이 높다.[4] 그 가족이 희미한 경고도 듣지 못했다면 수백 년의 이집트 유배 생활에 어떻게 반응했을까? 하나님이 그들을 버렸다고 생각하거나, 아니면 하나님이 힘이 약해서 약속을 지키지 못한다고 결론 내렸을 것이다. 어느 쪽으로 생각하든, 그들은 하나님 없이 살게 되었을 것이다. 우주의 주권자가 수백 년 후 그들을 구원하기 위해 찾아왔더라도 구원할 거룩한 백성이 더 이상 남아 있지 않았을 수도 있다.

불타는 가시나무 본문에서 확인된 패턴이 아브라함 언약 본문에서도 보인다. 즉 성서 역사에서 드물지만 하나님은 누군가에게 최악의 시나리오를 예언해 주기도 한다. 그것은 선지자 혹은 미래 세대들이 그 최악의 시나리오가 현실이 되었을 때 그것을 견디도록 예방 주사를 놓는 의미이다.

확증 사건 2: 시라트 하아지누

또 하나의 본문이 있다. 신명기 맨 마지막에 증거되는 모세의 죽음 직전의 사건이다.

사전 정지 작업으로 이렇게 가정해 보자. 만약 여러분이 하나님이고 여러분의 충성된 종 모세에게 마지막 작별 인사를 한다면 여러분은 무엇이라 말할 것인가? 아마 "그대의 헌신에 감사한다" 혹은 "참 수고했다" 같은 말을 했을 것이다. 하나님이 실제 모세에게 말한 것은 그것과 거리가 멀다.

> "너는 곧 죽어 네 조상들과 함께 쉴 것이다. 그리고 이 민족이 일어나 [가나안] 땅의 신들을 따라 가게 될 것이다"(신 31:16).

> הנך שכב עם אבתיך וקם העם הזה וזנה אחרי אלהי נדר הארץ
>
> 힌느카 쇼케브 임 아보네카 브캄 하암 하제 브카나 아하레 엘로헤 네카르 하아레쯔

하나님은 모세에게 사람들이 거짓 신들을 섬길 것이고 하나님을 버리고 그의 언약도 파기할 것이라고 예언한다. 무슨 작별 인사가 이럴 수 있는가? '사랑하는 모세야. 네가 이 민족을 세우느라, 그들 안에 예배의 중요성을 심어주느라 고생한 것을 안다. 하지만 솔직하게 말하마. 네 고생은 모두 헛된 것이었다. 네가 죽은 후 이 모든 것이 재앙처럼 무너져 내릴 것이다.'

하나님은 왜 이런 것을 모세에게 알려주는가?

하나님 자신이 그 대답을 주신다. 이어지는 구절에서 모세가 가장 듣기 원치 않는 미래—그 백성들이 하나님께 반역할 뿐 아니라 그 후 회개도 하지 않는다는—를 상술한 후, 하나님은 모세에게 그 재앙에 대한 해독제도 주신다. 모세로 하여금 시라트 하아지누*를 저작하게 한 것이다(신 31:19). 이것은 이스라엘의 역사와 운명을 설명한 노래인데 그 백성들에게 영원한 '증인'이 될 것이다(신 31:21). 즉 이스라엘 백성이 의지할 모세와 같은 선지자들이 없을 때, 그들은 언제나 그 '증인'에게 돌아와 (즉 그 모세의 노래를 통해) 그들의 구원 역사와 의로운 사명을 배

* 시라트 하아지누를 직역하면 "'들으라'의 노래"이다. 이것은 유대인들이 신명기 32장에 기록된 모세의 노래를 가리킬 때 사용하는 용어이다.

우게 될 것이다.

"끔찍한 고통이 그들에게 발생할 때 이 노래가 그들에게 증인이 되어 답해 줄 것이다. 그것은 후손의 입에서 결코 잊혀지지 않을 것이다"(신 31:21).

והיה כי תמצאן אתו רעות רבות וצרות וענתה השירה הזאת לפניו לעד כי לא תשכח מפי זרעו

브하야 키 팀쩨나 오토 라오트 라보트 브짜로트 브아느타 하시라 하조트 르파나브 르에드 키 로 티샤카흐 미피 자르오

시라트 하아지누(신명기 32장의 노래)가 어떻게 미래의 고통에 대한 해독제가 되는지 설명하는 일은 이 짧은 글의 범위를 벗어난다.[5)] 하지만 분명한 것은 그것이 모세의 노래가 주는 기능이라는 것이다. 하나님이 죽음을 앞둔 모세에게 최악의 상황—이스라엘 민족에게 발생할 끔찍한 일—에 대해 예언한 것은 모세에게 정신적 고통을 주려는 것이 아니라 시라트 하아지누를 저술하여 최악의 상황에 대비하라는 것이었다. 하나님의 경고 덕분에 모세는 이스라엘 민족을 위해 시라트 하아지누를 쓸 수 있었고 써야만 했다. 그 노래는 미래 세대가 고통과 고난 가운데 인내할 힘과 용기를 준다.

B» 겉옷 한 벌, 두 벌

1부: 겹 겉옷의 신비

24장에서 나는 야곱이 그의 아들들 중 17세의 요셉에게 브코르, 즉 장남의 지위를 부여했음이 신명기의 한 본문에서 확인된다고 언급했다. 여기서 그 신명기 본문을 탐구해 보자. 이를 위해 먼저 요셉 이야기 중 이상한 본문에 주목하겠다.

토라는 요셉을 구덩이에 던져 노예로 팔기로 작정하기 전 그의 형들이 크토네트 파심(כתנת פסים), 즉 '특별한 겉옷'을 요셉에게서 벗겨버렸다고 서술한다.[6] 그런데 성서는 '겉옷'을 불필요하게 반복하는 듯 보인다.

> "그리고 그들은 요셉에게서 그의 겉옷을 [빼앗았다]. 그가 입고 있던 그의 특별한 겉옷을 빼앗았다"(창 37:23).
>
> ויפשיטו את יוסף את כתנתו את כתנת הפסים אשר עליו:
>
> 바야프시투 에트 요셉 에트 쿠토느토 에트 크토네트 하파심 아쉐르 알라브

이 구절은 요셉이 겉옷을 빼앗겼다는 사실을 두 번 반복하는 것 같다. 미드라쉬의 성현들은 이런 반복에 당황해한다. 라쉬는 그 미드라쉬 해석을 다음과 같이 해설한다.

"[그 구절이 요셉이] '그의 겉옷'을 [빼앗겼다고 말할 때], 그것은 [다른 형들도 입고 있는] 일반 겉옷을 가리키는 것이다. [곧이어 그 구절이] 요셉이 '특별한 겉옷'을 빼앗겼다고 말할 때 그것은 아버지가 일반 겉옷 위에 덧입혀준 겉옷을 가리킨다"(〈창세기 라바〉, 창 37:23에 대한 라쉬의 주석).

את כנתו: זה חלוק את כתנת הפסים: הוא שהוסיף לו אביו יותר על אחיו

에트 쿠토느토: 제 할루크 에트 크토네트 하파심: 후 셰호시프 로 아비브 요테르 알 에하브

다시 말해 그 미드라쉬 해석은 형들이 요셉에게서 두 개의 겉옷—형들도 입고 있는 일반 겉옷과 아버지가 요셉에게만 준 특별 겉옷—을 탈취했다고 말하는 것이다.

이런 라쉬의 주석은 보기에 극히 사소한 문제 같다. 우리는 성서 역사에서 가장 어두운 순간에 서 있다. 형들이 요셉을 구덩이에 던져 놓고 가버렸다. 요셉의 운명이 위태롭고, 야곱의 온 가족은 풍비박산의 위기에 처했다. 그런데 라쉬는 형들이 요셉에게서 탈취한 겉옷의 정확한 숫자에만 관심 있는 듯하다. 형들이 빼앗은 겉옷의 수가 그렇게 중요할까?

우리가 좋아하는 게임, 즉 '어디서 들어보았지?' 게임을 해보자. 그러면 라쉬가 전하려는 메시지가 분명해질 것이다.

라쉬의 말을 되뇌어 보자. '요셉을 포함해 모든 형제가 아버지로부터 겉옷을 한 벌씩 받았다. 하지만 요셉은 모두가 받은 겉옷 이외에 겉옷을 추가로 받았다.' 여러분은 토라 어디에서 이와 비슷한 내용을 들어보았는가? 겉옷의 '갑절' 하면 떠오르는 것이 무엇인가? 그것은 브코르의 권리일 것이다. 즉 갑절은 가장 먼저 태어난 아들이 아버지의 유업에서 받는 몫이다.

신명기(21:16-17)에서 우리는 어떤 사람이 죽으면 그의 브코르(장남)가 '갑절'(פי שנים, 피 슈나임)의 유산을 받을 권리를 가짐을 배운다. 모든 형제가 아버지로부터 한 벌의 겉옷을 받았지만 요셉은 두 벌을 받았다는 사실은 야곱이 요셉을 그의 브코르로 간주하고 있음을 암시한다.[7)]

요셉이 야곱의 장자로 간주된다는 개념은 언뜻 터무니없어 보인다. 생물학적으로 그것은 사실일 수가 없다. 르우벤, 시므온, 레위, 유다 등등이 요셉보다 먼저 태어났다. 그러나 앞서 언급한 것처럼 야곱이 요셉을 그의 장자로 간주했을 가능성을 배제할 수는 없다. 왜냐하면 요셉은 야곱이 운명의 상대로 느낀 여인에게서 태어난 첫아들이기 때문이다. 그는 야곱이 라헬에게서 낳은 첫아들이었다.

2부: 신명기 암호

창세기 37장 23절에 대한 미드라쉬 성현들의 해석이 요셉 이야기와 실제로 잘 들어맞는지 의심스럽다면, '피 슈나임' 본문—브코르(장자)가 아버지 유산에서 받게 되는 갑절의 몫에 관한 신명기 본문—을 탐구해 보자.

본문은 이렇게 시작한다.

"어떤 남자에게 두 명의 아내가 있는데, 하나를 사랑하고 다른 하나는 미워한다"(신 21:15).

כי תהיין לאיש שתי נשים האחת אהובה והאחת שנואה

키 티흐예나 르이쉬 슈테 나쉼 하아하트 아후바 브하아하트 스누아

여기서 잠깐. 다음 내용을 듣기도 전에 독자들은 이 구절에서 깜짝 놀라게 된다. '아내를 미워한다고? 아마 다른 아내만큼 좋아하지 않는다는 의미일 거야. 정말 아내를 미워한다는 뜻인가?' 하지만 미워하는 것이 아니라면 성서 저자가 더 온건하게 표현하지 않았을까? 왜 '그 남자가 한 아내를 다른 아내보다 더 사랑한다'고 말하지 않았을까? 이제 본문을 계속 읽어 내려가면, 독자들은 두 아내를 가진 그 남자가 각 아내에게서 자녀들을 얻는다는 사실을 알게 된다. 그리고 가장 나이 많은

아들(브코르)은 사랑받지 못하는 아내에게서 태어난다. 그 후 본문은 이렇게 전개된다.

> "그가 유산을 자녀들에게 나누는 날에 그는 사랑받는 아내의 아들을 사랑받지 못하는 아내의 아들, 즉, [참] 브코르 대신에 브코르로 세워서는 안 된다. 그는 사랑받지 못하는 아내의 브코르-자녀를 알아보고 그에게 발견되는 모든 것에서 갑절의 몫을 그에게 주어야 한다. 왜냐하면 [그 아들]이 그의 힘의 처음이기 때문이다. 그에게 장자의 권리가 있다"(신 21:16-17).

והיה ביום הנחילו את בניו את אשר יהיה לו לא יוכל לבכר את בן האהובה על פני בן השנואה הבכר: כי את הבכר בן השנואה יכיר לתת לו פי שנים בכל אשר ימצא לו כי הוא ראשית אנו לו משפט הבכרה

브하야 브욤 한느힐로 에트 바나브 에트 아셰르 이흐예 로 로 유칼 르바케르 에트 벤 하아후바 알 프네 벤 하스누아 하브코르: 키 에트 하브코르 벤 하스누아 야키르 라테트 로 피 슈나임 브콜 아셰르 임마쩨 로 키 후 레시트 오노 로 미슈파트 하브코라

이 본문에서도 몇 가지가 이상해 보인다.

그는…알아보고(야키르) 이 동사는, 첫째, 문맥상 불필요해

보이고, 둘째, 본문의 구문 구조를 다소 어색하게 만든다. 성경 저자는 이렇게 간략히 말할 수도 있었다. '그는 …… 갑절의 몫을 그에게 주어야 한다 …… 그에게 장자의 권리가 있다.' 토라는 왜 '그는 …… 알아보고 …… 갑절의 몫을 주어야 한다'라고 말하는가? 무엇을 더 말하려 하는가?

그에게 발견되는 모든 것에서(브콜 아셰르 임마쩨 로) 토라가 말하려는 것은 아버지의 재산을 나눌 때 장남에게 갑절을 주라는 뜻 같다. 그러면 이렇게 말하면 더 분명하지 않았을까? '그가 가진 모든 것에서 갑절의 몫을 그에게 주어라.' 왜 토라는 '그에게 발견되는 모든 것'에서 갑절의 몫을 그에게 주라고 말할까? '그에게 발견되다'는 무슨 의미인가?

그의 힘의 처음 이것을 히브리어로 말하면 레시트 오노(ראשית אונו)이다. 일종의 시적 언어로 그 의미가 명확하지는 않다. 나의 번역은 라쉬를 따르고 있다(창세기 49장 2절에 대한 라쉬의 주석 참고). 라쉬는 그 어구가 '그의 힘의 처음'을 의미한다고 추정하며 호세아와 이사야 같은 후대 예언서들에 나타나는 표현들(호 12:9; 사 40:26, 29)과 비교한다. 이것은 희귀하고 불분명한 표현임에 틀림없다. 또한 그 시적인 문체도 흔히 직설적 문체로 작성되는 율법 본문과 어울리지 않는 듯하다.

이런 범상치 않은 표현들이 왜 중요할까? 여러분은 이런 시시콜콜한 관찰에 무슨 영원한 의미가 있는지 의심할 수 있다. 그렇다면 이제 다음 질문을 염두에 두며 신명기 본문을 다시 읽어 보자. 이 표현들을 다른 곳에서 본 적이 있는가? 과거 사건들을 연상시키는 언어적 단서들에 귀를 기울이자.

두 아내가 있는 남자

장자의 권리를 서술하는 신명기 본문은 두 아내와 결혼한 어떤 남자의 초상으로 시작한다. 그는 한 아내를 사랑하지만 다른 아내는 미워한다. 앞서 우리는 '미워한다'(שנואה, 스누아)는 말이 다소 거슬리며 필요 이상으로 거칠다고 생각했다. 하지만 그래서 오히려 이목을 끌고 의미에 더 집중하게 만듦을 기억하자. 그 단어를 전에 어디에선가 들어본 적이 있는가? 오경에서 이런 식으로 묘사된 특정 인물이 있는가?

물론 있다. 오경에서 오직 한 사람이 스누아, 즉 '미움을 받는 자'로 묘사된다. 그는 레아이다.

> "하나님이 레아가 미움받는 것을 보고 그녀의 태를 열었다" (창 29:31).[8)]

ורחל עקרהוירא יהוה כי שנואה לאה ויפתח את רחמה ורחל עקרה

바야르 '아도나이' 키 스누아 레아 바이프타흐 에트 라흐마흐 브라헬 아카라

그렇다면 신명기 본문은 레아를 염두에 두고 이 단어를 쓴 것은 아닐까? 우연일 수도 있다. 하지만 의도된 것이라면 발생할 함의들을 좀더 살펴보자.

신명기의 '미움받는' 아내가 암묵적으로 레아를 지칭한다면 '사랑받는' 아내는 누구를 가리키겠는가? 쉬운 질문이다. 그것은 라헬이다. 그녀는 야곱이 진정으로 사랑했던 여자이며 야곱은 그녀와 결혼하기 위해 매우 열심히 일했다. 야곱은 7년간의 노동을 통해 그녀와 결혼할 권리를 얻었다.[9)]

만약 덜 사랑받는 아내가 레아를 암시하고 사랑받는 아내가 라헬을 가리킨다면 우리는 그 두 여자와 결혼한 자가 누구를 암시하는지도 알 수 있다. 그는 분명히 야곱이다.

이런 추론의 함의들을 계속 펼쳐나가면 야곱의 가족과 신명기 본문에 묘사된 남자의 가족 사이의 공통점은 신비스러울 정도가 된다. 신명기 본문 속 가상의 남자처럼 야곱도 '사랑하는' 아내와 '덜 사랑하는' 아내 모두로부터 자녀를 얻는다. 또한 야곱의 장남도 '덜 사랑하는' 아내에게서 태어난다. 야곱의 첫째인 르우벤은 레아의 첫 자녀다.[10)]

참된 브코르가 일어날 것인가?

신명기 본문을 계속 읽어 가보자. 그 남자가 두 아내에게서 얻은 자녀들에게 어떤 일이 생기는지 살펴보자.

> "그가 그의 유산을 자녀들에게 나누는 날에 그는 사랑받는 아내의 아들을 사랑받지 못하는 아내의 아들, 즉 [참] 브코르 대신에 브코르로 세워서는 안 된다. 그는 사랑받지 못하는 아내의 브코르-자녀를 알아보고 그에게 발견되는 모든 것에서 갑절의 몫을 그에게 주어야 한다. 왜냐하면 [그 아들]이 그의 힘의 처음이기 때문이다. 그에게 장자의 권리가 있다" (신 21:16-17).

והיה ביום הנחילו את בניו את אשר יהיה לו לא יוכל לבכר את בן האהובה על פני בן השנואה הבכר: כי את הבכר בן השנואה יכיר לתת לו פי שנים בכל אשר ימצא לו כי הוא ראשית אנו לו משפט הבכרה:

브하야 브욤 한느힐로 에트 바나브 에트 아셰르 이흐예 로 로 유칼 르바케르 에트 벤 하아후바 알 프네 벤 하스누아 하브코르: 키 에트 하브코르 벤 하스누아 야키르 라테트 로 피 슈나임 브콜 아셰르 임마쩨 로 키 후 레시트 오노 로 미슈파트 하브코라

창세기 이야기를 신명기 본문과 함께 읽으면 그 통합적 독

해가 만들어 내는 그림이 실로 놀랍다. 토라는 두 아내의 남편 야곱에게, 사랑받지 못한 아내의 첫 자녀인 르우벤 대신 사랑받는 아내의 첫 자녀인 요셉을 브코르로 대우해서는 안 된다고 말하고 있다. 즉 야곱은 르우벤을 그의 브코르로 인정하고 그에게 장자에게 합당한 갑절의 몫을 주어야 한다.

이것은 다음과 같은 강력한 함의를 가진다. 창세기에서 야곱은 율법이 금지한 바로 그것을 깨려고 하는가? 야곱은 그가 사랑한 아내 라헬의 자녀를 브코르로 만들려 한 듯하다. 그리고 이런 함의와 함께 우리 머릿속에 떠오르는 것은 요셉이 겉옷 위에 또 하나의 특별한 겉옷을 입었다고 말하는 미드라쉬 해석이다. 미드라쉬의 성현들은 그 특별 겉옷이 요셉이 받은 '갑절의 몫'—야곱의 유산에서 요셉이 받게 될 브코르의 몫—이었다고 넌지시 말하는 듯하다.[11] 그 미드라쉬 해석은 언뜻 이상해 보였지만 아마도 랍비들은 우리가 지금 살피는 연관들—즉 야곱 이야기와 신명기 율법의 연관들—을 미리 보았던 것 같다.

돌다리도 두드려 보자

하지만 아직 성급히 결론을 내리지는 말자. 지금까지 본 것이 단지 우연의 일치일 수도 있기 때문이다. 그 신명기 본문이 남편에게 덜 사랑받는 아내를 가리키기 위해 히브리어 스누아

('미움받는 자')를 사용하는 것은 맞다. 토라에서 그 히브리 단어가 다시 나타나는 유일한 본문이 레아를 스누아로 소개하는 창세기 본문이다. 하지만 신명기가 이 히브리 단어를 쓴 것이 우연의 일치일 수 있다. 신명기 율법에 묘사된 가족 상황이 야곱의 가족과 비슷한 것은(즉 두 아내의 남편이 한 아내를 다른 하나보다 더 사랑하고, 덜 사랑하는 아내에게서 장자를 얻은 것) 신기하지만, 그런 일치조차 우연일 수 있다. 우연이 아니라면 그것을 어떻게 알 수 있을까?

우리는 더 많은 증거가 필요할 것이다. 두 본문에서 더 많은 유사점이 증명된다면 성경 저자가 의도적으로 그런 연관들을 본문에 심어 놓았을 가능성이 더 커진다. 그러면 한 본문을 다른 본문과 연결하여 보아야 할 이유도 더 커진다. 이제 이런 질문을 해보자. 신명기 본문과 요셉 이야기 사이에 유사점들이 더 있을까?

유사점들을 찾다보면 우리는 신명기 본문에서 확인된 네 가지 이상한 표현으로 돌아가게 된다. 이 중 첫 번째 표현 스누아('덜 사랑받는 아내')는 레아를 넌지시 지칭하는 듯하다. 그렇다면 나머지 세 표현은 어떠한가?

그 세 표현은 다음과 같다. '알아보다'(야키르), '그에게 발견되는 모든 것'(임마쩨 로), 그리고 '힘의 처음'(레시트 오노).

"그는 사랑받지 못하는 아내의 브코르-자녀를 알아보고 그에게 발견되는 모든 것에서 갑절의 몫을 그에게 주어야 한다. 왜냐하면 [그 아들]이 그의 힘의 처음이기 때문이다. 그에게 장자의 권리가 있다"(신 21:17).

כי את הבכר בן השנואה יכיר לתת לו פי שנים בכל אשר ימצא לו כי הוא ראשית אנו לו משפט הבכרה

키 에트 하브코르 벤 하스누아 야키르 라테트 로 피 슈나임 브콜 아셰르 임마쩨 로 키 후 레시트 오노 로 미슈파트 하브코라

마지막 어구 '힘의 처음'을 먼저 살펴보자. 이 어구는 모세오경 전체에서 딱 두 군데에서만 사용된다. 위에 인용된 신명기 율법이 한 군데이고, 다른 한 군데는 창세기 맨 마지막에서 야곱이 레아에게서 얻은 장자 르우벤을 축복하는 본문이다. 거기서 야곱은 그를 브코르로 부른다.

"르우벤, 너는 내 브코르, 내 기운, 내 힘의 처음[레시트 오니]이다"(창 49:3).

ראובן בכרי אתה כחי וראשית אוני

르우벤 브코리 아타 코히 브-레시트 오니

여기서도 신명기 율법과 야곱 이야기 사이의 연결 패턴이 계속된다. 즉 야곱 이야기에 사용된 또 하나의 어구가 명확하게 신명기의 장자 율법에 채용된다. 신명기 율법 속 익명의 남자는 그의 참된 브코르(장자), 즉 미움받는 아내(스누아)에게 태어난 장자에게 갑절의 몫을 주어야만 한다. 왜냐하면 야곱 가족의 장자 르우벤처럼 신명기의 장자도 아버지의 '힘의 처음'이기 때문이다.

신명기 본문에서 확인한 나머지 두 표현도 살펴보자.

> "그는 사랑받지 못하는 아내의 브코르-자녀를 **알아보고 그에게 발견되는** 모든 것에서 갑절의 몫을 그에게 주어야 한다"
>
> (신 21:17).

> כי את הבכר בן השנואה יכיר לתת לו פי שנים בכל אשר ימצא לו
>
> 키 에트 하브코르 벤 하스누아 야키르 라테트 로 피 슈나임 브콜 아셰르 임마쩨 로

여러분은 토라에서 이 두 표현 — '알아보다'와 '발견되다' — 을 만난 적이 있는가? 이 두 표현이 서로 가까이 사용된 본문이 있는가? 어느 본문에서 아버지가 '발견된' 무엇인가를 '알아보도록' 요청받는가? 눈치 챘겠지만 그것은 야곱과 그 아들들의

이야기이다.

"[형제들이] 요셉의 [피 묻은] 특별한 겉옷을 보내어 그들 아버지에게 가져왔다. 그리고 말했다. '이것을 우리가 발견했습니다. 알아보시나요? 그것이 당신 아들의 외투인가요 아닌가요?'"(창 37:32)

וישלחו את כתנת הפסים ויביאו אל אביהם ויאמרו זאת מצאנו הכר נא הכתנת בנך הוא אם לא

바예샬르후 에트 크토네트 하파심 바야비우 엘 아비헴 바요므루 조트 마짜누 하케르 나 하크토네트 빈느카 히 임 로

여기서 요셉의 형들은 아버지에게 그들이 '발견한' 것—지금은 피범벅이 되었지만 요셉이 입고 다녔던 특별 의복—을 '알아보도록' 요구하고 있다.

이것이 의미하는 바는 무엇인가? 우리가 지금까지 품었던 의심이 확신으로 바뀐다는 것이다. 신명기 본문은 장자권에 대한 율법을 야곱의 아들들 이야기의 팔레트에서 가져온 물감으로 그리고 있음이 확실하다. 하지만 더 깊고 충격적인 의미가 여기에 있다. 장자권 율법을 요셉 형들의 말들과 연결시킴으로써 토라는 그 형들이 아버지에게 감히 전하지 못한 메시

지—하지만 그들의 말 속에 숨겨져 암시된—를 드러내고 있다. 수백 년 후 주어진 율법에서 우리는 그 형들의 말에 교묘히 숨겨진 메시지의 자국을 볼 수 있다.

어떻게 하면 그 메시지를 볼 수 있을까? 이렇게 하면 된다. 신명기 율법이 창세기 언어들의 의미를 설명하게 하면 된다. 즉 '알아보다'와 '발견되다'가 신명기에서 어떤 의미로 사용되었는지 먼저 이해하고, 그 의미를 창세기 본문 독해에 적용하는 것이다.

다시 신명기 구절을 살펴보면서, 그 표현들이 가지는 의미를 붙잡아 보자.

"그는 사랑받지 못하는 아내의 브코르-자녀를 **알아보고 그에게 발견되는** 모든 것에서 갑절을 그에게 주어야 한다"(신 21:17).

כי את הבכר בן השנואה יכיר לתת לו פי שנים בכל אשר ימצא לו

키 에트 하브코르 벤 하스누아 야키르 라테트 로 피 슈나임 브콜 아셰르 임마쩨 로

여기서 '알아본다'는 말은 아버지가 '그의 참된 브코르가 누구인지 알아본다'는 뜻이다. '그에게 발견되는 모든 것'은 '아버지가 자녀에 물려줄 재산', 즉 그의 유산을 가리킨다. 이

렇게 특정된 의미를 창세기 본문에 적용해 보자. 이를 위해 요셉의 형들이 그들의 아버지에게 전한 말을 한 번 더 읽어 보자.

> "[형제들이] 요셉의 [피 묻은] 특별한 겉옷을 보내어, 그들 아버지에게 가져왔다. 그리고 말했다. '이것을 우리가 발견했습니다. 알아보시나요? 그것이 당신 아들의 외투인가요 아닌가요?'"(창 37:32)

וישלחו את כתנת הפסים ויביאו אל אביהם ויאמרו זאת מצאנו הכר נא הכתנת בנך הוא אם לא

바예샬르후 에트 크토네트 하파심 바야비우 엘 아비헴 바요므루 조트 마짜누 하케르 나 하크토네트 빈느카 히 임 로

겉보기에 형들은 아버지에게 피 묻은 겉옷을 발견했다고 말하고, 그것이 요셉의 것인지 묻고 있다. 하지만 그들의 말은 훨씬 중요한 메시지를 숨기고 있다.

이것이 우리가 발견한 것입니다.

→ 아버지! 이것이 당신이 물려준 유산입니다.

알아보시나요?

→ 당신의 참된 브코르가 누구입니까?

그것이 당신 아들의 겉옷인가요?

→ 요셉이 그 겹 겉옷의 마땅한 주인인가요?

아닌가요?

→ 그 겹 겉옷의 마땅한 주인은 요셉이 아닐지도 모르겠네요.

형들은 그 겹 겉옷의 마땅한 주인이 누구라고 말하는 것일까? 이 본문의 씁쓸한 함의는 분명하다.

'그 겹 겉옷의 마땅한 주인은 르우벤입니다!'

1)
세포르노의 번역을 따르고 있다—천성적으로 소질 있는 다른 사람, 그 일에 잘 준비된 다른 사람을 보내소서. 라쉬의 주석도 보라.

2)
하나님이 모세를 고집한 이유에 대해 내 생각을 보려면, 알레프 베타 홈페이지(alephbeta.org)에서 '하누카: 왜 우리가 기념하는가?'를 주제로 한 동영상들을 참고하라.

3)
출애굽기 3장 19절 라쉬밤(Rashbam)의 주석 참조.

4)
창세기 37장의 시작에 대한 〈창세기 라바〉와 라쉬의 주석을 보라.

5)
이를 위해서는 2014년에 제작된 알레프 베타(Aleph Beta)의 오경 통독 시리즈 중 신명기 29-31장, 32장, 33-34장에 대한 동영상들을 보라. 모두 알레프 베타 홈페이지(alephbeta.org)에서 시청 가능하다.

6)
히브리어 크토네트(כתנת)는 겉옷을 의미한다. 파심(פסים)은 '채색된'(라다크), '수놓인'(이븐 에즈라; 출 28:2에 대한 람반의 주석) 혹은 '줄무늬'(라다크)로 번역될 수 있다. 일부 주석에 따르면 크토네트 파심은 손바닥까지 내려오는 긴 소매 옷을 가리킨다(라쉬밤: 창세기 라바 84:11). 또 다른 의견에 따르면 파심은 외투가 만들어지는 최상급 양모를 가리킨다(라쉬).

7)
〈클리 야카르〉(Kli Yakar)의 저자들은 그런 견해를 분명히 지지한다. 〈클리 야카르〉의 저자는 특별 겉옷이 요셉의 장자 지위를 확인해 준다는 생각을 노골적으로 밝힌다. 또한 그는 요셉의 꿈에 대한 형제들의 반응이 이것을 암시한다고 덧붙였다. 그 형제들의 말은 반복 어구로 장식되어 있다—그들은 다음과 같이 말했다. 하말로크 팀믈로트 알레누임 마숄 팀므숄 바누(המלך תמלך עלינו אם משול תמשל בנו), '네가 우리를 다스리고 다스리겠는가? 우리 위에 군림하고 군림하겠는가?' 〈클리 야카르〉에 따르면, 이런 이중 반복은 피 슈나임, 즉 요셉이 가지는 장자 권리를 은근히 가리키는 것이다.

8)
레아에 대한 야곱의 감정을 이런 용어로 표현하는 것은 분명 도가 지나치다. 그 구절은 야곱이 정말 그녀를 미워했다는 의미가 아니며 그럴 리도 없다. 그 직전 구절이 가능성을 일축한다. 그에 따르면 야곱은 '라헬을 레아보다 사랑했다'. 이 비교 구절은 야곱이 레아도 사랑했다는 사실을 암시한다. 단지 라헬이 레아보다 더 많이 사랑받았을 뿐이다. 따라서 그다음 절에 언급된 '하나님이 레아가 미움받는 것을 보시고'라는 구절의 의미는 다음과 같다—아내인 당신이 다른 여자보다 덜 사랑받는다고 느낄 때 그것은 어찌되었든 '미움받는다'는 느낌과 같다. '레아가 미움받는 것을 보신' 전능하신 하나님은 그런 느낌의 진정성을 인정해 주신 것이다(창세기 29장 30절에 대한 람반의 설명을 보라. 그는 라다크를 인용한다).

9)
창세기 본문은 라헬에 대한 야곱의 감정을 '사랑한다'는 단어로 설명한다. 레아가 스누아, '미움받았다'(창 29:30)라고 묘사된 부분 앞에 이런 내용이 나온다. 바야보 감 엘 라헬 바예에하브 감 에트 라헬 밀레아 (ויבא גם אל רחל ויאהב גם את רחל מלאה), '야곱이 레아와 결혼했다, 또한… 그는 라헬을 레아보다 더 사랑했다.'

10)
창세기 29장 32절을 보라. 신명기 본문과 야곱의 가족 사이의 일치는 가족 구성의 내용에 관해서만 나타나는 것이 아니다. 토라가 이런 내용들을 서술하는 순서도 정확히 일치한다. 신명기는 먼저 두 아내와 결혼한 한 남자가 있다고 말한 후, 한 명은 사랑받고 나머지 한 명은 사랑받지 못한다 말한다. 그리고 마지막으로 사랑받지 못하는 아내가 첫째 자녀를 출산한다는 내용이 나온다. 창세기의 이야기도 정확히 동일한 순서이다. 르우벤의 출생으로 이어지는 세 절(창 29:30-32)에서 이것이 확인된다—그리고 야곱이 라헬과도 결혼했다… [어떤 사람이 두 아내와 결혼했다]… 그리고 그는 라헬도 사랑했다. 레아보다 더 많이. 그리고 하나님이 레아가 미움받음을 보시고 [한 명이 다른 하나보다 더 사랑받는다]… [레아의] 태를 열었지만 라헬은 불임하였다. 그리고 레아는 임신하여 아들을 낳고, 그 이름을 르우벤이라 불렀다. 이는 '하나님이 내 고통을 보셨다' 함이라. [사랑받지 못하는 아내가 첫째 아이를 출산하다].

11)
다른 미드라쉬 해석들은 야곱이 요셉을 브코르로 대우하고 있었다는 생각을 더욱 노골적으로 지지한다. 라쉬는 레아가 그의 첫째 아이인 르우벤의 이름을 짓는 문맥에서 그런 해석을 언급한다. 라쉬가 언급한 미드라쉬 해석에 따르면, '르우벤'이라는 이름은 르우 마 벤 브니 르벤 하미—'내 아들과 내 시아버지의 아들 사이의 차이를 보세요'—의 축약형이다. 미드라쉬의 성현들에 따르면, 레아는 그녀의 아들 르우벤의 행동을 도련님 에서(Esau)의 행동과 대조하고 있다. '에서는 장자의 권리를 야곱에게 팔았지만, 지금도 그에 대해 [장자의 권리를 가진 야곱에게] 항의한다. 하지만 내 아들 르우벤은 어떤 권리도 요셉에게 팔지 않았음에도 요셉의 장자의 지위에 대해 한 번도 항의하지 않았다. 오히려 그는 다른 형제들이 요셉을 죽이려 했을 때 그를 구원하였다.' 우리는 후에 이 미드라쉬 해석을 다시 볼 것이다. 하지만 지금은 그 해석이 요셉의 브코르 지위를 전제한다는 것만 말해 두자.

후기

The Queen You Thought You Knew(에스더서 연구서)가 출판된 직후 몇몇 친한 친구들—앨런과 프랜(Alan and Fran Broder)—이 찾아와 세 번째 책을 쓸 거냐고 물었다. 나는 '지금 요셉 이야기를 연구하고 있으며 그것이 다음 저술의 주제가 될 수도 있다'고 말했다. 그들은 그 주제로 책을 쓰자고 진지하게 제안했고 우리는 그 출판 프로젝트에 의기투합했다.

여러 해에 걸쳐 다양한 유월절 수련회에서 나는 앨런네 가족과 토라 본문의 숨겨진 의미를 두고 유익한 대화를 나누었다. 지금은 예쉬바 대학교(Yeshiva University)의 전산학과 교수가 된 앨런은 데이터 발굴—무작위의 자료 무더기로 보이는 것에서 숨겨진 (종종 내재된) 패턴을 발견하고 분석하는 일—에 전문가이다. 우리는 곧 서로가 비슷한 열정을 가졌음을 알게 된다. 그리하여 성서 본문에 존재하는 패턴을 발견하는 기쁨을 나누었고 그 패턴의 의미를 분석하는 일도 함께했다. 특히 이 책의 후반부는 창세기 뒷부분과 출애굽기 앞부분의 반복 패턴을 발견하고 그 의미를 밝힌 결과이다. 이 책의 구상에 오랜 시간을 거쳤고 앨런과 프랜은 아주 인내심 있게 기다려 주었다. 우리가 유월절 식탁에서 나누었던 대화의 기쁨을 그들이 이 책에서 발견해 주기를 바란다.

오랜 구상 기간에 대한 뒷이야기가 있다. 언급한 것처럼 처음 계획은 요셉과 관련된 주제에 집중하는 것이었다. 하지만 시간은 아무리 좋은 계획도 망가뜨리는 능력이 있다. 나는 계획을 수정했고, 출애굽으로 시작하여 요셉 이야기가 출애굽 주제와 연결되는 차례를 만들었다. 그러나 초안을 썼다가 버리기를 여러 번 반복했다. 종이에 정작 써놓고 나니 무언가 마음에 들지 않았다. 아무래도 잘 풀리지 않았다.

이 모든 과정에서 앨런과 프랜이 인내하며 크게 격려해 주었지만 요셉을 주제로 책을 내겠다는 그들의 희망은 멀어져 가는 듯 보였다. 나는 출애굽 부분은 끝냈으나 요셉 이야기와 연결시키는 작업에 어려움을 겪고 있었다. 12월의 어느 추운 안식일 오후 또 한 명의 친한 친구인 스티븐 와그너(Stephen Wagner)가 찾아올 때까지는.

스티븐은 창세기가 야곱 장례식을 위해 마련된 '아이 돌봄 계획'에 지나치게 관심을 보인다는 점에 주목했다. 그리고 그것이 출애굽에서 발생할 사건들을 연상시킨다고도 했다. 스티븐이 말하는 본문을 살펴보니 일리가 있었다. 나는 야곱의 장례식에 대한 스티브의 통찰이 본문 아래 있는 빙산의 일각임을 확신하였다. 그 후 오랫동안 나는 이런 생각들을 알레프베타(Alephbeta)의 최고운영자인 임마누엘 샬레브(Immanuel Shalev)와 논의하였다. 그리고 우리는 그 빙산의 나머지 윤곽들을 함께 발견해 갔다. 이 책의 후반부는 우리가 발견한 그 빙산의 나머지에 해당한다. 이 책에서 살핀 바처럼 요셉과 그의 아버지 야곱의 관계 이야기는 놀라운 방식으로 출애굽 사건과 연결되어 있다. 그 연관은 내 예상보다 훨씬 심오했다.

스티븐이 도와주지 않았다면 나는 그 연관을 놓쳤을 것이다. 또한 앨런과 프랜이 없었다면 그 모든 것을 지나쳐버렸을 가능성이 높다. 요셉 이야기의 깊은 의미를 설명하는 책에 대한 그들의 부드러운 소원이 출애굽과 요셉 이야기에 대한 내 견해를 극적으로 바꾸어 놓았다. 앨런과 프랜에게 감사하는 것은 단순히 이 책의 출판을 지원했기 때문이 아니다. 그들은 이 책을 가치 있게 만드는 아이디어들을 촉발시켜 주었다.

이 책의 완성을 도운 사람들

이 책은 많은 사람들에게 빚을 지고 있다.

르로이 호프베르거(LeRoy Hoffberger)는 내 삶에서 복의 근원이 되어 주었다. 그는 약 20년 전 존스 홉킨스 대학에서 나에게 배운 학생이다. 그는 나를 정말 믿어 준 첫 번째 사람이다. 내가 유대 문서들을 온종일 공부하고 가르치는 데 전념할 수 있도록 제반 여건을 마련해 준 그는 그 꿈을 현실로 만들기 위한 재단을 설립했다. 이 책은 물론, 앞서 출판된 두 권의 책 그리고 알레프 베타 홈페이지(alephbeta.org)에서 제공되는 수백 시간의 오디오와 비디오 콘텐츠들은 그 꿈의 열매들이다. 그의 사랑, 열심, 앞으로 이룰 것에 대한 비전, 이 모든 것은 언제나 지속될 소중한 보물이다. 그와 그의 아내 파울라가 늘 행복하게 지내기를 축복한다.

뉴욕 지역으로 내가 이사한 후 지난 몇 년 동안 다른 사람들도 르로이의 비전에 동참했다. 그들은 의기투합하여 지금의 알레프 베타를 설립했다. 즉 새로운 세대의 토라 학도들에게 어필하기 위해 내 연구와 방법론을 동영상으로 요약해 주는 기관이다. 알레프 베타는 새로운 세대의 학생뿐 아니라 교사와 학자 양성도 목표로 한다. 그리고 나는 그를 위한 첫걸음을 성공적으로 디뎠다고 자랑스럽게 말할 수 있다. 이 기관에 어떤 미래가 기다리고 있을지 기대된다. 지금의 알레프 베타가 존재하도록 통로가 된 모든 사람들에게 감사하고 싶다.

알레프 베타 이사회는 우리가 함께 이룰 일에 대한 비전을 제시한다. 협업의 과정에서 이사들은 서로의 친구가 되었다. 그들의 이름은 다음과 같다. 르로이 호프베르거(이사장), 에타 브랜드만, 도니 로젠베르그, 로비 로센베르그, 단 슈와르츠, 쿠티 샬레브, 마지막으로 스티븐 와그너. 이사회 직원들은 다음과 같다. 제프 하스켈, 조쉬 말린, 설리 미트니크, 그리고 데이비드 로프만. 마임 비알리크는 이사회에서 감사로 섬기고 있다.

헤렌스타인 부부(Terry and Andrew Herenstein)는 내 친한 친구들이다. 그들은 창의적이고도 영적으로 깊은 토라 학자들을 적

극적으로 지원한다. 그리고 그들은 *The Queen You Thought You Knew*의 출판을 지원하였다. 영어판에 이어 히브리어판까지.

12월의 어느 안식일 아침에 스티븐 와그너(Stephen Wagner)가 찾아온 것은 요행이 아니었다. 그는 내가 기억할 수 없을 정도로 자주 나와 같은 생각을 한다. 그와 정기적으로 토라를 두고 생각을 나누는 것은 내 일상의 가장 소중한 부분이다. 알레프 베타의 창립 멤버이기도 한 스티븐은 알레프 베타가 유·청소년 교육에 집중할 것을 강력하게 주장해 왔다. 그의 노력은 매우 성공적이어서 알레프 베타는 지금 수백 개의 학교와 수많은 선생님들과 협력 관계를 유지하고 있다.

쿠티 샬레브(Kuty Shalev)도 가까운 친구다. 그의 큰 단점은 좀스러울 정도로 꼼꼼한 성격인데, 오히려 그것이 가장 큰 선물이 되었다. 우리의 관계는 센트럴 파크 카페에서 커피를 마시며 나누었던 흥미로운 담소까지 거슬러 올라간다. 그때 우리는 흥미롭고 독학 가능한 성서 공부 자료에 어떻게 테크놀로지를 활용할지 고민했다. 그 담화가 우리에게 일종의 시금석이 되었고 알레프 베타가 점점 꼴을 갖춰감에 따라, 우리는 그 비전을 상상의 영역에서 끄집어내어 실제 세계로 가져오기 시작했다. 알레프 베타를 통해 토라를 배우는 수많은 학생들은 그의 비전, 열정, 결과를 내는 집중력의 수혜자들이다.

로비 로센베르그(Robbie Rothenberg)는 스스로를 내 제자로 소개한다. 하지만 내 연구에 친숙한 제자라기보다(그는 내 연구의 대부분을 확실히 꿰고 있다) 신뢰하는 동역자에 가깝다. 그는 알레프 베타의 출범에 힘을 보탰다. 그의 비전, 지원, 지도력이 계속해서 알레프 베타를 이끌어 간다. 나처럼 그 역시 알레프 베타를 그의 운명으로 생각한다. 그와 그의 아내 헬레네는 나의 설익은 이론들을 경청해 주는 사람이다. 그들은 좋은 점은 칭찬하고 거친 부분들은 부드럽게 지적해 준다. 그들의 우정은 너무 소중하다.

알레프 베타의 놀랍도록 재능 있는 스태프들에게도 감사하고 싶다. 그 유능하고 창조적인 사람들과 협업한다는 것은 정말 가슴 떨리는 일이었다. 그들은 토라를 생생하게 살리기 위해 대본을 쓰고, 연구하고, 계획하고, 개발하고, 그림과 동영상을 제작할 뿐 아니라, 대중에게 유포하는 일까지 도맡는다. 라미(Ramie)와 스미스(Smith)는 이 책의 제작자로 일을 했다. 그들은 내 글을 외부 독자들의 관심에 연결시키는 데 귀중한 통찰과 설명을 제공하였다. 또한 이 책을 홍보하고 배포한 칼리 프리드먼(Carly Friedman)의 기술, 열정, 열심, 전략적 비전에 감사한다. 그는 알레프 베타의 다른 프로젝트에도 관여한다. 랍비 데이비드 블록(Rabbi David Block)은 이 책의 초안을 읽고 귀중한 피드백을 제공했다. 그의 피드백은 이 책을 더 읽기 쉽고 깔끔하게 만들었다.

이 책의 제작에 더 직접적으로 참여한 사람들이 있다.

많은 사람들이 이 책의 원고를 읽고 의견을 주었다. 그들의 이름은 다음과 같다. 제이슨 보트빈, 마이클 펠루스, 다니엘 프리드, 에타 브랜드만 클라리스텐펠드, 해리 클라리스텐펠드, 엘리나탄 쿠퍼베르그, 마이클 리바이, 설리 미트니크, 시미 로젠베르그, 로비 로센베르그, 야이르 사퍼스타인, 로버트 셰처, 다비나 샬레브, 조쉬 슈페이어, 힐렐 실베라, 스티븐 와그너, 배리 왈드만, 슐로모 주키어. 검토 원고를 무료로 인쇄해 준 제리 스툴베르거도 고맙다.

요제프 아브라함(Yosef Abraham)은 이 프로젝트의 연구 편집자로 일했다. 각주를 채울 많은 값진 자료들을 모아 주었다.

캐럴 와이즈(Carol Wise)는 이 책이 빛나도록 도왔다. *The Beast That Crouches at the Door*과 *The Queen You Thought You Knew*의 편집자였던 캐럴은 내가 글을 쓸 때 잘 빠지는 덫을 알고 있다. 나의 작은 실수들을 찾아내어 독자들이 편안하게 읽을 수 있는 책을 만들어 주어 감사한다.

이 책의 출판을 도운 리브키 스턴(Rivky Stern)에게 특히 감사한다. 리브키는 불필요한 미사여구와 독자의 마음에 혼란을 줄 수 있는 문장 등을 발견하면 자비 없이 제거한다. 그녀가 바로 이 문단을 편집했다면 직전 문장의 두 번째 부분은 제거했을 것이다. 이 책이 간결한 문체를 가지게 된 것은 리브키 덕분이다. 그녀는 수많은 시간, 밤과 주말까지 투자해 이 책을 수고스럽게 검토하여 더 완전한 꼴을 갖추도록 도왔다. 게다가 촉박한 마감 시간에 맞추어 능숙한 기술로 완수했다. 그녀에게 깊이 감사를 드린다.

이 책에 대한 임마누엘 샬레브(Immanuel Shalev)의 기여는 한두 마디로 요약될 수 없을 정도로 막대하다. 그는 지칠 줄 모르는 열정으로 편집자, 선생님, 제작자의 역할을 모두 수행했다. 때로는 한 역할씩 번갈아, 때로는 세 역할을 한꺼번에 수행했다. 네 번째 역할도 있다. 앞선 세 역할보다 더 중요한 이것은 바로 친구 역할이다. 그의 열정과 한없는 에너지는 나를 일으켜 준다. 그의 유머는 일과로 지친 내 얼굴에 웃음을 준다. 임마누엘은 이 책의 내용에 깊이 관심을 가졌고 특히 이 책의 후반부에 도움을 주었다. 공동 저자라 해도 과언이 아닐 것이다. 이 책이 여러분의 삶에 영향을 주었다면 여러분은 임마누엘 샬레브에게 빚을 지고 있는 것이다.

멘토이자 친구인 랍비 헤르셸 빌레트(Rabbi Hershel Billet)는 '우드미어의 젊은 이스라엘'(Young Israel of Woodmere)의 상근 학자로 나를 초청하였다. 나는 그곳에서 많은 열정적인 성인 학생들을 가르치고 교제해 왔다. 특히 '우드미어의 젊은 이스라엘' 내의 누사크 세파르드 소모임은 이 책의 내용을 시험하는 무대가 되었다. 그 소모임의 일원이자 학교 직원인 샤울 슈발브와 다른 직원들에게 감사드린다.

가족은 내 든든한 버팀목이다. 나는 십 대 때에 월프손 가족(The Wolfson family)에게 입양되었고 그들 모두가 나를 큰 사랑으로 받아주었는데, 그것은 내게 너무 중요한 사건이다. 우리는 점진적으로 하나의 대가족이 되었다. 내 형제들과 그들의 배우자들은 무슨 일이 있더라도 나를 지지해 주었다. 다음은 그들의 이름이다. 아브레이미 월프손과 토비 월프손, 랍비 모티와 리프키 월마르크, 랍비 슐로모와 벨라 고테스만, 모이셰 월프손과 아리엘레 월프손, 얀키 사피어와 알리자 사피어, 아론 월프손과 엘렌 월프손, 조이 펠센과 사라 펠센, 다니엘 월프손과 에스티 월프손, 그리고 요시 오라츠와 엘리셰바 오라츠.

우리 가족의 단결은 내 어머니 네차마 월프손 여사(Mrs. Nechama Wolfson) 덕분이다. 그녀는 오늘이 아니면 안 된다는 듯 친자녀, 양자녀 할 것 없이 똑같은 사랑을 부어주었다. 나는 그 사랑의 수혜자였고, 정말 감사한다. 어머니는 모든 어머니들이 하는 것 이상을 한다. 언제나 내 강의를 즐겁게 들어 준다. 심지어 이미 네 번이나 들었던 강의도 꺼리지 않는다. 요셉에 대한 내 해석에도 언제나 마음으로 공감해 주었다. 어머니가 이 책을 귀하게 생각하리라 희망한다. 어머니는 내 인생의 전부이다.

나의 자녀들도 큰 기쁨을 주었다. 또한 그들은 각자의 방식으로 이 책의 완성을 도왔다. 예루살렘에서 전문적인 토라 학자가 되는 과정을 밟고 있는 모셰(Moshe)는 그의 집에서 나와 함께 이 책의 내용들에 대해 토론했다. 샬바(Shalva)의 재치와 지혜도 이 책을 풍성하게 만들었다. 그녀는 이 책의 메시지와 그것이 가질 영향력에 크게 고무되어 있다. 그녀는 보다 많은 독자를 염두에 두고 글을 써 이 책의 메시지가 특정 독자층에 머물지 않고 널리 퍼지도록 조언했다. 아비가일(Avigail)은 신중하지만 흥겹게 이 책의 아이디어들을 검증해 주었다. 그녀의 예리한 평가를 듣고 나는 이 책의 논리가 정말 설득력 있다는 확신을 가지게 되었다. 샤나(Shana)는 이 책의 초안을 가장 먼저 읽은 영예를 가진다. 그녀가 읽고 괜찮다고 말해 주었을 때 나는 안도의 한숨을 쉬었다. 글을 쓸 때 거실의 바르(barre)에서 행해진 야엘(Yael)의 우아한 발레는 내 마음을 진정시키는데 일조했다. 그녀의 춤과 그녀의 존재는 말로 표현하기 힘든 방식으로 나를 평안하게 만든다. 아리엘라(Ariella)는 밤에 15분씩 책을 읽는 숙제를 해야 했다. 그런데 그녀가 내 원고로 숙제를 하기로 결정했을 때 나는 크게 감동했다. 그녀가 원고를 읽고 기뻐하는 것이 내게는 큰 행복이다. 아비카이(Avichai, '내 아버지가 살아 계시다')는 이 책의 주제와 잘 어울리는 이름을 가졌다. 그녀의 달콤한 순수함은 '세상은 살 만한 곳이구나'라고 느끼게 한다.

지금은 늦은 시각이다. 이 책의 집필에 많은 밤들이 들어갔다. 여전히 나는 마감일을 맞추기 위해 내 사무실에 앉아 있다. 집에는 내가 상상할 수 있는 가장 큰 선물이 있다. 내 사랑하는 아내 레나(Reena)이다. 나와 내 가족의 삶에서 그녀의 존재는 말로 표현할 수 없이 소중했고 앞으로도 그럴 것이다. 내가 글을 쓰느라 분주했던 때 그녀는 아리엘라와 성서를 공부하느라 분주했다. 내 아내는 아리엘라가 국제 청소년 성서 대회에 출전하는 것을 도왔다. 그녀와 나는 함께 아이들을 키웠고 인생의 폭풍들도 함께 이겨 왔다. 그녀는 내 농담에 웃어주었고 나의 허물에도 불구하고 여전히 나를 받아준다. 그리고 인생의 깊은 비전을 나와 나눈다. 이 책이 그녀가 나에게 준 사랑과 믿음에 자랑이 되기를 희망한다.

나의 아버지들

어떤 측면에서 이 책은 아들이 아버지, 때로 두 명 이상의 아버지를 이해하는 것이 무슨 의미인지를 탐구한다. 그것은 특히 나에게 소중한 주제다. 왜냐하면 나는 여러 아버지로부터 고마운 사랑을 받았기 때문이다. 내 아버지 모셰 포먼(Moshe Fohrman, 그의 기억이 복되길)은 내가 열다섯이 되기 전에 돌아가셨다. 그러나 우리가 함께한 짧은 시간 동안 그는 인생에 대해 많은 것을 가르쳐 주었다. 인생을 가장 잘 사는 법을 가르쳐 준 것이다. 그는 심리와 영성에 큰 지혜가 있었다. 그는 많은 사람들의 스승이었다. 나도 단순한 아들이 아니라 그의 제자이다. 그가 이 책을 자랑스러워하기를 바란다. 분명히 그의 지혜가 이 책에서 많이 발견될 것이다.

후에 또 한 명의 아버지가 내 인생에 들어왔다. 어머니가 제브 월프슨(Zev Wolfson, 그의 기억이 복되길)과 재혼했다. 그와 그의 사랑스러운 가족들은 나를 가족의 일원으로 받아들였다. 나의 양아버지는 나에게 헌신했고 내가 토라를 연구하고 가르치는 자로 성장하는 것을 진정한 관심을 가지고 지켜보았다. 그는 거의 20년간 나의 정기적 헤르부사, 즉 성서 공부의 파트너였다. 우리는 때로는 전화로, 때로는 직접 만나 성서를 공부했다. 성서 공부 시간에 우리는 출애굽과 요셉 이야기의 신비에 넋을 잃곤 했다. 그런 시간들도 이 책이 형성되는 것을 도왔다.

그 후에 또 한 명의 특별한 남자가 내 인생에서 중요한 자리를 차지하게 된다. 장인어른인 이츠학 디네비츠(Yitzchak Dinewitz)이다. 그의 조용하고 부드러운 성격이 구약 성서와 주석들에 대한 방대한 지식과 짝을 이루었고, 그는 놀라운 동역자가 되었다. 장인어른은 안식일 오후 식사 자리에서 그 주의 토라 본문을 자세하고도 뜨겁게 논쟁하고 토론하기를 좋아한다. 그 자리에는 나와 장모님인 비비안, 그리고 다른 가족들이 참석한다. 나는 지난 세월 동안 장인으로부터 많은 것을 배웠고, 앞으로도 계속 배우는 특권을 누리기를 희망한다.

마지막으로, 이 책을 쓰면서 내가 무엇인가를 배웠다면 그것은 우리 모두가 땅의 아버지보다 더 깊은 아버지를 공유한다는 사실이다. 아버지들의 사랑을(때로 도무지 이해되지 않는 신비일지라도) 이해하는 것은 삶의 중요한 일부이다. 만약 이 말이 땅의 아버지들에게 적용된다면, 하늘 아버지에게도 분명 적용된다. 내 삶에 베풀어 주신 하늘 아버지의 사랑과 은혜에 감사드린다. 이 책이 그분에게 영광이 되기를.

옮긴이 김구원

서울대학교 철학과를 거쳐 미국 웨스트민스터신학교에서 목회학 석사학위를, 시카고대학 고대근동학과에서 박사학위를 취득하였다. 일반인과 평신도에게 구약 성경과 고대 근동 문화를 가르치고 소개하는 일에 관심이 많으며, 이에 관련된 영문 및 우리말 단행본과 논문도 다수 출간했다. 우리말 저서로는 그리스도인을 위한 통독 주석 시리즈 《사무엘상》과 《사무엘하》, 《쉬운 구약 개론》, 《김구원 교수의 구약 꿀팁》, 《가장 아름다운 노래: 아가서 이야기》 등이 있고, 옮긴 책으로는 맥스 디몬트의 《책의 민족》, 요람 하조니의 《구약 성서로 철학하기》, 프리처드의 《고대 근동 문학 선집》(공역) 등이 있다.

출애굽 게임

The Exodus You Almost Passed Over

지은이 랍비 데이비드 포먼
펴낸곳 주식회사 홍성사
펴낸이 정애주
국효숙 김은숙 김의연 김준표 박혜란
손상범 송민규 오민택 임영주 차길환

2022. 8. 23. 초판 1쇄 인쇄 2022. 8. 31. 초판 1쇄 발행

등록번호 제1-499호 1977. 8. 1.
주소 (04084) 서울시 마포구 양화진4길 3 전화 02) 333-5161 팩스 02) 333-5165
홈페이지 hongsungsa.com 이메일 hsbooks@hongsungsa.com
페이스북 facebook.com/hongsungsa
양화진책방 02) 333-5161

ISBN 978-89-365-0383-3 (03230)